"Painting is silent poetry,
and poetry is a painting that speaks."

_ Plutarchos

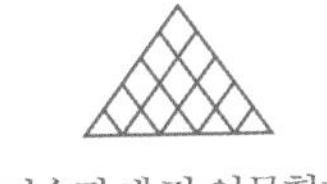

미술관에 간 인문학자

| 일러두기 |

1. 본문에 등장하는 인명의 영문명 및 생몰연도를 첨자 스타일로 국문명과 함께 표기하였다.
   (예 : 레오나르도 다 빈치 Leonardo da Vinci, 1452~1519)
2. 미술이나 영화 작품 및 시는 〈 〉로 묶고, 단행본은 『 』, 논문이나 정기간행물은 「 」로 묶었다.
3. 본문 뒤에 작품과 인명 색인을 두어, 작가명 또는 가나다 순으로 작품과 인명을 찾아볼 수 있도록 하였다.
4. 외래명의 한글 표기는 원칙적으로 외래어 표기법에 따랐다.
5. 미술 작품의 크기는 세로×가로로 표기하였다.
6. 이 책에서 다룬 미술 작품은 주로 루브르박물관에 전시된 것이므로, 미술 작품의 소장처가 루브르박물관 이외의 곳인 경우에만 밝혔다.
7. 루브르박물관이 홈페이지나 팸플릿 등을 통해 밝힌 작품에 대한 해설 혹은 견해는 “ ”로 묶고 행간을 띄어 본문보다 작은 서체로 구분하였다.

그림의 침묵을 깨우는 인문학자의 미술독법

미술관에 간 인문학자

안현배 지음

어바웃어북

One Step, Un Pas.
한 걸음 더 가까이

보고 싶은 그림 앞에 선 당신에게

가쁜 숨을 몰아쉬고 눈으로 흘러드는 땀을 닦으며 그림 앞에 섰습니다. 그림 속 인물들이 저를 바라봅니다. 오랜 시간 책으로만 보았던 들라크루아의 〈민중을 이끄는 자유의 여신〉입니다. 갑자기 뒤에 서 있던 남자가 제 어깨를 밀면서 한마디 합니다. "가까이 가 봐."

그림 앞으로 조심스럽게 다가가니 음소거 버튼이라도 누른 듯 주변이 조용해집니다. 그림 속 인물들과 차례차례 눈을 맞추고 그들이 서 있는 거리 풍경을 눈에 담습니다. 낯선 거리가 눈에 익을 무렵, 붓이 지나간 흔적이 눈에 들어왔습니다. 갑자기 들라크루아가 그림을 그리다 말고 뒤로 물러서서 고민하는 광경이 그려졌습니다.

정신을 차리고 보니 세상에 오직 하나밖에 없는 그림, 그 앞에 제가 서 있습니다. 이젠 땀이 흐르는 게 아니라 눈물이 쏟아집니다. "고맙습니다. 정말 고맙습니다"라는 제 인사말은 관람객들의 소음에 묻혀 사라집니다. 1996년 7월 중순의 기억입니다. 그날, 수많은 관광지 중 하나였던 루브르가 제 인생에서 가장 특별한 장소가 되었습니다.

그녀를 만나러 가는 길

1996년은 제가 처음으로 유럽을 여행한 해입니다. 여행을 시작한 지 며칠 지나지 않아 전 재산이나 다름없었던 카메라를 잃어버리고 말았습니다. 그 충격에서 헤어나오지 못한 채 하루를 멍하게 보내다, 뒤늦게 루브르가 떠올랐습니다. 그러나 너무 늦게 줄을 서는 바람에 박물관 폐장 시간이 얼마 남지 않았을 때 겨우 입장할 수 있었습니다.

비싼 입장료를 생각하면 이대로 루브르 문턱만 밟아본 채 돌아갈 수는 없는 노릇이었죠. 눈도장이라도 찍어야겠다는 생각에 무작정 뛰기 시작했습니다. 그러나 전시관 안내도 한 장 챙기지 않은 저는 얼마 지나지 않아 길을 잃고 말았습니다.

그때 관내에 폐장 시간이 15분 남았다는 안내 방송이 흘러나왔습니다. 급한 마음에 앞에 있는 직원을 붙잡고 그림 찾는 것을 도와달라고 했습니다. "무슨 그림?" 그가 묻는데, 순간 보고 싶었던 작품이 하나도 떠오르지 않았습니다. 심지어 이곳에 〈모나리자〉가 있다는 사실조차 기억나지 않았습니다. 그때 중학교 참고서 표지에서 봤던 '자유의 여신'이 번뜩 스치고 지나갔습니다. 제가 오른팔로 하늘을 치켜든 채 우물쭈물하자, 직원은 "들라크루아?"라고 물었습니다. 고개를 끄덕이자 직원이 안내도를 펼쳐 들고 길을 설명하기 시작하는데, 무슨 소리인지 하나도 알 수 없었습니다. 흔들리는 제 눈빛을 읽었는지 직원은 자신을 따라오라고 말하고는, 박물관 복도를 달리기 시작했습니다.

시간이 얼마나 흘렀을까, 갑자기 자주색 벽에 천정이 높은 공간이 나타나더니 한눈에 담기 힘든 커다란 그림들이 잔뜩 걸린 방에 도착했습니다. 헉헉거리며 주변을 둘러보는데 그림이 가득한 벽에서 빨강, 하양, 파랑의 삼색기를 든 그녀가 나타났습니다. '여기구나!'

제 어깨를 밀었던 남자는 바로 저와 함께 뛰어준 루브르 직원이었습니다. "앞으로 한 발 더 가까이 가서 보아라." 그 직원 덕분에 저는 잊지 못할 순간을 선물 받았습니다.

보는 것과 읽는 것

이후 파리로 유학을 와 역사학과 예술사학 학위를 받기까지 10년은, 오롯이 인문학 공부에 제 모든 것을 쏟아부은 시간이었습니다. 프랑스의 격동하는 역사, 화려하고 풍성한 예술사는 넓고 깊었습니다. 이 방대한 탐구거리에는 하나의 공통점이 있었습니다. 모두 '사람'이 만들어낸 이야기라는 점입니다. 시간을 만든 인간의 기록이 역사이고, 아름다움을 빚어내려는 인간의 염원이 담긴 것이 예술사입니다.

예술 작품은 시간을 기록하고 이야기를 전하기 때문에 관광하듯 바라보는 데서 멈추면 정말 중요한 것들을 만나지 못합니다. 미술관을 가득 채운 작품들은 시대를 대표하는 걸작입니다. 또 예술가의 고뇌와 정성이 담긴 진심의 결정체이지요. 그런데 이런 작품들은 쉽게 내밀한 이야기를 들려주지 않습니다. 표현해내기 위해서 심혈을 기울였던 것만큼, 읽어내기 위해서는 그만한 정성이 필요합니다. 예술 작품은 보고, 느끼고, 질문하는 사람에게만 속내를 드러냅니다. 서로 맞닿아 있는 관계나 역사 · 문화적 배경 등 텍스트를 해석하는 데 도움이 되는 모든 정보를 '콘텍스트(context)'라고 합니다. 인문학은 예술 작품의 콘텍스트를 헤아리고 작품과의 소통을 돕는 가장 탁월한 도슨트입니다.

예술 작품의 이야기를 듣고 읽을 수 있을 때 드농관으로 올라가는 계단에서 있는 〈사모트라케의 승리의 여신상〉은 고대 작가의 놀라운 자신감과 예술적 완성도를 보여줍니다. 〈모나리자〉에서는 종교의 시대를 벗어나 인간을 이해하는 방식을 만들어 낸 다 빈치의 세계관이 그려지고요. 들라로슈의 〈에드워드 4세의 아이들〉 속 겁에 질린 아이들의 표정에서는 권력을 향한 인간의 탐욕을 봅니다.

루브르는 저에게도 매번 숙제 같은 장소였습니다. 그림을 깊이 이해하고 싶은 열망과 반대로 준비가 부족했다는 좌절감이 교차하는 시험장이었죠. 예술 작품 속 이야기들은 우리에게 사람을 만나게 하고, 사람이 보이게 합니다. 제가 멀찍이 서서 들라크루아의 그림을 구경했다면 책에서 본 그림을 확인하는 것으로 끝났을 것입니다. 하지만 한 걸음 더 가까이 다가갔기에 그의 붓 터치를 확인하고, 그의 시간대로 들어가 그림 앞에서 고민하는 화가를 만났습니다.

'Un Pas'는 프랑스 말로 '한 걸음'입니다. 상대를 이해하려면 먼저 거리를 좁혀야 합니다. 그림과 만나기 전 주문처럼 되뇌어봅니다. 'Un Pas'

뮤즈를 만나는 시간

'미술관' 또는 '박물관'으로 번역되는 'Museum'의 어원은 'Muse'입니다. 뮤즈는 그리스 신화에 등장하는 예술을 돕는 존재이지요. '신들의 왕' 제우스와 '기억의 여신' 므네모시네 사이에서 태어난 아홉 명의 뮤즈는 미술, 음악, 문학 등 각기 다른 예술 분야를 담당합니다. 아홉 명의 뮤즈가 기거하는 전당이 바로 뮤지엄입니다.

하지만 많은 사람에게 뮤지엄은 부담스러운 장소입니다. 유럽을 여행할 때 단체 투어 프로그램으로 끌려가듯 뮤지엄을 관람하는 일은 대부분 지루한 노동이기 때문이죠. '빠르게 더 많이'처럼 효율을 목표로 하는 만남은 공허합니다. 뮤지엄에서는 효율은 내려두고 세상 모든 예술가에게 영감을 주는 뮤즈를 만나서 그들의 속삭임과 예술가의 진심에 귀를 기울이세요. 그러면 비로소 뮤지엄에서 기쁨을 느낄 수 있을 것입니다.

예술의 도시 파리의 심장부라 할 수 있는 루브르박물관에 전시된 65점의 작품과 함께 2016년 여름, 독자 여러분과 처음 만났습니다. 저와 함께 루브르를 산책해주신 많은 독자 여러분 덕분에 개정판을 준비할 수 있었습니다. 고맙고 또 고맙습니다.

지난 몇 해 동안 전염병에 발이 묶여 미술관을 찾는 일이 어려워졌습니다. 가까이에서 볼 수 없는, 예술 작품과도 거리를 둬야만 했던 시간이었지요. 그래서 개정 작업은 '작품에 한 걸음 더 가까이 다가가기'에 초점을 두었습니다. 도판의 크기는 최대한 키우고, 가까운 거리에서 관람할 때만 포착할 수 있는 것들을 더 많이 보여드리고자 합니다. 조각은 정면, 후면, 측면 등 여러 각도에서 바라본 모습을 보여드립니다. 익숙한 사람의 뒷모습에서 새로운 인상이 발견되듯이, 작품을 바라보는 방향이 달라지면 감상의 지평이 넓어질 것입니다.

20여 년 전 저에게 잊지 못할 순간을 선사한 루브르 직원처럼, 예술 작품을 만날 때 이 책이 여러분에게 "Un Pas"라고 속삭여주는 존재이길 바라봅니다.

암담하고 불확실한 길을 걷는 동안 제가 방향을 잃지 않도록 지켜주신 부모님께, 제가 지키고 또 저를 지켜주는 가족에게, 흩어져 있던 구슬을 모을 수 있도록 제일 처음 이끌어준 친구 현섭 군에게, 그리고 유학 시절의 마지막을 완성할 수 있게 해준 Jean-Claude SCHMIDT 선생님께 감사의 마음을 전합니다.

2022년 가을

안현배

| 개정판 머리말 |
One Step, Un Pas. 한 걸음 더 가까이 004

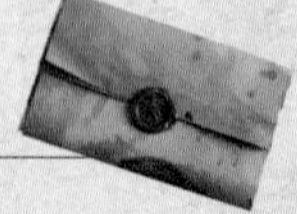

Chapter 01
신화와 종교를 비춘 미술

01 신화로 읽는 '키스' 이야기
프시케를 깨우는 큐피드의 키스 20

02 전염병을 막아 주던 수호성인
성 세바스티안 26

03 '평화의 신'은 '풍요의 신'을 어디로 데려간 걸까?
풍요를 데리고 가는 평화 32

04 세례자 요한의 입가에 모나리자의 미소가!
세례자 성 요한 38

05 신화 속 비련의 아픔을 조각하다
디도의 죽음 44

06 성스러움이 결여된 어느 성화 이야기
성모의 죽음 50

07 그림의 이면을 살펴보다
안젤리크를 구하는 로저 56

08 예수의 부활을 그린 '빛의 화가'
엠마우스의 순례객들 62

09 승리의 간절함이 빚어낸 결정체
사모트라케의 승리의 여신상 68

10 여신은 반드시 아름다워야만 하는가?
삼미신 74

11 세상 어디에서도 죽음을 피할 수는 없다!
아카디아의 목동들 80

12 회개와 용서를 비추는 등불
등불 앞의 막달라 마리아 86

13 천사가 차려주는 식탁
천사들의 부엌 92

14 물을 술로 만든 예수의 첫 번째 기적
카나의 결혼잔치 98

15 근대 회화의 아버지가 위대한 성인에게 보내는 오마주
성흔을 받는 프란치스코 104

16 독서와 교육의 상징이 된 예수의 외할머니
성 안나와 함께 있는 마리아와 예수 110

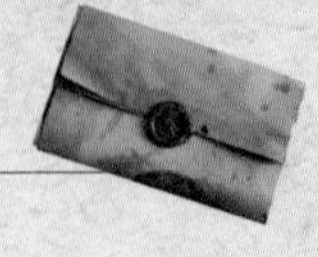

Chapter 02
역사를 비춘 미술

17 화가, 저널리스트가 되다
키오스 섬에서의 학살 ······ 118

18 시대의 위선에 맞선 '낭만주의'라는 난파선
메두사 호의 뗏목 ······ 124

19 그림으로 역사와 문학을 읽는다
에드워드 4세의 아이들 ······ 130

20 '공화'란 무엇인가?
호라티우스 형제의 맹세 ······ 136

21 혁명의 피를 그만 멈추어라!
사비니의 여인들 ······ 142

22 프랑스 왕실의 치정을 엿보다
가브리엘 데스트레와 그의 자매 비야르 ······ 148

23 정복자 교황의 전리품
죽어가는 노예 ······ 154

24 '조각 같은 미모'의 기원
안티누스의 흉상 ······ 160

25 철학자를 닮고 싶었던 어느 로마 황제의 초상
하드리아누스의 흉상 166

26 권력을 그린 화가
아일라우 전투의 나폴레옹 172

27 이집트에서 발굴된 죽은 여인의 초상화
여인의 초상(유럽 여인) 178

28 '정신적 생존권'을 위하여
민중을 이끄는 자유의 여신 184

29 루브르에서 놓치기 쉬운 '숨겨진 명작'
체르베테리 부부의 관 190

30 권력은 소멸하지만 예술은 영원하다!
마리 드 메디치의 대관식 196

31 베르사유 궁전의 동방 여인?
오달리스크 202

32 "찾아라, 발견할 것이다!"
앙기아리 전투 208

33 이슬람을 바라보는 삐딱한 시선
사르다나팔 왕의 죽음 214

Chapter 03

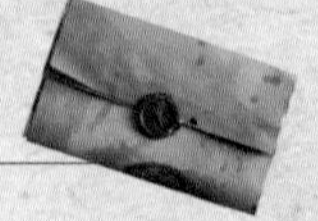

예술을 비춘 미술

34 루브르에서 만난 원숭이

원숭이 화가 ······ 224

35 프랑스 최초의 누드화에 관하여

에바 프리마 판도라 ······ 230

36 예술과 외설을 나누는 기준은 무엇일까?

전원 합주곡 ······ 236

37 연극을 그림으로 감상하는 묘미

두 대의 마차 ······ 242

38 그림의 2차원성을 극복한 과학원리

산 로마노 전투 ······ 248

39 고전 읽어주는 화가

시인의 영감 ······ 254

40 예술의 진정한 가치는 무엇으로 평가해야 하는가?

뮤즈의 두상 ······ 260

41 벽 속에서 발견한 미의 여신들
젊은 여인에게 선물을 내놓는 비너스와 삼미신 266

42 고정관념에 갇히면 더 이상 예술이 아니다!
발팽송의 목욕하는 여인 272

43 스승의 그림자를 벗어나기 위한 몸부림
두 명의 기증자에게 경배받는 십자가의 예수 278

44 미술이 곧 일상인 삶이란?
오후 4시의 살롱 284

45 어느 낭만주의자들의 허무했던 사랑
쇼팽의 초상화 290

46 초현실주의자들이 칭송한 16세기의 '위트'
봄 296

47 비유와 상징을 읽는 즐거움
풍요 302

48 세상에서 가장 길고 아름다운 허리?
그랑드 오달리스크 308

49 그림의 배경까지 감상하는 묘미
세례자 요한과 함께 있는 마리아와 예수 314

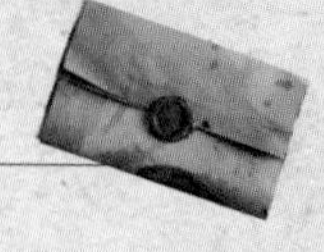

Chapter 04
인간을 비춘 미술

50 프랑스 사교계 최고 미인의 초상화
마담 레카미에 ········ 322

51 삶과 죽음의 경계를 보다
도살된 소 ········ 328

52 초상화에 성모 마리아가 등장한 사연
재상 롤랭의 성모상 ········ 334

53 루브르의 작품 해설이 불편했던 기억
흑인 여인의 초상화 ········ 340

54 소중한 순간을 영원히 간직한다는 것
노인과 어린 소년의 초상 ········ 346

55 4500살 먹은 인간 석상을 만나다
이집트 서기상 ········ 352

56 도난당한 〈모나리자〉 자리에 걸렸던 그림
발다사르 카스틸리오네의 초상화 ········ 358

57 ‘가족’을 그리다
아침식사 ········· 364

58 어느 위대한 인문학자의 인생을 그린다는 것
글을 쓰는 에라스무스 ········· 370

59 지적으로 보이고 싶었던 한 여인의 초상
퐁파두르 후작 부인 ········· 376

60 ‘광기’에 관하여
도박에 미친 여인 ········· 382

61 ‘죽음’을 조각하다
죽음의 알레고리 ········· 388

62 꿈과 현실의 경계를 넘어
몽유병에 걸린 맥베스 부인 ········· 394

63 파리에서 가장 아름다웠던 여류화가의 자화상
마담 비제 – 르 브룅과 그녀의 딸 ········· 400

64 그림에 포착된 인간의 불온한 속성
사기꾼 ········· 406

65 미술관에 걸린 슬픔
젊은 순교자 ········· 412

| 작품 찾아보기 · 인명 찾아보기 | ········· 418

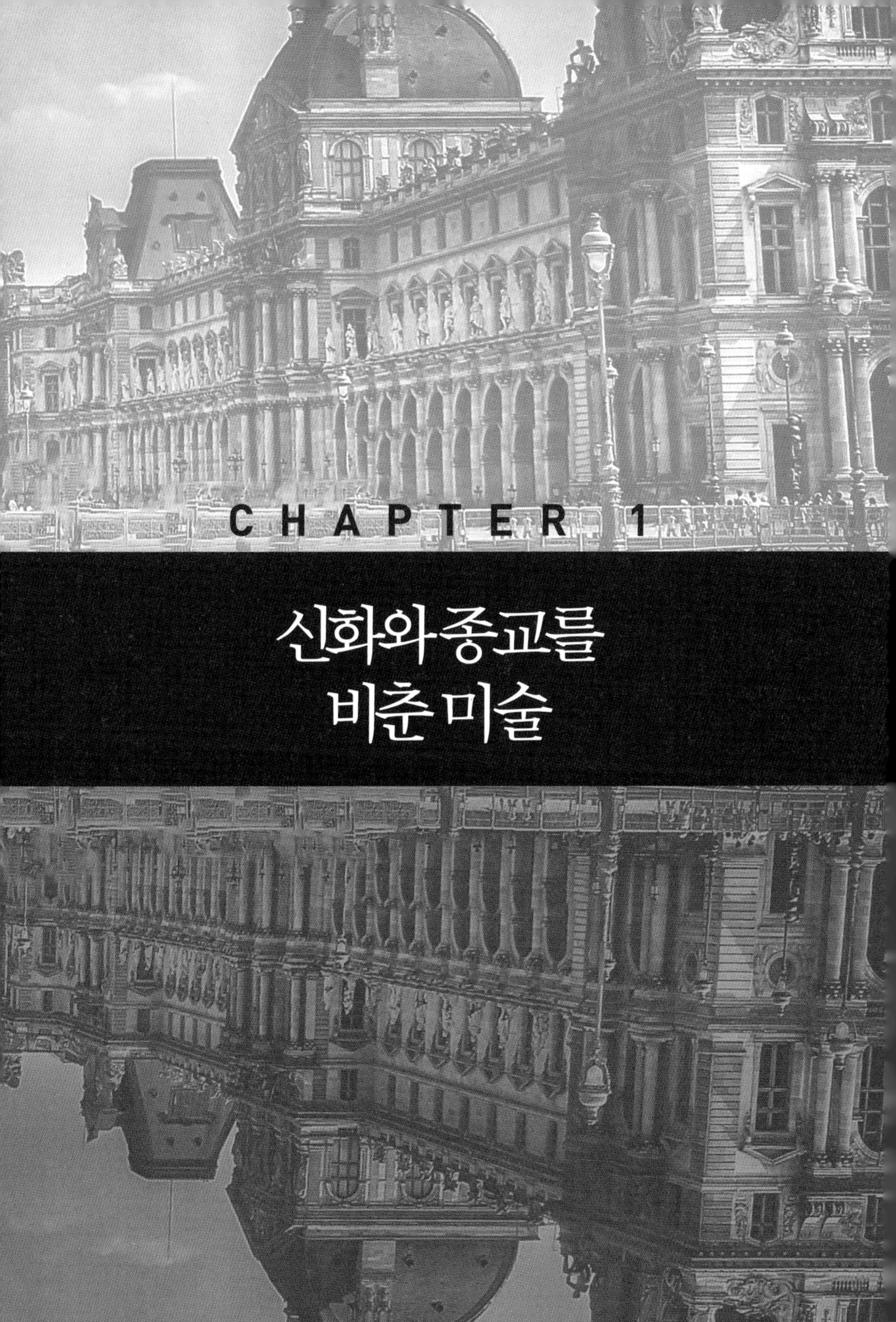

CHAPTER 1

신화와 종교를 비춘 미술

신화로 읽는 '키스' 이야기

흔히 정신 나간 사람을 가리켜 'psycho(사이코)'라고 하는데요. 우연한 기회에 psycho의 어원을 찾아봤더니 이런 부정적인 의미 말고 다른 뜻도 있더군요. 과거에는 심리학자인 'psychologist'를 줄여 psycho라고 불렀던 적도 있었습니다. 심리학자는 말 그대로 인간의 '심리' 즉, '마음'을 연구하는 학자인데요. 고대 그리스어로 '마음' '영혼' '생명' 그리고 '숨' 등을 'Psykhe(프시케)'라고 했는데, 바로 psycho의 어원이기도 합니다.

프시케? 왠지 어감이 낯설지 않지요? 그리스 신화에 나오는 큐피드(에로스)의 사랑 이야기를 알고 있다면, 사랑에 빠진 아름다운 소녀 '프시케'가 떠오르실 겁니다. 이탈리아 조각가 안토니오 카노바Antonio Canova, 1757~1822의 작품, 〈프시케를 깨우는 큐피드의 키스〉를 소개하려다 보니 서두가 좀 길어졌습니다. 루브르는 이 작품을 다음과 같이 묘사합니다.

"이 조각상이 유독 아름답게 느껴지는 이유는 남녀가 키스하는 순간을 포

안토니오 카노바, 〈프시케를 깨우는 큐피드의 키스〉, 1793년, 대리석, 높이 155cm

착했기 때문일 것이다. 프시케가 큐피드를 안으려고 벌리는 두 팔이 그리는 곡선은 사람의 심장 모양으로 부드럽게 둘러싸 정점을 이룬다."

깊은 잠에 빠진 프시케의 뒤로 큐피드가 날아옵니다. 그리고 사랑하는 여인을 깨우는 '숨'을 불어넣어 줍니다. 이렇게 아름다운 장면이 어떻게 연출되었을까요? 큐피드와 프시케의 사랑 이야기를 짧게라도 하지 않을 수 없겠습니다.

사랑이란, '숨'을 불어넣는 행위

미의 여신 비너스(아프로디테)는 자기 못지않게 미모가 출중한 프시케를 늘 시기하고 질투했습니다. 그래서 프시케가 이 세상에서 가장 혐오스러운

〈프시케를 깨우는 큐피드의 키스〉를 여러 방향에서 본 모습.

사람과 함께 살도록 아들인 큐피드와 계략을 꾸밉니다. 그런데 큐피드는 프시케의 아름다움에 반해 화살을 쏘지 못하고 오히려 그녀의 남편이 됩니다. 큐피드는 아내 프시케에게 자기의 정체를 드러내지 않으려고 밤에만 만났는데요. 프시케는 남편의 얼굴이 무척 궁금했지요. 때마침 그녀는 남편이 괴물일지 모르니 잠든 사이 등불로 확인해 보라는 언니들의 꾐에 빠집니다. 프시케가 남편이 '사랑의 신' 큐피드임을 확인하는 순간, 뜨거운 등불 기름이 떨어져 잠든 큐피드가 깨어나고 맙니다. 큐피드는 믿음이 깨졌다며 프시케의 곁을 떠나버리지요.

프시케는 후회와 원망을 뒤로하고 비너스에게 아름다움을 뽐낸 것에 대해 용서를 빌지만, 비너스는 프시케에게 못된 심부름을 시킵니다. '저승의 신' 하데스의 아내인 페르세포네의 방에서 아름다움이 담긴 상자를 몰래 가져오라는 것이었지요. 비너스의 계략에 또 다시 속은 프시케는 아름다움이 담긴 상자를 훔칩니다. 하지만 프시케는 호기심을 참지 못하고 훔친 상자를 열어 보는데, 그 속에서 괴물 '죽음의 잠'이 나와 그녀를 덮칩니다. 이 사실을 안 큐피드는 제우스에게 저주를 풀어 달라고 간절히 애원합니다. 결국 용서를 받아낸 큐피드는 사랑의 키스를 통해 프시케를 죽음의 잠에서 깨우는 '숨'을 그녀의 입안에 불어넣습니다.

뼛속까지 이탈리아 예술가

"안토니오 카노바는 그리스 신화에 나오는 큐피드와 프시케의 키스 장면을 조각해 명실공히 신고전주의를 대표하는 조각가로 이름을 날리게 됐다. 그는 한때 무덤을 장식하는 조각가였다."

카노바는 불우한 환경 탓에 제대로 된 미술 교육을 받지 못하고 젊은 시절 공방에 들어가 조각 실력을 연마해나갑니다. 무덤을 장식하는 조각가로 경력을 쌓던 그는, 우연한 기회에 그리스 신화에 나오는 큐피드와 프시케의 키스 장면을 제작해 달라는 주문을 받습니다. 그동안 해왔던 것과는 완전히 성격이 다른 작업이었지요. 그는 이 주문을 흔쾌히 수락하지 못하고 꽤 오랜 시간 고민합니다.

루브르는 고민의 흔적이 담긴 카노바의 스케치들을 보관하고 있습니다. 처음 카노바의 구상은 키스하고 있거나 둘이 꽉 끌어안고 있는 모습이었습니다. 그리고 수차례 습작과 수정을 통해 지금의 모습을 탄생시킵니다. 훗날 로댕Auguste Rodin, 1840~1917을 비롯한 수많은 조각가가 이 작품을 모작하면서 카노바의 예술적인 성과에 오마주를 보내지요.

비록 카노바의 대표작인 〈프시케를 깨우는 큐피드의 키스〉를 프랑스의 루브르가 소장하고 있긴 하지만, 그는 뼛속까지 이탈리아 예술가였습니다. 이탈리아가 나폴레옹Napoleon Bonaparte, 1769~1821에게 정복됐을 때, 본인의 의지와 상관없이 프랑스정부를 위해서 조각을 해야 했던 카노바는, 그의 재능에 감탄해서 파리로 옮겨오라는 나폴레옹의 제안을 거절합니다. 카노바는 "나를 가르친 모든 것은 이탈리아에 있다"며, 죽을 때까지 고국 이탈리아를 떠나지 않았습니다.

만일 카노바가 나폴레옹의 제안에 따라 파리로 갔다면 예술가로서 더 큰 성공을 거두었을지도 모르겠습니다. 하지만 그 당시 카노바에게 더 간절했던 건 세속적인 성공이 아니라 평생 자신의 삶에 예술혼을 불어넣어 준 이탈리아의 '공기'였습니다. 그것은 프시케를 죽음의 잠에서 깨웠던 큐피드의 '숨'과 같은 것인지도 모르겠습니다.

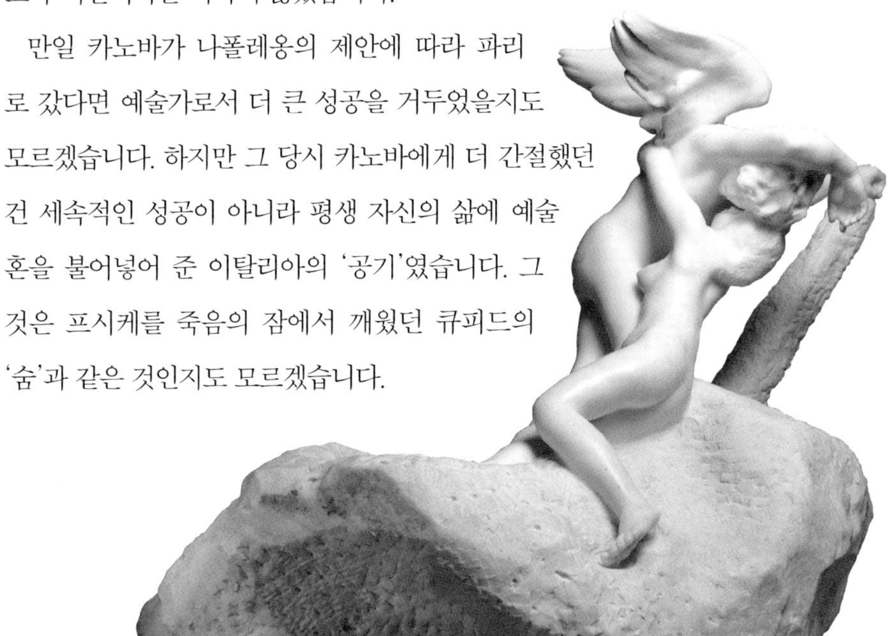

오귀스트 로댕, 〈큐피드와 프시케〉, 1893년, 대리석, 높이 121cm, 뉴욕 메트로폴리탄미술관

전염병을 막아 주던 수호성인

루브르가 자랑하는 이탈리아 컬렉션이 모여 있는 드농(Denon)관 2층의 대형 복도에는 기둥에 묶이고 몸에 화살이 박힌 채 죽어가는 알몸의 남자 그림이 걸려 있습니다. 이 그림은 이탈리아 르네상스를 대표하는 걸작들 틈바구니에 끼어 있어서 그런지 관람객들이 일부러 찾는 작품은 아닙니다.

페루지노? 이 그림을 그린 화가의 이름도 낯섭니다. 그런데 바로 그가 이탈리아 르네상스의 3대 천재 라파엘로Raffaello Santi, 1483~1520의 스승이라면 얘기가 달라집니다. 라파엘로 같은 거장에게 그림을 사사한, 이를테면 '거장의 스승'의 작품이라면 발걸음을 멈추게 할 만하지요.

페루지노Perugino, 1450~1523의 원래 이름은 피에트로 바누치Pietro Vannucci입니다. 그런데 이탈리아 사람들은 멀쩡한 이름을 놔두고 별명을 붙여 부르는 것을 좋아했습니다. '페루자(Perugia)'라는 도시에서 온 화가라고 해서 '페루지노'라는 별명으로 더 알려진 이 화가는, 이탈리아 각지에서 주문을 받

페루지노(피에트로 바누치), 〈성 세바스티안〉, 1490년, 캔버스에 유채, 176×116cm

SAGITTÆ·TVÆ·INFIXE·SVNT·MICH

아 공방의 여러 제자와 함께 그림을 완성해 돈을 벌었던 인물입니다. 그 제자들 중에 천재 라파엘로도 있었던 것이지요.

흑사병이 소환한 성인

이 그림 속 모델은 거의 벌거벗은 남자인데, 기둥에 묶여 있고 몸에는 화살이 두 개나 박혀 있습니다. 하지만 절명의 순간인데도 그의 표정은 평화롭습니다. 심지어 뭔가를 동경하는 듯한 눈으로 하늘을 바라보고 있습니다. 이처럼 몸이 묶인 채 화살을 맞고 죽어가는 알몸의 남자는, 그리스도교의 순교자 성 세바스티안을 상징하는 경우가 많습니다.

성 세바스티안은 로마 황제 디오클레티아누스Diocletianus, 245~316 시절 로마 제국의 마지막 그리스도교 박해가 있을 때, 황제의 근위대장 출신이면서도 자신의 신앙을 버리지 않다가 순교한 성인으로 전해집니다. 세바스티안은 군중이 보는 앞에서 나무기둥에 묶인 채 화살을 맞는 형벌을 받았습니다. 그런데 그는 화살을 맞고도 죽지 않고 살아납니다. 루브르는 이 그림을 소개하면서 당시의 상황을 이렇게 설명합니다.

> "우리는 이 그림에서 세바스티안이 기둥에 묶인 채 두 개의 화살을 맞는 장면을 볼 수 있다. 그는 이렇게 화살형을 받은 채 죽도록 내버려졌다. 이때 세바스티안의 장례를 치르기 위해 기둥 앞에 왔던 성녀 이렌이 아직 숨을 쉬고 있는 그를 발견하고 극진히 간호해 목숨을 구한다. 하지만 살아난 세바스티안은 다시 황제를 찾아가 그리스도교를 박해하는 것을 꾸짖다가 결국 죽을 때까지 시궁창에 버려진다."

사이먼 베닝, 〈성 세바스티안의 순교〉, 1535~1540년, 『Munich-Montserrat Hours』의 삽화, 13×10cm, 로스앤젤레스 폴게티미술관

그렇게까지 그리스도교의 박해에 맞서 싸웠으니, 세바스티안이 성인의 반열에 오르는 것은 당연합니다. 하지만 12세기 전까지 성인으로서 그의 인지도는 그리 높지 않았습니다. 그런데 이후 성 세바스티안은 프랑스와 북부 이탈리아 등지에서 대단히 유명해집니다. 어떻게 된 것일까요?

12세기와 14세기 사이는 유럽에서 전염병이 자주 나타나던 때였습니다. 당시 사람들은 전염병에 걸리면 시름시름 앓다가 사망해 버렸지요. 문제는 자신만 죽는 게 아니라 가족이나 이웃에까지 병을 전염시켰다는 것입니다. 하지만 당시 의학 수준으로는 전염병의 원인이 무엇인지 밝혀낼 수가 없었습니다. 결국 사람들은 전염병을 '사탄의 병'으로 여기고 종교적인 방법으로 치유되기를 갈구하거나, 아니면 그냥 삶을 포기했습니다.

한편, 전염병을 "하늘에서 죄 많은 인간을 벌하기 위해 쏘는 화살 때문에 걸리는 병"이라고 생각하는 사람들도 적지 않았습니다. 그런데 세바스티안은 화살에 맞고도 다시 살아난 성인 아닙니까. 그래서 세바스티안은 전염병에 대항해 환자와 그 가족을 지키는 수호성인이 된 것입니다.

누드를 그리는 화가들의 수호성인?

그런데 그림 속 성 세바스티안은 거의 알몸입니다. 왕명을 거부한 죄인이라서 옷을 다 벗겼던 것일까요? 이 그림은 인간의 미를 중시하는 르네상스 시기에 그려진 것이지만, 그림 속 누드모델이 성인이나 신화 속 인물이 아니면 여전히 지탄받던 시절이었습니다. 즉, 〈비너스의 탄생〉(232쪽) 같은 작품이 무사했던 것은, 신화 속 존재를 누드로 그렸기 때문이지요.

결박당한 채 화살을 맞고 죽어가는 로마 근위대장의 알몸은 당시로서

안드레아 만테냐, 〈성 세바스티안〉, 1480년, 캔버스에 유채, 255×140cm

는 아주 매력적인 소재였습니다. 하지만 그가 전염병 환자들의 수호성인이 아니라면 이 그림을 그린 페루지노는 고초를 겪었을 것입니다. 또 어쩌면 이 그림을 루브르에서 볼 수 없었을지도 모릅니다.

페루지노 말고도 여러 화가가 성 세바스티안을 그렸습니다. 안드레아 만테냐Andrea Mantegna, 1431~1506 같은 화가는 페루지노보다 10년 전에 〈성 세바스티안〉을 그렸습니다. 아무튼 성 세바스티안 덕분에 훗날 화가들은 남성 누드를 큰 제재 없이 그릴 수 있었습니다. 성 세바스티안은 생존을 갈구하는 전염병 환자들의 수호성인인 동시에, 누드를 그리고자 했던 수많은 화가에게도 '예술가로서의' 수호성인이지 않았을까 생각해 봅니다.

'평화의 신'은 '풍요의 신'을 어디로 데려간 걸까?

그림 속 두 여성이 그리스 혹은 로마식 복장을 하고 등장합니다. 배경 하늘은 짙은 구름으로 가득 차 마치 폭풍이 올 것처럼 위태로운데, 정작 두 여성은 평온하기만 합니다.

이 그림의 제목은 〈풍요를 데리고 가는 평화〉입니다. 앞에 있는 금발 여성이 풍요를 상징하고, 뒤에 있는 여성이 평화를 상징합니다. 여기서 풍요란 '마르지 않는 샘', 그리고 '떨어지지 않는 식량' 등을 의미합니다. 초기 농경사회부터 이어져 온 인간의 정착 생활에서, 풍요는 언제나 사람들의 이상과 같은 것이었습니다.

풍요를 향한 인간의 염원은 신화에서도 자주 등장하곤 합니다. 그리스 신화에서는 풍요(또는 '풍요의 여신')가 종종 화관을 쓰고 염소의 뿔을 들고 있는 모습으로 묘사됩니다. 풍요의 여신 손에 들린 뿔 속에는 과일이나 꽃이 가득합니다. 이것을 가리켜 '아말테이아(Amaltheia)의 풍요의 뿔'이라고 부릅니다.

엘리자베스 루이즈 비제-르 브룅, 〈풍요를 데리고 가는 평화〉, 1780년, 캔버스에 유채, 102×132cm

신화에 비친 풍요와 평화

그리스 신화에서, '신들의 왕' 제우스는 태어나자마자 그의 다른 형제들처럼 아버지 크로노스에게 산 채로 잡아먹힐 위기에서 어머니의 기지로 위기를 모면한 뒤 숨어서 살게 됩니다. 죽은 것으로 위장하고 숲 속에서 자라는 아기 제우스에게 젖을 먹인 염소를 '아말테이아'라고 부르지요. 제우스가 먹고 배부를 만큼 풍요롭게 있었다는 뜻에서 온 이름인데, 이후에 신화를 묘사한 예술 작품들에 참 자주 등장하는 소재가 됩니다.

그리스 신화 속 아말테이아 이야기를 좀 더 부연하면 이렇습니다. 이 염소의 뿔에는 신들이 마시는 술 넥타르와 신들의 음식물인 암브로시아가 가득 들어 있었습니다. 어느 날 뿔 하나가 부러졌을 때 그 속에 신선한 과일이 가득 차 있어서 그것을 제우스에게 바쳤다고 하는데요. 신화에 따르면, 뿔을 부러뜨린 것은 제우스 자신이라고 합니다. 그 뿔에는 뿔의 임자가 바라는 것은 무엇이든지 나오게 하는 힘이 있었기 때문에, '코르누코피아(cornucopia : 풍요의 뿔)'라고 부르게 되었다고 합니다. 훗날 염소는 별이 되어 마부자리의 일등성 '카펠라'가 되었다고 전해집니다.

크리스마스 전통 중에 양말을 벽난로 위에 걸어놓는 것도 이 염소 뿔 모양에서 비롯된 것이라고 하지요. 양말 안에 넘치도록 선물이 채워지기를 기원하는 의미에서 신화 속 염소의 뿔과 같은 맥락이라 할 수 있겠습니다.

그림 속 앞의 여성은 풍요의 여신답게 풍만한 가슴이 인상적입니다. 평화는 그런 풍요를 데리고 가면서 사랑스러운 눈빛을 주고받는데, 둘의 관계가 자연스러워 보이다가도 갑자기 묘한 분위기가 느껴집니다. 평화는 풍요를 안심시켜 어디론가 데려가는 것처럼 보이는데, 이 둘 사이는 어떤 관계인 걸까요?

두 여인의 빛바랜 화양연화

〈풍요를 데리고 가는 평화〉를 그린 여류화가 엘리자베스 루이즈 비제-르 브룅Elizabeth Louise Vigée-Le Brun, 1755~1842은 프랑스 미술계에 등장한 지 얼마 지나지 않아, '왕립 아카데미' 소속의 기성 화가들을 경악시킬 만한 실력을 선보입니다. 특히 초상화에서 모델을 우아하고 아름답게 묘사하는 능력

엘리자베스 루이즈 비제-르 브룅, 〈자화상〉, 1781년경, 캔버스에 유채, 64×54cm, 텍사스 킴벨미술관

엘리자베스 루이즈 비제-르 브룅, <장미를 든 마리 앙투아네트>, 1783년, 캔버스에 유채, 113×87cm, 파리 베르사유 궁

은 타의 추종을 불허했습니다. 하지만 남성 중심의 프랑스 미술계는 그녀의 등장을 애써 무시합니다. 비제-르 브룅에게는 그런 현실이 억울하고 속상할 수밖에 없었습니다.

한편, 여성이라는 이유로 제대로 인정받지 못하는 비제-르 브룅에게 천군만마가 나타나는데요. 당시 베르사유 궁의 안주인 마리 앙투아네트 Josèphe Jeanne Marie Antoinette, 1755~1793는 비제-르 브룅의 재능에 유난히 관심이 컸습니다. 비제-르브룅은 앙투아네트와 친밀한 관계를 이어가면서 그녀의 지위를 등에 업고 왕립 아카데미 회원이 됩니다. 그 당시만 해도 여성이 왕립 아카데미에 입성하는 것은 현실적으로 거의 불가능한 일이었습니다. 비제-르 브룅은 프랑스 미술사를 통틀어 왕립 아카데미의 첫 번째 여성회원이 됩니다. 비록 왕비의 입김이 결정적인 영향을 끼쳤지만, 여류화가가 기성 화단에 발을 내딛는 역사적 순간이었음은 분명합니다.

그러고 보니, 그림 속에 등장하는 풍요와 평화의 모습은 왠지 그 당시 비제-르 브룅과 마리 앙투아네트의 모습과 닮았습니다. 예술적 재능이 차고 넘칠 만큼 '풍요'로웠던 비제-르 브룅이 음지에서 더 이상 불행을 겪지 않도록 마리 앙투아네트가 그녀의 뒤에서 '평화'롭고 안정적인 곳으로 이끌어주는 모습이라고 할까요.

하지만 풍요롭고 평화로웠던 두 사람의 관계는, 이 그림이 그려진 지 채 십 년도 지나지 않아 혁명의 소용돌이에 휘감겨 불행한 종말을 맞이합니다. 한 사람은 단두대 앞으로, 한 사람은 (그나마 다행히도) 감옥으로 끌려갈 운명임을 그 누가 알았을까요?

두 사람의 화양연화가 이 그림에 겹쳐지는 게 저만의 우연한 상상일까요?

세례자 요한의 입가에 모나리자의 미소가!

여러분은 그림 속 미소하면 가장 먼저 어떤 작품이 떠오르세요? 〈모나리자〉! 너무 당연한 질문이었나요? 그렇습니다. '모나리자의 미소'가 가장 유명합니다. 하루에 1만 5천 명이 넘는 방문객이 모나리자의 미소를 보기 위해 루브르를 찾는다고 하니 정말 대단합니다.

어? 그런데, 왼쪽 그림은 〈모나리자〉가 아닌데요. 그렇습니다. 이번 주인공은 〈모나리자〉가 아니라, 다 빈치Leonardo da Vinci, 1452~1519의 마지막 걸작 〈세례자 성 요한〉입니다. 이 그림 〈세례자 성 요한〉에 관한 이야기를 하기 위해서는 〈모나리자〉를 함께 다루지 않을 수가 없는데요. 그건 바로 그림 속 모델의 '입가의 미소' 때문입니다.

이 그림에서 세례자 요한의 얼굴을 가만히 살펴보면, 미소 짓는 입 모양이 누구와 닮았다는 생각이 듭니다. 바로 모나리자입니다. 흥미로운 점은 입술의 양끝만 살짝 올라간 이 미소는 다 빈치의 다른 그림에서도 등장합니다. 〈성 안나와 함께 있는 마리아와 예수〉(111쪽)에서 성 안나의 입

레오나르도 다 빈치, 〈세례자 성 요한〉, 1513년경, 패널에 유채, 69×57cm

가 미소도 이들과 비슷합니다. 입가의 미소가 같으면 사람의 인상도 같아 보입니다. 그래서일까요? 세례자 요한과 성 안나와 모나리자는 유독 닮아 보입니다.

한편, 댄 브라운(Dan Brown)의 소설 『다 빈치 코드』에서는 〈최후의 만찬〉에서 예수 옆 가룟 유다 쪽으로 기울어져 있는 사람이 사도 요한이 아니라 막달라 마리아라고 하는 장면이 나옵니다. 〈최후의 만찬〉 속 사도 요한 부분을 확대해서 보면, 막달라 마리아라고 착각할 정도로 닮았습니다.

〈최후의 만찬〉에 등장하는 열두 제자 중 한 명이 막달라 마리아라고 여기는 『다 빈치 코드』는 당연히 허구를 기반으로 한 픽션입니다. 하지만 다 빈치가 그린 입가의 미소는 당연히 그런 의문이 들게 합니다. 아무튼 미소 덕택에 거장 다 빈치의 작품 속 인물들의 표정을 꼼꼼히 살펴보는 즐거움을 누립니다.

호기심을 자극하는
천재 예술가의 작품 속 의문의 코드들

이 그림 속 이미지처럼 세례자 요한은 성경에서 참 인상적인 인물로 묘사됩니다.

"세례자 요한은 손가락을 들어 하늘을 가리키고 있다. 이 동작의 의미는 아직도 불분명하다. 곱슬머리인 그의 긴 머리카락을 보자. 여기에서 세례자 요한은 마치 새로운 아담('신인류'라는 의미)인 듯 보인다. 그의 외모에는 여성과 남성이 동시에 공존하는 것 같다. 예수 수난의 상징인 십자가를 손에

레오나르도 다 빈치, 〈모나리자〉, 1503~1506년경, 패널에 유채, 77×53cm

들고 있으나, (잘 보이지는 않아도) 표범 가죽을 몸에 두르고 있는 것은 바쿠스의 상징이다."

그림 속 주인공이 수수께끼 같은 손짓을 하는 것은 다 빈치의 대표적 묘사 중 하나입니다. 다 빈치의 작품 속 인물들이 남성과 여성의 특성을 동시에 가지고 있다는 것도 유명한 이야기지요. 종교화에서 어린아이이거나 다 큰 청년이거나 상관없이 이렇게 십자가를 들고 있는 모습으로 등장하면, 대체로 예수의 사촌인 세례자 요한을 의미합니다. 하지만 이 그림의 주인공이 세례자 요한이라고 확신하는 것이 그렇게 간단하지 않다는 게 문제입니다.

성경에 따르면, 세례자 요한은 광야에서 은자 생활을 하면서 벌꿀과 메뚜기로 연명하며 지냈다

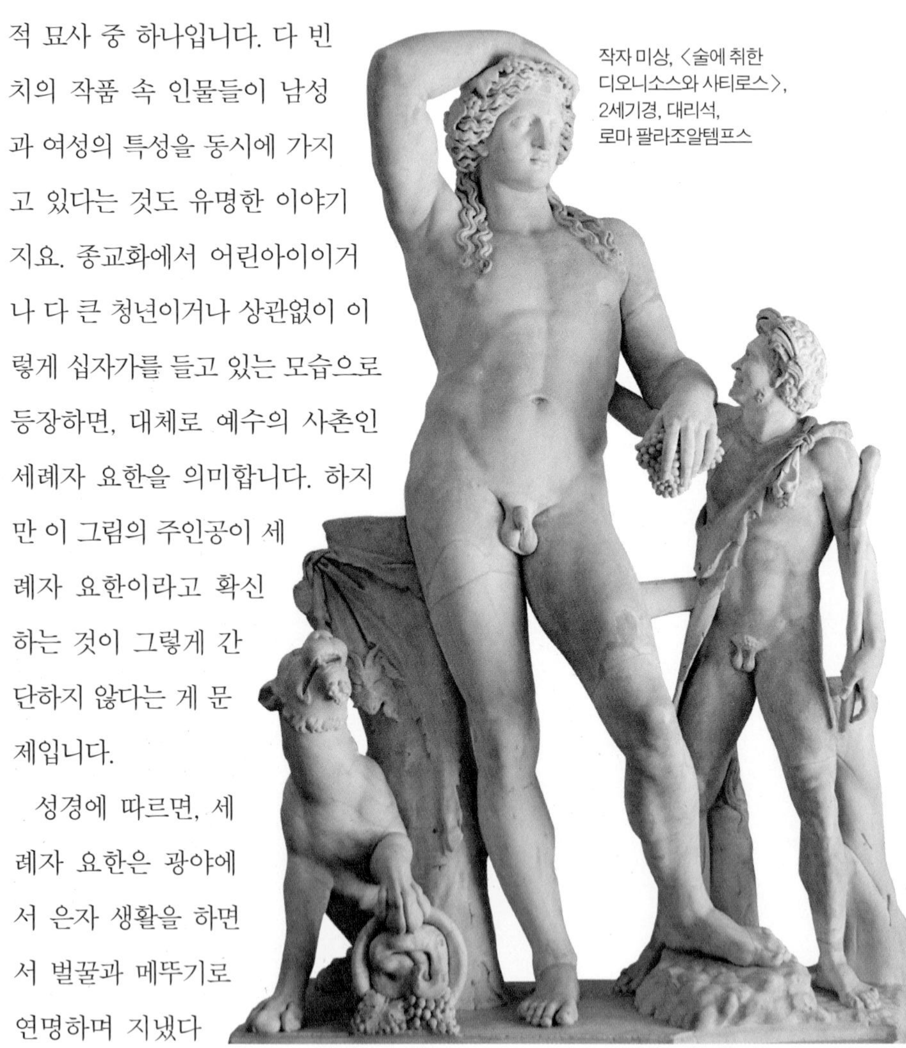

작자 미상, 〈술에 취한 디오니소스와 사티로스〉, 2세기경, 대리석, 로마 팔라조알템프스

고 합니다. 또 낙타 가죽을 두르고 허리에 가죽 띠를 하고 있었다고 기록돼 있습니다. 그런데 이 그림의 주인공은 낙타 대신 표범 가죽을 입고 있습니다. 표범 가죽은 성경이 아니라 그리스 신화에서 나오는 축제와 술의 신이자 육체적인 쾌락과 본능의 신이기도 한 바쿠스(디오니소스)를 상징합니다.

바로 이 지점에서 그림 속 상징들을 모호하게 했던 다 빈치라는 예술가의 개성이 읽힙니다. 남성과 여성의 얼굴을 동시에 묘사한 표정, 성경과 그리스 신화가 공존하는 상징, 그리고 유독 닮은 세례자 요한과 성 안나와 모나리자의 미소, 그리고 밝음과 어둠의 대비를 통해 그림 속 인물의 신비감을 배가시켰다는 점까지……

"이 신비로운 작품 속 주인공은 마치 지옥의 인물인 양 어둠 속에서 갑자기 등장한다. 화가는 어둠과 빛의 완벽한 제어를 통해 명암법을 완성했다."

어쩌면 이러한 장치들이 모두 이탈리아 출신 천재 예술가의 의도된 계획이 아닐까 싶습니다. 다 빈치는 대중의 호기심이 자신에게 향하는 것을 즐겼던 것 같습니다. 이처럼 천재 예술가가 세상을 향해 던진 의문의 코드들은 그의 작품을 감상하는 사람들의 호기심을 자극해 또 다른 지적 즐거움을 선사합니다.

신화 속 비련의 아픔을 조각하다

미술 작품에 담긴 의미가 무엇인지 이해하기 위해 그림 속 상징이나 장치들을 연구하는 분야를 가리켜 '도상학(圖像學, iconography)'이라 부릅니다. 미술 감상을 직업으로 하는 사람들이라면 꼭 공부해야 하는 분야입니다. 그뿐만 아니라 그림에 관심이 많은 일반인에게도 도상학적 접근은 매우 유익한 감상법입니다.

문화와 시대가 제각기 다른 미술 작품들을 재미있게 감상하려면, 작품 속 상징과 장치가 무엇을 의미하는지를 미리 공부해두면 좋습니다. 도상학은 미술관에서 도슨트의 도움 없이도, 작가가 뭘 그린 것인지, 어떤 내용을 보여주려고 했는지 짐작하는 데 큰 도움을 줍니다. 예를 들어 누군가가 잠든 남성의 머리카락을 거침없이 자르고 있다면 잠든 남성은 삼손이고, 천사가 여성 앞에서 뭔가를 이야기하고 있으면 수태고지를 의미합니다. 나체의 여성이 몸을 살짝 비틀면서 가슴과 아랫부분을 가리고 있으면 대체로 비너스인 경우가 많습니다.

오귀스탱 카이요,
〈디도의 죽음〉, 1711년,
대리석, 높이 59cm

'루크레티아'야, '디도'야?

그런데 가끔 이러한 상징들이 중첩되거나 비슷한데도 불구하고, 그와는 반대로 해석되는 경우도 있습니다. 목이 잘린 남성의 머리와 함께 그려진 여성은 구약시대 이스라엘의 영웅 유디트일 경우도 있지만, 어떨 때는 신약 성서에 나오는 세례자 요한과 악녀(?) 살로메를 의미할 때도 있습니다.

칼로 자신의 가슴을 찔러 자결하는 여성은 무엇을 의미할까요? 대체로 이런 모습의 주인공은 로마건국 신화에 등장하는 '루크레티아'가 강간을 당한 뒤 자살하는 장면을 나타냅니다. 네덜란드 화가 렘브란트Rembrandt Harmensz van Rijn, 1606~1669의 작품으로 유명한 〈루크레티아〉도 같은 소재입니다.

그런데 칼로 자신의 가슴을 찌르는 모습을 하고 있으면서도 루크레티아 말고 다른 의미를 담고 있는 조각상이 있는데요. 바로 〈디도의 죽음〉이라는 작품입니다.

루브르에서 아이들을 데리고 쿠르 마를리(Cour Marly)라는 전시실에 갔을 때의 일입니다. 칼로 자신의 가슴을 찌르는 어떤 조각상 앞에서 이 모델이 누구냐는 아이의 질문에 '루크레티아'라고 자신 있게 대답한 뒤 작품을 설명해 나가다가 조각상 아래 적힌 이름을 보고 당황했던 적이 있습니다. 거기에는 '루크레티아' 대신 'Didon'이라고 표시돼 있었기 때문입니다. Didon? 혹시 『트로이 이야기』에 나오는 그 Dido?

그렇습니다. 프랑스 말은 좀 이상한 구석이 있는데요. 『반지의 제왕』의 주인공 프로도(Frodo)가 프랑스에서는 프로동(Frodon)이 되듯이, 'Dido'도 루브르에서는 'Didon'이 된 것이지요.

'디도'는 카르타고 건국의 여왕이자 전설적인 연애담을 간직한, 비련의 여주인공입니다. 베르길리우스Publius Vergilius Maro, BC70~BC19가 쓴 로마건국기에

렘브란트 하르먼스 반 레인, 〈루크레티아〉, 1664년, 캔버스에 유채, 120×101cm, 워싱턴D.C. 국립미술관

해당하는 『아이네아스 이야기』에서 주인공 아이네아스는 트로이의 왕자였습니다. 트로이가 그리스 연합군에 져 멸망할 때, 아이네아스는 신들의 도움으로 이탈리아 로마로 도피합니다. 그때 이탈리아 반도로 바로 가지 못하고 현재의 튀니지, 즉 북아프리카에 있던 카르타고 제국에 도착한 다음, 여왕이던 디도의 도움을 받습니다. 아이네아스와 디도는 곧 연인 사이가 되는데, 신의 명령에 따라 로마로 가야하는 아이네아스와 신생 카르타고를 책임져야 하는 디도 사이에 지속적인 사랑은 불가능했습니다. 아이네아스는 디도로부터 받았던 선물과 징표를 모두 해변에 놓고 로마로 떠납니다. 디도는 실연의 슬픔을 이기지 못하고 칼로 자신의 가슴을 찔러 자살합니다. 디도의 러브스토리는 이렇게 비극으로 끝납니다. 훗날 로마가 치른 포에니 전쟁의 상대가 카르타고였던 것을 떠올리면, 아이네아스와 디도의 인연이 더 애절하게 느껴집니다.

디도의 러브스토리는 많은 예술가가 다룬 소재이기도 한데요. 영국의 바로크 작곡가 헨리 퍼셀Henry Purcell, 1659~1695의 오페라 〈디도와 아이네아스〉가 특히 유명합니다. 베를리오즈Louis Hector Berlioz, 1803~1869의 오페라 〈트로이 사람들〉도 디도의 슬픈 사랑을 중심 이야기로 다룹니다.

가슴을 저미는 비련의 상징

자, '루크레티아'로 잘못 봤던 바로 그 조각상으로 다시 돌아가 봅시다. 프랑스 절대왕정 시기에 왕립 아카데미 입구를 장식하던 이 작품은 오귀스탱 카이요Augustin Cayot, 1667~1722라는 조각가의 것입니다. 그리 크지 않은 이 조각상은, 전설 속 주인공과는 달리 좀 앳돼 보입니다.

〈디도의 죽음〉 상반신.

실연으로 상처 입은 가슴을 찌르는 칼과 그 모습이 얼마나 생동감 있게 묘사됐는지, 작품 앞에 서면 제발 그렇게 하지 말라고 말리고 싶은 생각이 들 정도입니다.

조각이라는 미술 장르에서 극적인 순간을 끌어올리기 위해서는 부드러움과 강렬함의 대비가 조화를 이뤄야 합니다. 곡선미가 흐르는 우아한 육체에 날카로운 칼날이 꽂힌 이 조각상의 모습은 그러한 조화미의 절정을 이룹니다. 이 조각상의 예술적인 완성도야 나무랄 데 없겠지만, 그것을 바라보는 내내 제 마음은 영 좋지 않습니다. 중년이 됐으면 이제 덤덤해 질만도 한데 죽음으로 끝나는 사랑이야기는 여전히 힘듭니다. 심지어 이 작품만큼은 도상학적으로 비련과 무관한 해석을 하고 싶을 정도니, 참 큰일입니다.

성스러움이 결여된 어느 성화 이야기

카라바조, 〈성모의 죽음〉, 1601~1605년경, 캔버스에 유채, 369×254cm

자신이 그린 그림만큼 성격이 괴팍하고 삶 자체도 파격적이었던 화가가 있습니다. 원래 이름은 미켈란젤로 메리시 다 카라바조Michelangelo Merisi da Caravaggio, 1571~1610. 이미 미술사에서 그보다 더 유명한 동명의 거장이 있었기에 스스로 '카라바조'로 불리길 원했지요.

그는 40년도 안 되는 짧은 생애 중에 일곱 번이나 옥살이를 했고, 동네 건달들과의 시비 끝에 살인을 저지르고 이탈리아를 떠돌다 객사합니다. 누가봐도 예술가답지 않은 삶이었습니다.

그가 그린 그림들 역시 가관이 아니었습니다. 참수 장면을 묘사한 〈골리앗의 머리를 든 다윗〉이라든가, 〈메두사의 머리〉 같은 그림은 지금 봐도 소름이 끼칠 정도입니다. 여기 소개하는 〈성모의 죽음〉도 그 못지않은 파격으로 논란의 중심이 된 작품입니다.

"이 그림으로 카라바조는 또다시 격렬한 반응을 일으켰다. 로마의 한 성당

을 위해 카르멜 수도원이 주문한 이 그림은, 성스러운 장소를 모독했다는 이유로 인수가 거부됐다. 결국 이 그림은 카라바조를 존경했던 루벤스Peter Paul Rubens, 1577~1640가 구입했다."

주문자로부터 인수가 거부된 그림

자, 그렇다면 예수의 어머니인 마리아의 죽음을 어떻게 표현해야 교회로부터 공분을 사지 않을까요? 마리아의 죽음을 다루는 것은 그 당시로서는 퍽 조심스러운 일이었는데요. 최대한 성스러운 광경으로 하늘로 올라가거나 평화로운 얼굴로 영면한 모습을 한 마리아가 일반적이었지요. 하지만 카라바조가 묘사한 〈성모의 죽음〉은 그런 성스러움과는 거리가 멀었습니다.

"카라바조는 붉은 옷을 입은 채 머리는 뒤로 젖혀 있고 한쪽 팔은 옆으로 힘없이 축 늘어져 있는 죽은 마리아의 모습을 너무나 충격적으로 묘사했

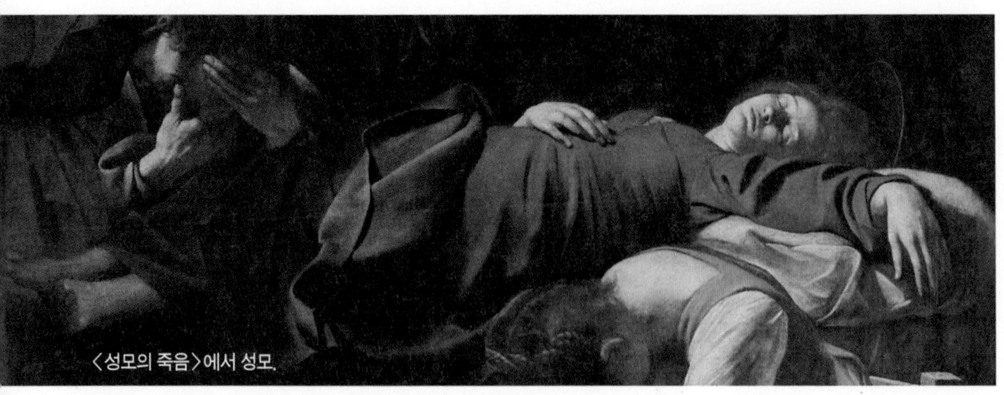
〈성모의 죽음〉에서 성모.

다. 마리아의 머리 위에 희미하게 비치는 성광 말고는 성스러움을 전하는 그 어떤 장치도 발견할 수 없다."

'죽음'이라는 비극을 사실적으로 묘사하다

카라바조는 〈성모의 죽음〉에 정말로 '죽음'을 그려 놓은 것입니다. 눈을 감고 있는 마리아의 얼굴은 여느 평범한 사람이 죽어 있는 모습과 다르지 않습니다. 심지어 맨다리를 드러낸 채 누워있는 마리아의 실제 모델이 카라바조의 애인인 매춘부였다는 소문까지 나돌았습니다. 이쯤 되면 아무리 관대한 교회라 하더라도 주문한 그림을 순순히 받을 수 없을 것입니다. 이 그림을 처음 주문한 카르멜 수도원은 무려 5년을 기다렸지만, 카라바조는 교회가 요구한 대로 그림을 수정하지 않았습니다. 급기야 카라바조는 그림의 인수를 거부당하고 맙니다.

그렇다면 교회가 원했던 〈성모의 죽음〉은 어떤 스타일이었을까요? 훗날 카르멜 수도원은 똑같은 주제를 칼로 사라체니Carlo Saraceni, 1585~1620에게 맡깁니다. 사라체니가 그린 〈성모의 죽음〉은 현재 로마와 뉴욕에 있는데요. 두 그림을 같이 놓고 비교해 보면, 그 당시 카라바조가 일으킨 문제가 무엇인지 짐작이 갑니다.

"하지만 카라바조의 그림 속 모든 디테일은 이 비극을 사실적으로 보여주기 위한 장치였다. 핏빛 벨벳 커튼은 주변을 잠잠하게 하고, 조명은 오로지 마리아의 얼굴만을 비춘다. 그 밝고 선명한 죽음 앞에서 사도들의 얼굴은 거의 드러나지 않는다. 이 그림은 연극적인 요소를 통해 성모의 죽음이라

칼로 사라체니, 〈성모의 죽음〉, 1612년경, 캔버스에 유채, 305×231cm, 뉴욕 메트로폴리탄미술관

는 현실이 어떤 것인지를 표현하고 있다."

카라바조의 작품들을 살펴보면, 그림 속 인물들이 하나같이 무대 위에서 연기를 하는 것처럼 느껴집니다. 물론 이 그림도 예외는 아니지요. 그렇게 느껴지는 것은 카라바조만의 명암 효과 때문입니다. 이 명암 효과는 무대 위 조명과 같은 역할을 합니다. 다시 말해 무대 위 연극처럼 그림에

프랑스 남서부 툴루즈의 한 공동주택 다락방 틈새에서 발견된 유화. 카라바조의 말년인 1600~1610년에 제작된 것으로 추정된다.

이야기를 만드는 효과를 발휘합니다.

아울러 카라바조가 그림에서 구현하는 인물들은 매우 사실적입니다. 르네상스의 전통이 보여주는 이상적이고 고결한 아름다움을 지닌 인물들 하고는 큰 차이가 있습니다.

카라바조의 작품은 워낙 강한 개성 탓에 사람들 사이에서 여전히 호불호가 크게 갈립니다. 미술관에서 그의 작품 앞에 서면 경악과 찬사의 감탄사를 동시다발적으로 듣는 묘한 경험을 하게 되지요. 얼마 전 프랑스 남부의 한 다락방에서 그의 것으로 추정되는 그림이 발견되어 화제가 되었는데요. 성경 속 인물 유디트가 아시리아 장군 홀로페르네스의 목을 치는 장면을 담고 있습니다. 이 그림의 추정가격은 무려 1570억 원이라고 합니다. 가격을 보아하니, 그림이 아무리 잔인해도 그 옛날 카르멜 수도원처럼 인수를 거부하는 곳이 지금은 아마도 없을 것 같습니다.

그림의 이면을 살펴보다

인류 최고의 고전으로 꼽히는 그리스 · 로마 신화는 인간사의 축소판으로 불립니다. 신과 인간의 사랑과 질투, 경쟁과 음모 등을 흥미진진하게 다룹니다. 그리스 · 로마 신화는 중세와 근대는 물론 현대의 문학과 예술에까지 엄청난 영향을 끼쳐왔습니다.

프랑스 신고전주의를 대표하는 화가 앵그르Jean Auguste Dominique Ingres, 1780~1867의 작품 〈안젤리크를 구하는 로저〉는 중세의 한 서사시를 묘사한 것입니다. 그림 속 납치된 여성을 구하고 괴물과 싸우는 장면이 그리스 신화를 떠올리게 합니다. 루브르를 찾는 관람객마다 이 그림을 두고 "판타지 영화 포스터 같다"며 재밌어합니다.

"이 그림은 중세 이탈리아 서사시로부터 영감을 받아 그려졌다. 사디즘*으

* **사디즘 (sadism)** : 이성에게 고통을 줌으로서 성적 쾌락을 느끼는 이상 성욕.

로 유명한 작가 사드 후작의 문학적 뉘앙스가 느껴진다는 의심을 사는 이 작품은, 신고전주의의 거장 앵그르의 것이다. 정말로 앵그르는 묶여 있는 여성의 알몸을 통해, 관람객에게 가학적인 쾌락을 주려 했던 걸까?"

신화적이고 관능적이라고만 보기에는 뭔가 구리다

이 그림에서 주인공 남녀는, 이탈리아 르네상스 시기에 활동하던 시인 아리오스토Lodovico Ariosto, 1474~1533의 장편 서사시 「광란의 오를란도」에 등장하는 인물을 모티브로 삼았습니다. 「광란의 오를란도」는 중세의 왕과 기사들을 중심으로 이야기를 풀어갑니다. 그런데 그리스도교 수호에 나선 유럽이 중동의 이슬람 세력과의 전쟁에서 승리하고, 그 배경에 양념처럼 중국까지 등장합니다.

이 서사시는 역사적 탐구가 부족함을 여실히 드러내는데요. 중국이나 이슬람 세력을 서술하는 데 있어서 여러 오류를 범합니다. 「광란의 오를란도」를 모티브로 한 앵그르의 그림 〈안젤리크를 구하는 로저〉에서도 같은 실수가 느껴집니다.

"안젤리크는 중국의 여왕이다. 그녀는 해적들에게 잡혀 와 바위에 사슬로 묶여 바다 괴물에게 재물로 던져질 위기에 처했다. 사라센(시나이반도에 사는 이슬람 민족)의 용맹한 기사 로저는 그녀를 구하기 위해 등장한다. 로저는 이상한 것을 타고 와 안젤리크를 구하는데, 그것은 반은 말, 반은 새의 모습을 한 상상의 동물 히포그리프다. 로저의 도움으로 위기에서 탈출한 안젤리크는 머나먼 자기의 왕국으로 돌아간다."

장 오귀스트 도미니크 앵그르, 〈안젤리크를 구하는 로저〉, 1819년, 캔버스에 유채, 147×190cm

중국의 여왕이라니, 용맹한 사라센의 기사라니! 앵그르의 그림을 아무리 자세히 봐도 서사시의 내용과 조응하는 모습을 찾을 수가 없습니다. 그림 속 여성은 코카서스 인종임이 틀림없어 보이고, 남성 역시 마찬가지입니다. 더구나 남성의 복장은 그리스 신화가 영웅을 묘사하는 전형적인 모습입니다.

아마도 그리스 신화를 읽은 분들이라면, '바다 괴물에게 바쳐진 공주 안드로메다를 구하려는 페르세우스'가 떠오르지 않을까 싶군요.

서사시 「광란의 오를란도」는 역사적 정보를 얻기가 쉽지 않았던 시절에 정확한 고증 없이 지어낸 이야기입니다. 작가는 이슬람 세력으로부터 그리스도교를 구하는 주제에만 너무 치중한 나머지 해묵은 실수를 반복합니다. 이 서사시가 나온 16세기는 그렇다고 쳐도, 19세기 중반에 앵그르는 도대체 무슨 생각으로 이렇게 그림을 그린 걸까요?

"그림 속 여성의 태도를 가만히 살펴보자. 그녀는 공포에 질려 있다기보다는 관능적으로 보인다. 앵그르는 그 당시 여성의 몸을 표현하는 데 있어서 독보적이었다. 앵그르는 이런 위기일발의 순간에서조차, 여성의 관능미를 한껏 끌어내고 있다. 육체의 선은 순수하고, 나신의 피부는 반짝이며, 뒤로 젖힌 머릿결은 에로틱하다."

제국주의자의 야욕이 투영된 그림?

이 그림에 대해 별다른 비평 없이 마무리한 루브르의 설명이 조금 아쉽습니다. 「광란의 오를란도」가 중세 이슬람 세력과 대치했던 시대적 경험을 바탕으로 쓰였다면, 〈안젤리크를 구하는 로저〉는 유럽의 강대국들이 다른 대륙을 정복하러 나섰던 제국주의 시대가 열리던 시기에 발표됐습니다. 유럽 입장에서는 그리스도교의 보호를 위한 종교전쟁이었고 신대륙에 신문명을 심어주는 것이었겠지만, 이슬람인과 신대륙 원주민에게는 정복전쟁이자 침략전쟁일 뿐이었습니다. 이 그림을 찬찬히 살펴보면, 마치 제국주의자들의 정복을 향한 욕망을 정당화하는 것처럼 느껴집니다.

아무리 그렇더라도 앵그르라는 거장의 작품을 너무 가혹하게 비판하는 건 아닌지 조심스럽습니다. 하지만 앵그르로 대표되는 신고전주의 사조가 그리스도교의 승리를 강조하는 중세 문화를 중심 주제로 다룬 것을 생각하면, 〈안젤리크를 구하는 로저〉가 어떤 맥락으로 그려졌는지 이해가 됩니다. 이 그림을 단순히 앵그르의 시대착오적 실수라고 넘겨버리기에는, 미술사에 한 획을 그은 화가로 기록되는 그의 존재감이 부담스러울 수밖에 없습니다.

'서양을 대표하는 영웅이 관능적인 알몸의 여성을 구한다'고 하는 매우 익숙한 신화적 플롯에, 역사성과 시대성을 반영한 제 해석이 너무 지나친 것일까요? 독자 여러분들의 고견이 궁금합니다.

장 오귀스트 도미니크 앵그르, 〈체인에 묶인 안젤리크〉, 1859년, 100×81cm, 캔버스에 유채, 상파울로 MASP
앵그르는 안젤리크를 구하는 로저 이야기를 여러 차례 그렸다. 상파울로 MASP에 있는 작품은 안젤리크만 단독으로 그린 것이다.

예수의 부활을 그린 '빛의 화가'

여러분은 '빛의 화가' 하면 누가 떠오르세요? 루브르는 아마도 이 사람을 '빛의 화가'로 지목하는 모양입니다.

> "1901년에 발견됐을 당시, 이 그림은 렘브란트 제자 가운데 한 명이 그린 것으로 추정됐다. 하지만 학자들은 곧이어 이 그림 속에서, 정확히 말하면, 이 그림의 초자연적인 빛을 묘사한 방법에서 렘브란트만의 독특한 구성법을 발견했고, 이것이 네덜란드 대가(렘브란트를 의미)의 솜씨라는 것을 인정했다."

지금 명화의 반열에 올라서 있는 작품들 가운데 처음에는 명화로 인정받지 못한 것들이 참 많습니다. 역시 지금은 거장으로 추앙받지만, 그들이 살았던 시대에는 그렇지 못했던 화가들도 적지 않지요. 누구보다도 먼저 고흐Vincent van Gogh, 1853~1890가 떠오릅니다. 그는 살아생전에 그림을 거의 팔

렘브란트 하르먼스 반 레인, 〈엠마우스의 순례객들〉, 1648년, 캔버스에 유채, 68×65cm

지 못했을 뿐 아니라 삶 자체도 가난과 혼돈의 연속이었습니다. 누가 봐도 성공한 예술가로서의 삶을 살지는 못했습니다.

살아생전에 '빛'나지 못했던 거장

지금은 루브르에서 '빛의 화가'라고 칭송받는 렘브란트Rembrandt Harmensz van Rijn, 1606~1669 역시 한동안 정당한 평가를 받지 못했습니다. 성공과 실패의 굴곡이 심했던 삶을 살았던 렘브란트는 말년이 참 어두웠습니다. 늙어서도 여전히 캔버스 앞에 앉아있었지만, 그는 이미 세상으로부터 '잊혀진 화가'였습니다.

〈엠마우스의 순례객들〉 중에서 예수, 오른쪽에 자리한 제자(머리칼이 하얀 남자)와 음식을 나르는 사람 부분도.

렘브란트의 작품이 다시 조명을 받게 된 것은 그가 세상을 뜨고도 한참 후의 일입니다. 그 사이 렘브란트의 수많은 작품은 체계적으로 보관될 수 없었고, 유실되거나 훼손된 것들이 적지 않았습니다. 훗날 위작들도 많이 등장했지요. 여기 소개하는 이 그림도 어떤 시골 장터에서 처음 발견했을 때 사람들이 시큰둥했다가 나중에야 비로소 렘브란트의 작품이라는 걸 알아차렸습니다.

자, 이제 루브르가 왜 렘브란트를 '빛의 화가'로 칭송하는지 이 그림을 찬찬히 살펴보겠습니다.

"예수의 실루엣 뒤쪽으로 둘러싸인 후광을 살펴보자. 분명히 이 빛은 외부에서 들어오는 것이 아니다. 말 그대로 '예수'의 부활이 사방으로 퍼져가고 있음을 알리는 것이다. 이 장면을 마주하면서, 두 제자들은 황홀함에 사로잡혀 있다."

어둠을 초월한 경지의 '빛'

그림에는 여인숙 식당에서 요리를 차리는 주방 보조 같은 인물이 함께 등장하지만, 기본적으로 주인공은 가운데 예수와 그 앞에 앉아 있는 두 명의 제자입니다.

"어둠과 빛의 신비로운 대비로 이 여인숙은 마치 교회처럼 보인다. 그리고 예수 앞에 펼쳐진 식탁보는 흰 천으로 덮여 있는 성당의 미사 제대를 연상시킨다. 심지어 십자가에서 내려진 예수를 감싼 수의를 떠올리게도 한다."

렘브란트 하르먼스 반 레인, 〈최후의 만찬〉 습작, 1634~1635년, 종이에 붉은 분필, 36×47cm, 뉴욕 메트로폴리탄미술관

이 그림은 예수가 부활한 이후, 여행하는 제자들에게 나타나 자신이 돌아왔음을 밝히는 순간입니다. 엠마우스(Emmaus)는 예루살렘에서 가까운 팔레스티나의 그리스도교 성지 중 한 곳입니다. 〈엠마우스의 순례자들〉은 네덜란드를 떠난 적이 없던 렘브란트가 다 빈치Leonardo da Vinci, 1452~1519의 〈최후의 만찬〉을 모사했던 자신의 스케치를 응용해 그린 것으로 추측됩니다.

렘브란트는 젊은 시절에는 네덜란드에서 매우 유명한 초상화 화가로 인기를 끌었습니다. 그 당시 네덜란드에서는 부유한 상인들이 모여 단체초상화를 주문하는 것이 유행이었습니다. 수많은 단체초상화를 그렸던 렘브란트는 한때 경제적으로 매우 풍족했었지요. 하지만 아내 사스키아

렘브란트 하르먼스 반 레인,
〈미소 짓는 노년의 자화상〉,
1665년, 캔버스에 유채,
82×65cm,
쾰른 발라프리하르츠박물관

가 결핵으로 세상을 뜬 뒤로 그의 삶이 잘못되어 갑니다. 어린 딸마저 지병으로 잃고 사치스럽고 방탕한 생활을 이어가다 머지않아 파산하고 맙니다.

화가의 삶이 현실적으로 피폐해 가는 반면, 그가 그리는 그림들은 예술적으로 더 깊어집니다. 나중에는 모델을 구할 돈도 없어서 주로 자화상을 그리지만, 노년의 자화상 속에 묘사된 화가의 미소는 이미 모든 것을 초월한 경지를 느끼게 합니다.

렘브란트가 이 그림 〈엠마우스의 순례객들〉에 묘사한 '아주 작은 빛의 예수'는 어둠 속에서 그 존재감이 더욱 빛납니다. 어둠이 얼마나 무겁고 절망적인지 잘 알고 있기 때문인 걸까요? 렘브란트가 그린 빛은 어둠을 초월한 자에게서만 나오는 성찰이 아닌가 생각됩니다.

승리의 간절함이 빚어낸 결정체

루브르에서 〈모나리자〉(41쪽)에 이어 두 번째로 관람객의 발길을 많이 잡아끄는 작품은 뭘까요? 〈사모트라케의 승리의 여신상〉(이하 〈니케상〉)이라는 데 이의를 제기할 사람은 없을 듯합니다. 그리스 말로 '니케(Nike)'로 불리는 바로 그 작품입니다. 영어로는 '나이키'라고 읽히는데요. 맞습니다. 유명 스포츠웨어 브랜드명과 같습니다. 이 회사의 창립자는 그리스인 직원이 '승리'라는 뜻의 그리스어를 영어로 소리 내어 읽는 것을 듣고 영감을 얻어 곧바로 회사의 브랜드 명칭으로 삼았답니다. 그전까지 이 회사의 제품은 이름도 마크도 없이 그저 '파란 리본 운동화'로 불렀다고 합니다. 그리고 보니 이 회사의 로고가 〈니케상〉의 양 날개와 닮았습니다.

"예술 작품이 루브르의 어디에 전시되고 있는가는, 해당 작품의 유명세를 반영한다. 이 조각상은 드농관으로 가는 중심 경로인 르퓌엘 계단에 전시돼 있다. 그곳에서 마치 연극무대에 서 있는 주인공인 양 사람들을 맞이하

작자 미상,
〈사모트라케의 승리의 여신상(니케상)〉,
BC200년경, 대리석, 높이 328cm

고 있다. 이 조각상이 프랑스로 옮겨진 것은 1863년 그리스로 파견된 프랑스 대사를 통해서였다. 사모트라케 섬에서 처음 발견됐을 때만 해도 100개가 넘는 조각으로 완전히 부서진 상태였지만, 프랑스로 옮겨져 오랜 복원 작업을 통해 지금의 모습으로 다시 태어났다."

루브르에서 <모나리자> 다음으로 유명한 작품

루브르에서, 〈모나리자〉를 비롯한 이탈리아 르네상스 작품들을 보기 위해서건, 〈나폴레옹의 대관식〉 같은 프랑스 대형 회화들을 보기 위해서건 반드시 지나쳐야 하는 경로가 있습니다. 피라미드 광장을 지나 드농관으로 가는 오르막길입니다. 그곳에 있는 계단 앞에 가면 항상 많은 관람객을 만나게 되는데요. 바로 거기에 〈니케상〉이 있습니다. 높이가 328cm나 되는 이 조각상은 얼굴과 팔이 없는 불완전한 모습에도 불구하고 관람객들로부터 '아!' 하는 탄성을 자아내게 합니다. 사람들은 이 조각상이 프랑스에 처음 이송되었을 때만 해도 분수 장식 정도로 생각했는데요. 부서진 조각들을 일일이 조립해 형태를 갖춰 가면서 비로소 예술 작품으로서의 진면모를 느끼게 된 것입니다.

〈니케상〉 정면.

"이 조각상은 하얀색 대리석을 재료로 하고 있다. 작품의 모델은 날개 달린 승리의 여신인데, 얇은 옷 하나만을 걸치고 있어 몸의 곡선미가 그대로 드러난다. 또한 예상되는 복원 모습에서 오른손에 승리를 알리는 나팔을 들고 있었던 것으로 보인다."

산산조각이 난 파편들을 모아 조립하다

흥미로운 사실은, 산산조각이 나 있던 것을 지금의 모습으로 복원해 놓은 지 오랜 세월이 흐른 뒤에도 사모트라케 섬에서는 작품 일부분으로 추정되는 작은 파편들이 계속해서 발견되고 있다는 점입니다. 1950년경에는 조각상의 손가락 부분이 발견되기도 했는데요. 이 때문에 한쪽 손에 나팔을 들고 승전을 알리는 여신상의 모습을 짐작하게 했습니다.

제2제정 당시 건축가 엑토르 르퓌엘Hector Lefuel, 1810~1880이 루브르를 재건하는 과정에서 드농관으로 가는 길목 주변에 계단과 조명창 등을 새로 손보았는데요. 그의 이름을 따서 이곳은 '르퓌엘 계단'으로 불리게 됐습니다. 당시 르퓌엘은 이 계단길을 프랑스 대형 회화관과 연결하려 했는데요. 하지만 프러시아와의 전쟁이 터지면서 공사가 중단되고 맙니다. 이후 1883년에 이르러 공사가 마무리되자마자

<니케상>의 오른손 일부. 1875년 발굴한 엄지와 약지 일부, 1950년에 발굴한 손바닥과 약지의 나머지를 복원한 모습이다.

루브르 드농관 중앙 계단 꼭대기에 전시된 〈니케상〉.
〈니케상〉은 카리아티드의 방에 있을 때는
주목을 받지 못했으나 1883년 계단 꼭대기로 자리를
옮기고 루브르를 대표하는 작품이 되었다.

계단의 가장 중요한 자리에 〈니케상〉을 전시한 것입니다.

> "이 조각상은 원래 에게 해의 북쪽 사모트라케 섬의 신전이 있는 곳에서 한쪽으로 툭 튀어나온 벼랑 끝에 설치돼 있었던 것으로 추측된다. 이 신전은 카비레스(불카누스의 아들이며, 이 지역의 수호신)에게 바쳐진 것이다."

카비레스는 바다의 전사들에게는 승리를, 선원들에게는 안전한 항해를, 어부들에게는 만선을 약속하는 신이었습니다. 그 옛날 사모트라케 섬의 어느 벼랑 끝에 모셔놓았던 〈니케상〉처럼, 뱃사람들은 뱃머리 앞에 여신 조각을 깎아 붙여 안전한 항해를 기원했는지도 모르겠습니다.

한편, 이 조각상의 네 차례에 걸친 복원 작업은 최근까지도 이어졌는데요. 가장 마지막 작업이 2014년 여름에 마무리되었습니다. 복원 비용으로 자그마치 400만 유로(57억 6672만 원)의 거금이 소요됐는데요. 프랑스 국민들의 모금으로 복원 비용을 충당했다고 합니다.

프랑스 국민들은 저마다 어떤 승리를 기원하며 모금에 참여했을까요? 사랑, 행복, 건강, 성공을 위한 승리? 아니면 자신이 응원하는 축구팀의 승리?

생각해보면, 예나 지금이나 무언가를 소망하고 기원하는 것이야말로 가장 순수한 인간의 모습이 아닐까 싶습니다. 비록 소망하는 게 모두 이뤄지지 않는다더라도 그 순간만큼은 간절해지지요. 어쩌면 그 순수한 간절함의 결정체가 이 조각상으로 발현되었는지도 모르겠습니다. 그래서일까요? 〈니케상〉이 전시된 르퓌엘의 계단은 마치 숭고한 제단처럼 사람들을 맞이합니다.

여신은 반드시 아름다워야만 하는가?

여성의 매력을 세 가지로 규정한다는 게 쉬운 일은 아닌데, 그리스 · 로마 신화는 가끔 이것을 시도합니다. 불화의 여신이 던진 황금 사과를 얻기 위해 어떤 때는 헤라, 아테네, 아프로디테 등 세 여신이 목동인 파리스 앞에서 마치 미인선발대회 포즈로 서 있고, 또 어떤 때는 사람의 흔적이 없는 곳에 모여서 여성으로서의 아름다움을 가감 없이 드러내기도 합니다. 여기 소개하는 이 그림에는, 이른바 '삼미신(三美神)'으로 불리는 세 여신이 등장합니다.

"검은색 배경 위로 부조가 돋아 있는 듯 살짝 도드라진 여인들은 그리스 · 로마 신화의 세 여신을 나타낸다. 그 이름은 아글라에, 유프로신, 탈리에다. 각각 '아름다움'과 '삶의 기쁨' 그리고 '풍요'를 상징한다."

루브르는 이렇게 이야기하고 있지만, 실은 삼미신이 상징하는 내용은

루카스 크라나흐, 〈삼미신〉, 1513년, 캔버스에 유채, 37×24cm

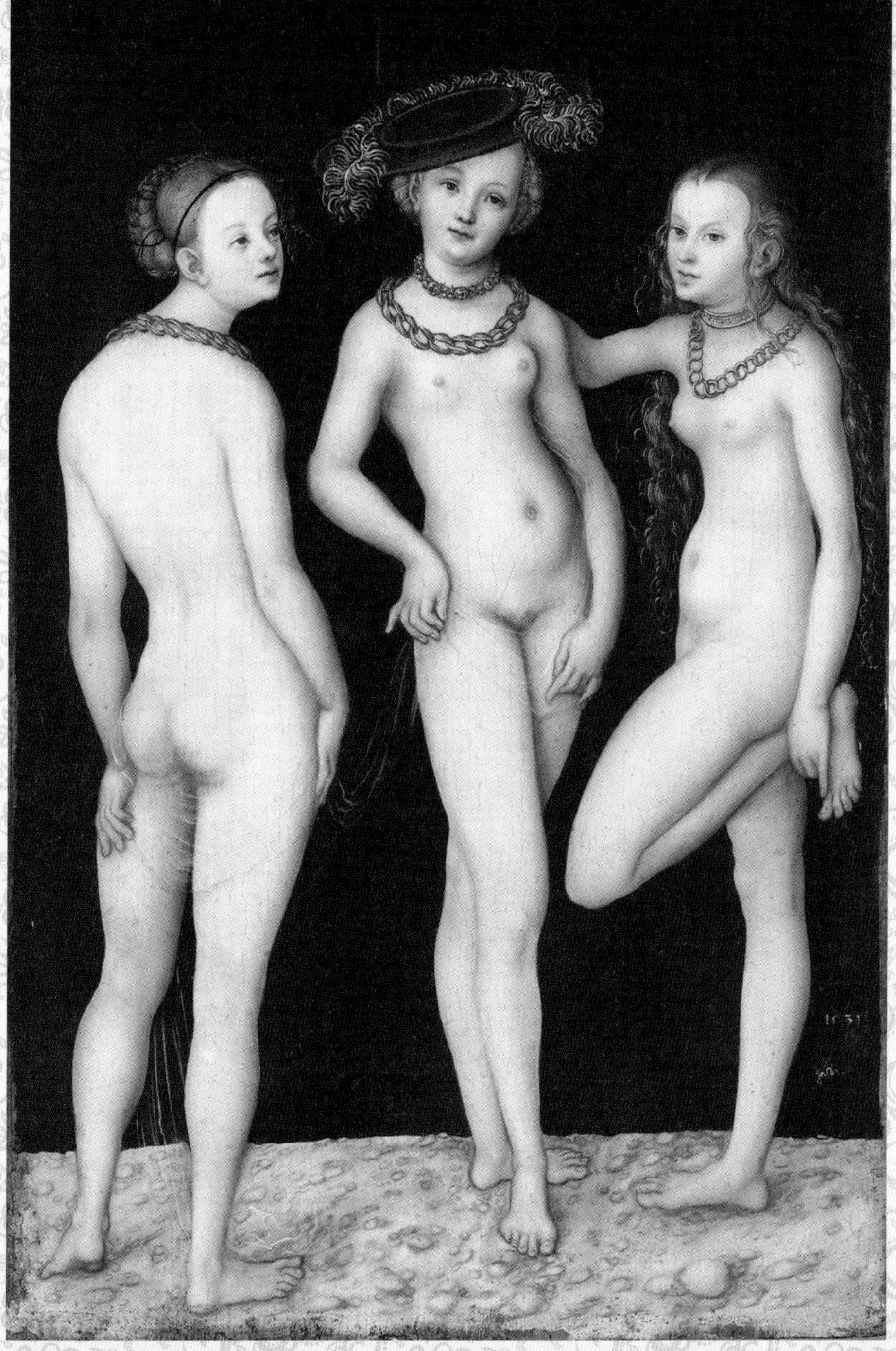

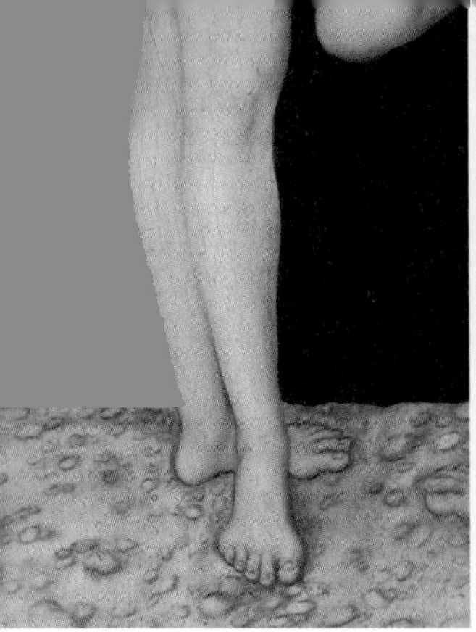

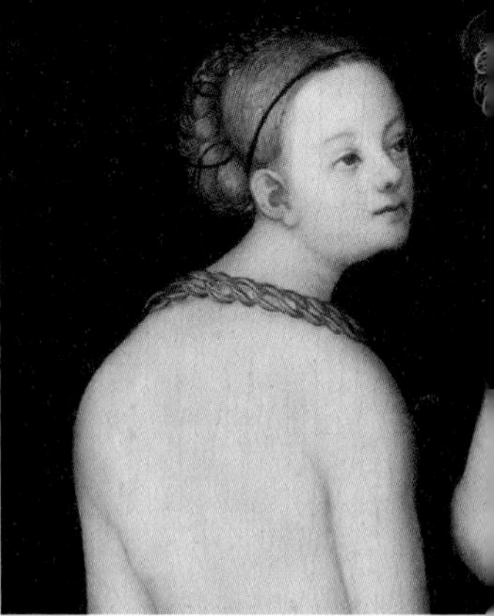

〈삼미신〉에서 가운데 여신의 발과 모자, 왼쪽 여신의 목과 등.

저마다 제각각입니다. 경우에 따라 '사랑' '조심스러움' '아름다움'을 상징하기도 하고, 또 어떨 때는 '배려' '사랑' '나눔'으로 불리기도 합니다.

이렇게 상징하는 의미가 여러 가지인 점을 생각해보면, 오히려 삼미신에는 어떤 특별한 교훈이나 상징이 담겨 있지 않은지도 모르겠습니다. 다시 말해 화가는 여성의 누드를 그리려는 의도를 숨기려고 거짓 상징들을 만들어낸 건 아닐까요? 그런데 이 작은 그림을 보면 고개가 갸우뚱하게 됩니다. 이것을 그린 화가인 루카스 크라나흐Lucas Cranach, 1472~1533는 독일 작센 출신으로, 줄곧 그곳에서 활동했던 인물입니다.

"크라나흐는 고대 분위기를 풍기는 주제의 껍질을 벗겨 내고, 화가가 살던 동시대에 맞춰 그림 속 등장인물을 독일식으로 묘사하는 데 탁월했다. 그의 회화는 거의 전위적인 수준으로, 패션에서부터 인물의 표정에 이르기까지 놀랍도록 독일적인 함의를 품고 있다. 특히 패션은 아무리 그 주제가 고전이어도 철저하게 화가가 살던 동시대에 맞춰 재탄생시켰는데, 이 그림에서도 무거워 보이는 보석과 깃털이 달린 큰 모자는 16세기 작센에서 유행했던 것들이다."

산드로 보티첼리, 〈봄〉, 1478년, 패널에 템페라, 203×314cm, 피렌체 우피치미술관

아무리 개인의 취향을 존중한다고 해도, 혹은 우리조차 세련된 이탈리아식 여성 누드에 길들여 있어서 그런지 몰라도, '과연 이 그림 속 독일 여신들이 정말 아름다울까?'에 대해서는 시각이 갈립니다. 오히려 이 그림보다도 50여 년 전에 그려졌던 이탈리아 르네상스의 대표화가 보티첼리Sandro Botticelli, 1445~1510의 〈봄〉에 등장하는 삼미신이 훨씬 아름다워 보입니다.

"원근법조차 무시된 이 그림에서 화가는 인체 해부학과는 전혀 상관없는 태도를 취한다. 가운데 여신을 살펴보자. 앞으로 내디딘 발은 정면을 향하는데, 다른 쪽 발은 완전히 옆으로 꺾여 있다. 왼쪽 여신은 전통적으로 등을 보이고 있는 것이 이 구도에는 일반적이다. 그럼에도 불구하고 (물론 여

루카스 크라나흐, 〈비너스에게 불평하는 큐피드〉, 1525년, 캔버스에 유채, 81×54cm, 런던 내셔널갤러리

신의 표정을 잘 보여주려는 의도이겠지만) 목을 심하게 돌려서 바라보는 여신의 자세가 불편하게 느껴진다."

'아름다움'과 '개성', 뭐가 우선이야?

루브르의 설명을 듣고 그림을 다시 보니 왜 처음에 좀 이상하게 보였는지 짐작이 갑니다. 아름답고 매혹적이라는 생각까지는 들지 않지만, 독특하고 개성적인 것만은 분명합니다. 이처럼 중세나 근대의 그림은 감상을 하는 데 있어서 그것에 관한 기본적인 지식을 알아 둘 필요가 있습니다.

개성 강한 독일 화가 크라나흐는, 이 그림 말고 다른 작품들에서도 자신만의 독특한 화풍을 고수합니다. 크라나흐는 비너스나 삼미신, 혹은 유디트처럼 여신이 등장하는 비슷한 스타일의 그림을 많이 그렸습니다. 크라나흐의 화풍이 어느 정도 눈에 익으면, 다른 미술관에서 크라나흐의 또 다른 작품과 만나도 그의 그림이라는 것을 단박에 알아차리게 됩니다. 그림의 구도가 맞는지, 채색이 수준 높은지 등과 상관없이 화가로서 자신의 정체성을 확고하게 만들어놓은 셈이지요.

독일과 프랑스를 오가며 열렸던 크라나흐의 전시회가 꽤 성황리에 진행됐다는 외신을 접한 기억이 납니다. 사람들은 보티첼리가 그린 여신이 예술적으로 훌륭하다는 데 동의하지만, 동시에 크라나흐의 여신에서 뭔가 신선한 충격 같은 것을 느끼는 것 같습니다. 이처럼 사람들은 예술적 가치나 평가보다 '다름'과 '개성'에 더 열광하기도 합니다. 예술에서 '다름'과 '개성'은 묘한 긴장감을 자아냅니다. 이것이 예술의 묘미일지도 모르겠습니다.

세상 어디에서도 죽음을 피할 수는 없다!

여기 소개하는 그림은 프랑스 화가 니콜라 푸생Nicolas Poussin, 1594~1665의 〈아카디아의 목동들〉입니다. 이 그림은 정식 이름 이외에 '아카디아에도 나는 있다'라고 불리기도 합니다. 그림 속에 쓰인 글귀가 제목이 된 셈이지요. 아무튼 제목부터가 특이합니다.

화가는 이 그림에서 무슨 이야기를 하고 있는 걸까요? 화면도 그다지 크지 않은데, 색감조차 밝지 않습니다. 그림 가운데로 몰려 있는 네 명의 인물 뒤 배경도 흐릿합니다.

그림 속 인물들은 옷차림과 들고 있는 지팡이로 미뤄보아 목동임을 짐작하게 합니다. 세 명 중 한 명은 돌 앞에 쓰인 글을 읽고 있고, 이들을 지켜보는 여성이 등장하고, 오른편 젊은 목동은 그 여성의 눈치를 살피는 것처럼 보입니다. 도대체 이 그림이 무엇을 이야기하는지 제목부터 차근차근 살펴보도록 하겠습니다.

니콜라 푸생, 〈아카디아의 목동들〉, 1638년, 캔버스에 유채, 85×121cm

아카디아에도 나는 있다?

그리스 신화에 등장하는 아카디아는, 그리스 펠로폰네소스의 중앙에 실재하는 지역입니다. 아주 오랜 옛날부터 지상의 파라다이스가 그곳에 있었다는 전설이 내려옵니다. '약속의 땅'이라고 불리면서 고대 그리스 문학에도 자주 등장하지요. 농사짓기에 그다지 척박한 곳은 아니지만, 이곳 사람들은 주로 양을 치며 자연과 더불어 목가적으로 살았다고 전해

니콜라 푸생, 〈사비니 여인들의 납치〉, 1633~1634년, 캔버스에 유채, 154×209cm, 뉴욕 메트로폴리탄미술관

집니다.

“니콜라 푸생은 아카디아를 배경으로 하는 이 작품으로 목가적이고 신화적인 삶을 꿈꾸던 사람들의 기대에 답했다.”

루브르의 설명은, 푸생이 활동하던 시대에는 신화에서 주제를 가져와 목가적으로 묘사한 그림이 사람들에게 환영받았다는 것입니다. 르네상스를 전후로 17세기까지도 유럽에서 이탈리아 문화가 차지하는 우월함은 변함이 없었습니다. 유럽인들은 그리스 · 로마 신화 같은 고전과 조화를 이루는 이탈리아 문화에서 삶의 교훈을 얻기를 원했습니다.

푸생은 로마에서 유학하면서 고전 공부를 게을리하지 않았는데요. 그러한 노력이 그의 작품에 녹아들면서 프랑스는 물론 다른 나라에서도 인정을 받게 됩니다.

그림 속 인물들 가운데 있는 돌은 무덤입니다. 읽고 있는 사람이 손끝으로 가리키는 글귀는 ‘Et in Arcadia ego’라는 라틴어이며, ‘나(죽음)는 아카디아, 이곳에도 존재한다’라는 뜻입니다. 쉽게 말해서, 죽음의 여신이 ‘이 땅에도 죽음이 있다’라는 글을 읽는 목동들을 보면서 ‘그럼 그럼’하는 모습을 나타냅니다.

죽음을 관조하는 삶

“세 목동 중에서 가장 나이 많은 사람이 무릎을 꿇고 묘비에 새겨진 메시지를 해석한다. 오른쪽의 구성을 살펴보자. 젊은 목동은 순진하면서도 궁

니콜라 푸생, 〈아카디아의 목동들〉, 1628년, 캔버스에 유채, 101×82cm, 더비셔 채즈워스우스

금한 눈빛으로 그의 곁에 있는 여성에게 눈을 돌리고 있다. 그림의 중심에 있는 여성은 미동 없이 꼿꼿하고 단호한 표정으로 돌무덤을 바라보고 있다. 푸생이 그림 속에서 창작해 묘사한 이 여성은 죽음을 인격화한 존재이다."

기록을 별로 남기지 않은 푸생의 성격 때문에, 이 그림 〈아카디아의 목동들〉은 누구의 주문으로 제작됐는지 불분명합니다. 그런데 푸생이 이 그림을 그리기 10년 전에 똑같은 제목으로 다른 버전의 그림을 그린 적이 있습니다. 10년 전의 그림에서도 풀을 치우고 글씨를 읽는 목동들이 주인공으로 묘사됩니다. 또 목동들과 함께 서 있는 여성도 등장합니다.

다만, 먼저 그린 그림 속 여성은 뒤에 그려진 여신보다는 조금 덜 여신답다고 해야 할까요. 심지어 여자 목동처럼 보이기까지 합니다. 먼저 그린 그림에서는 아랫부분에 늙은 시인인 듯한 사람이 고개를 숙이고 마치 꿈을 보여주는 것 같은 구도로 돼 있습니다.

'아카디아에도 나는 있다'라는 말은 라틴어의 'memento mori(기억하라, 너는 영생이 아니라는 것을)'의 또 다른 표현입니다. 전하는 방법에 따라서 이 글귀는 절제와 겸손을 강조하는 메시지로 들리기도 합니다.

따뜻하지도, 그렇다고 엄하지도 않은 표정으로 목동을 지켜보는 죽음의 여신이 참 인상 깊습니다. 여기서 목동은 평범한 사람들을 의미합니다.

죽음은 누구에게나 반드시 찾아오게 마련이지만, 공포스럽게 찾아와 고통으로 몰아넣는 존재가 아니라, 그것 역시 자연의 이치임을 화가는 이 그림을 통해 담담하게 이야기합니다.

회개와 용서를 비추는 등불

음악이 그러하듯 미술 역시 동시대나 이전 시대의 예술로부터 적지 않게 영향을 받습니다. 아무리 탁월한 예술가라 하더라도 신처럼 아무것도 없는 무(無)에서 새로운 것을 창조할 수는 없습니다. 하나의 작품이 창작되어 발표된 전후로 그것에 영향을 받고 영향을 끼친 작품들 사이에서 연결고리를 찾아 나가다 보면 시대적 흐름과 조류가 그려지는데, 그것이 바로 미술사가 됩니다.

17세기 바로크 시대부터 하나의 연결고리처럼 수많은 화가에게 영향을 끼친 화가로 카라바조Michelangelo Merisi da Caravaggio, 1571~1610가 지목됩니다. 화가가 의도한 대로 완벽하게 표현하는 능력은 물론 사람들의 시선을 끄는 연출력까지, 그는 미술사에서 하나의 화풍을 이룰 만큼 독보적인 존재로 군림합니다. 이른바 '카라바조 스타일'이라고 불리는 그만의 독특한 표현 기법은, 마치 무대 위 연극의 주인공처럼 어둠 속에서 빛을 이용해 주제를 드러냅니다.

조르주 드 라 투르, 〈등불 앞의 막달라 마리아〉, 1642년, 캔버스에 유채, 128×94cm

그림에 이야기를 불어넣는 '빛'

그리고, 여기 카라바조 못지않게 캔버스 위에서 빛의 효과를 발휘했던 화가가 있습니다. '조르주 드 라 투르Georges de La Tour, 1593~1652'라는 화가가 그 주인공입니다. 프랑스 로렌지방 빅쉬르세유라는 시골의 공방 출신인 그는, 전염병을 피해서 고향을 떠나 예술의 성지인 파리로 옮겨오면서 본격적으로 실력을 쌓아나갑니다. 훗날 루이 13세Louis XIII, 1601~1643의 궁정화가로까지 등용되었으니 그의 예술적 우상인 카라바조와는 달리 살아생전에 꽤 성공한 화가였음이 분명합니다.

라 투르의 작품들을 살펴보면, 카라바조로부터 많은 영향을 받았음을 잘 알 수 있습니다. 특히 여기 소개하는 〈등불 앞의 막달라 마리아〉처럼, 화면 속 제한된 조명 효과에서 그림에 이야기를 만들어 내는 기법이 퍽 인상적입니다.

> "신약성경의 인물 막달라 마리아는 화가 라 투르에게 특별히 사랑받는 주인공이었다. 라 투르는 이 그림을 포함해 막달라 마리아를 같은 자세로 네 번이나 더 그렸다. 이 그림에서 막달라 마리아는 우리에게 회개하는 사람, 그리고 신성한 존재로 묘사된다. 이 그림이 그려진 17세기 중반에는 많은 화가들에게 막달라 마리아가 매우 인기 있는 모델이었다."

혁명적인 기법

막달라 마리아는 17세기에 활동하던 화가들에게 특별한 사랑을 받은 존재였습니다. 당시 화가들은 이 성녀를 일반적으로 긴 금발에 화려하고 성

니콜라스 레니에, 〈막달라 마리아〉, 1655~1660년경, 캔버스에 유채, 184×123cm, 빈미술사박물관

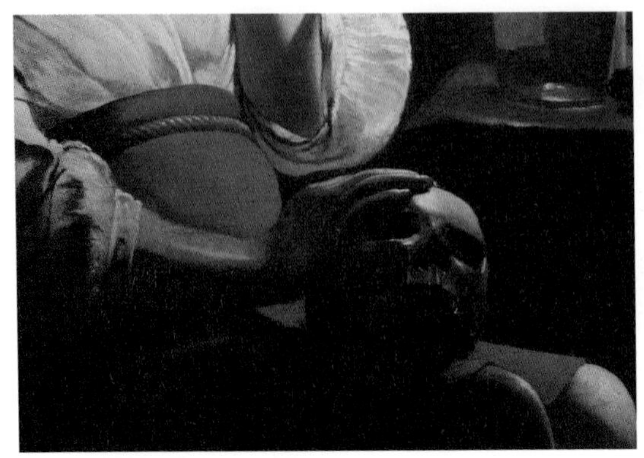
〈등불 앞의 막달라 마리아〉 부분도(해골).

적 매력을 일으키는 모습으로 묘사하곤 했습니다. 라 투르가 이 그림에서 모델의 한쪽 어깨를 드러내 그린 것도 같은 맥락으로 볼 수 있습니다. 화가들이 막달라 마리아를 여성성을 강조한 모습으로 그린 데에는 그녀를 매춘부 혹은 간음하다 들킨 여인과 동일시했기 때문입니다. 하지만 이는 성경의 기록과는 무관하고 어디까지나 세속적으로 전해진 속설일 뿐입니다.

성경은 막달라 마리아에 대한 행적을 구체적으로 밝히고 있지 않습니다. 다만, 그녀는 몇몇 에피소드를 통해 매우 강렬하게 각인됩니다. 이를테면, 예수의 발을 향유(香油)로 씻기고 머리카락으로 닦는다거나 십자가 아래에서 예수의 수난 마지막을 지킨다거나 하는 기록들이 그렇습니다. 17세기 중반에는 반종교개혁의 흐름 속에서 '인간의 어리석음과 회개'를 강조하는 인물로 회자됩니다.

"그림 속 막달라 마리아의 표정을 잘 살펴보자. 그녀는 지금 생각에 잠겨있다. 그녀가 무슨 생각을 하는지 제대로 파악하려면, 그녀 주변의 소품들이 무엇을 상징하는지 살펴봐야 한다. 그녀가 무릎에 놓고 손으로 잡고 있는 인간의 두개골과 바람 앞에 흔들리는 등불은 생명의 연약함을 알리는 장치라고 볼 수 있다. 그녀는 아마도 삶의 덧없음을 깨닫고, 지금까지의 죄를

회개하는 듯하다."

〈등불 앞의 막달라 마리아〉 부분도(등불).

해골은 삶의 부질없음과 피할 수 없는 죽음을 동시에 상징합니다. 이 때문에 현생의 욕심을 경고하고 꾸짖는 소재로 활용됩니다(234쪽). 등불은 현세에서 욕심을 부리는 나약한 인간의 모습을 상징합니다. 언젠가 등불은 허망하게 꺼지고 마는데요. 바로 죽을 수밖에 없는 운명을 알립니다. 그런 등불을 직시하는 막달라 마리아의 눈빛은 깨달음과 관조를 은유합니다.

"이 그림에서 빛의 효과는 탁월하다. 라 투르는 등불이 성녀 막달라 마리아의 얼굴에 극적으로 비치는 것뿐 아니라 이 불빛을 통해 주변 소품들이 모두 유리잔에 비치는 효과도 노렸다. 이것은 당시로서는 혁명적인 기법이었다."

등불에서 발생한 빛은 막달라 마리아의 몸과 주변 소품들을 비추는 동시에 어두운 부분과 강한 대비를 이루게 함으로서 화면에 극적 긴장감을 불어넣습니다. 이 그림은 명암 대비법을 통해 막달라 마리아라는 성경 속 인물을 새롭게 조명합니다. 아울러 당시로서는 보기 드물게 인물을 기하학적으로 그린 점도, 루브르의 '혁명적인 기법'이라는 설명을 뒷받침합니다.

천사가 차려주는 식탁

서양미술사에서 천사의 모습(특히 천사의 날개)을 기가 막히게 잘 그렸던 스페인 화가와 그의 작품을 소개해 볼까 합니다. 바로 바르톨로메 에스테반 무리요Bartolome Esteban Murillo, 1618~1682라는 화가입니다. 무리요는 성모 마리아와 아기 예수 혹은 성인의 그림을 주로 그린, 이를테면 종교화가입니다. 그런데 여기에 소개하는 그림은 주제와 표현에 있어서 기존의 종교화와는 다른 부분들이 눈에 띕니다.

"〈천사들의 부엌〉은 세비야 프란치스코 수도원 중앙 정원, 클로이스터(수도사들의 명상 공간) 벽을 장식하기 위해 제작된 열두 개의 연작 시리즈 중 하나다. 이 그림은 프란치스코 디라퀴오라는 수도사의 이야기를 전하고 있다."

스페인은 국가 이념이 유럽의 다른 나라들과 차이가 있습니다. 유럽의 공통적인 정신문화라고 할 수 있는 그리스도교보다는 북아프리카를 통해 유입된 이슬람교가 스페인에 좀 더 많은 영향을 끼쳤기 때문입니다. 실제로 이슬람왕조가 오랜 기간 스페인을 통치하면서 사회 전반에 아랍 문화를 퍼트렸던 기록이 전해집니다.

하지만 역설적이게도 스페인은 이슬람과의 영토전쟁에서 승리하고 그리스도교를 국교로 삼게 되면서 가장 보수적이고 열성적인 가톨릭 국가로 변모합니다. 그 때문에 당시 스페인의 장인과 예술가들은 교회를 스폰서로 하는 종교예술에 자신들의 역량을 집중해야만 했습니다. 스페인에서 근대 초기 종교미술이 주종을 이뤘던 것은 그런 이유 때문입니다.

종교화에 빠지지 않는 감초

자, 이제 그림 이야기를 좀 해볼까요? 이 그림은 한 수도원에서 부엌일을 담당하던 수도사 디라퀴오에 얽힌 전설을 묘사하고 있습니다. 어느 날 예상치 않았던 기적이 일어나는 것을 놀라워하면서 감동에 겨워하는 수도사의 모습이 퍽 인상적입니다. 천사들이 한 무리 내려와 수도사 형제들을 위한 식사를 준비하는 일이 벌어진 것이지요. 왜 이런 기적이 일어났을까요?

〈천사들의 부엌〉 중 그림 좌측에 공중부양하고 있는 디라퀴오 수도사.

"프란치스코 디라퀴오 수도사는 수도원 식구들의

식사를 혼자 열심히 준비했다. 그러던 어느 날, 잠깐 일을 보기 위해 자리를 비운 사이 힘들여 준비한 음식을 누군가 훔쳐 먹고 마신 뒤에 찌꺼기만 남겨 놓은 것이다. 그는 방에 들어가 신에게 간절히 기도를 올렸지만, 절망할 수밖에 없었다. 잠시 후 되돌아온 부엌에는 난생처음 보는 천사들이 자신을 대신해서 요리하고 있었다."

"한편, 기적에 놀란 나머지 수도사 디라퀴오는 엑스터시의 경계에 들어간다. 우리는 이 그림에서 다른 동료들이 이 상황을 목도한 뒤에도 여전히 엑

바르톨로메 에스테반 무리요, <천사들의 부엌>, 1646년, 캔버스에 유채, 450×180cm

스터시로 공중부양하고 있는 디라퀴오 수도사와 그를 둘러싸고 놀라워하고 있는 수도원장 등을 볼 수 있다."

"흥미롭게도 천사들은 나이 차이가 있는 외모로 묘사되었다. 그림의 중앙에 청년 같은 두 명의 천사가 자신들을 바라보는 시선을 아랑곳하지 않고 이야기를 나누고 있다. 식사 준비는 조리뿐 아니라 접시 놓기와 음료 준비 등 다양한 서비스를 망라하고 있다."

바르톨로메 에스테반 무리요, 〈영광의 성모와 아기 예수〉, 1673년, 캔버스에 유채, 236×169cm, 리버풀 워커미술관

천사들은 모두 착한 존재일까?

〈천사들의 부엌〉은 훗날 세비야를 대표하는 화가가 되는 무리요가 처음으로 받았던 규모가 큰 주문에 따라 완성한 작품입니다. 그 당시로는 드물게 1646년이라는 연도가 적혀 있기도 하지요.

천사를 뜻하는 영문 엔젤(angel)은 그리스어 안겔로스(angelos)에서 비롯됐습니다. 천사는 신이 파견한 영적인 사제로, 신과 인간의 중개자로 이해됩니다.

하지만 천사는 그리스도교의 전유물은 아닙니다. 불교와 조로아스터교에서도 천사가 등장합니다.

천사는 모두 착한 존재일까요? 반드시 그렇지만은 않습니다. 물론 최초의 천사는 오직 선(善)만을 수행했습니다. 그런데 천사 중에서도 신을 배반하는 악한 천사가 나타나게 됩니다. 성경에 등장하는 루시페르(Lucifer)는 사탄을 의미하는 악한 천사를 상징합니다.

무리요의 그림 〈천사들의 부엌〉에 묘사된 천사는 당연히 선한 천사입니다. 선한 천사는 신을 찬미하고, 신에게 봉사하며, 인간을 수호하는 존재입니다. 디라퀴오 수도사처럼 신을 향한 믿음이 한결같이 지극하면, 어려운 일이 닥쳤을 때 수호천사의 도움을 받게 됨을 그림은 에두르지 않고 이야기합니다.

물을 술로 만든 예수의 첫 번째 기적

루브르는 유리 피라미드를 중심으로 크게 리슐리외관, 쉴리관, 드농관으로 나누어집니다. 하루 관람객이 1만 5000명에 이르고, 소장 작품만 38만 점이 넘는 이 거대한 전시의 숲에서 잠시 길을 잃더라도 내가 서 있는 곳이 이 세 구역 중에 어디인지만 파악하고 있어도 큰 도움이 됩니다.

하지만 길을 잃고 서 있는 곳이 드농관이라면, 오히려 행운이라고 말씀드리고 싶습니다. 그곳은 '미술사의 꽃'이라고 할 수 있는 14~16세기 이탈리아 르네상스 작품들의 공간이기 때문입니다. 길을 잃은 김에 아예 그곳에서 이탈리아 르네상스에 푹 빠져 봐도 좋겠습니다.

'중세'라는 암흑기에서 벗어나 인문주의로 접어드는 시대를 대표했던 거장들의 작품들이 드농관의 방마다 빼곡하게 걸려 있습니다. 그 방 어딘가에 〈모나리자〉(41쪽)가 있다는 사실만으로도 흥분됩니다.

루브르에서 〈모나리자〉를 만나는 경험은 너무 멋진 일이지만, 온통 〈모나리자〉에만 쏠린 관심 탓에 〈모나리자〉 주변에 있는 르네상스의 다른 걸작들을 놓치는 것은 애석한 일입니다. 여기 소개하는 작품도 〈모나리자〉와 가까운 거리에 전시된 탓에 〈모나리자〉의 후광에 가려진 그림입니다.

"루브르에서 가장 큰 그림으로 묘사된 성대한 잔치는, 예수가 공식적으로 첫 번째 기적을 일으키는 장면을 그린 것이다. 베네치아 르네상스 특유의 훌륭한 장식들이 거대한 화폭을 가득 수놓는다. 화려한 옷을 입은 고위직 인사들과 예수의 제자들 앞에서 술을 준비하는 시종이 그림 전면에 나와 있다. 시종은 방금 물을 담았던 병에서 신비하게도 물이 포도주로 바뀌는 순간을 겁에 질려 주시하고 있다."

베네치아 미술의 정수를 만끽하다

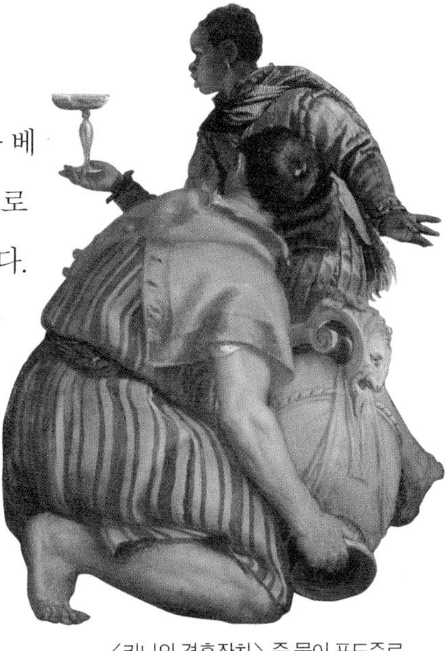

이 그림 〈카나의 결혼잔치〉는 이탈리아 베네치아에서 활동했던 화가 파올로 베로네제Paolo Veronese, 1528~1588가 그린 것입니다. 르네상스 시기 베네치아의 미술은 화려한 색채감으로 유명한데, 베로네제는 이 거대한 화폭의 그림에서 베네치아 미술의 정수를 보여줍니다. 그림 속 배경 역시 화가가 살던 베네치아입니다.

〈카나의 결혼잔치〉 중 물이 포도주로 바뀌는 모습을 보고 겁에 질린 시종.

노란색 옷을 입은 시종이 포도주를 따르는

파올로 베로네제, 〈카나의 결혼잔치〉, 1563년, 캔버스에 유채, 666×990cm

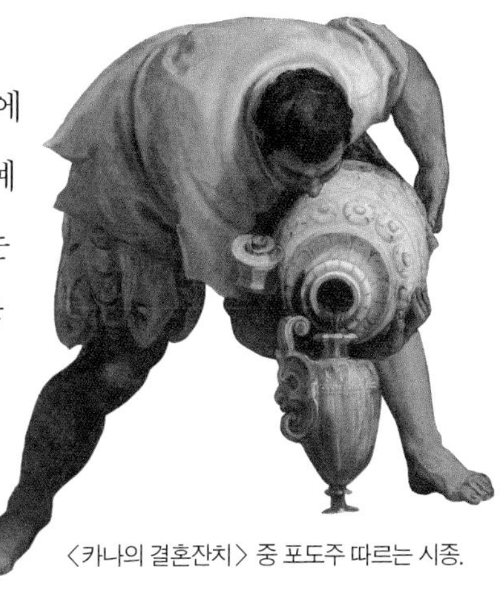

〈카나의 결혼잔치〉 중 포도주 따르는 시종.

모습이 그림 앞부분에 묘사돼 있습니다. 예수 양 옆에 앉아 있는 제자들 말고도 참 많은 인물이 그림을 꽉 채웁니다. 그 많은 인물을 하나하나 살펴보면, 그 표정과 몸짓에 저마다 이야기를 담고 있는 것 같습니다.

"이 그림의 화가 베로네제는 성경에 나오는 '카나의 결혼잔치'라는 주제를 다루기 위해 132명의 인물을 등장시키는데, 여러 상징이 곳곳에 나타난다. 예수 머리 위쪽으로 보이는 하인들 중에는 양고기를 자르는 사람들도 있는데, 그것은 구세주의 희생을 의미한다. 예수 바로 곁에 있는 어머니 마리아는 아들의 운명을 예견한 것처럼 '슬픈 성모(Mater Dolorosa)'의 표정을 짓고 있다."

이 그림은 예수가 어머니 마리아의 부탁으로 기적을 일으키는, 그의 인간적인 풍모를 묘사합니다. 수도원 식당 벽을 장식하기 위해 자주 그려

〈카나의 결혼식〉 중에서 양고기를 자르는 사람, 예수와 마리아, 화려한 옷을 입은 고위직 인사의 모습.

지던 '최후의 만찬'만큼 '카나의 결혼잔치'를 주제로 한 그림들도 연회장이나 대저택에서 많이 볼 수 있습니다. 이처럼 유럽인들에게 성경은 일상 그 자체였다고 할 수 있습니다.

"그림의 첫 열에서 음악가들이 중요한 자리를 차지하고 있는 게 유독 눈에 띈다. 루브르의 학예사들은 흰옷을 입은 비올라 연주자가 베로네제 자신이고, 그 앞에서 어두운 얼굴을 한 첼리스트가 그의 라이벌 티치아노라고 해석하고 있다. 둘 사이의 뒤에 있는 피리 부는 사람은 바사노와 비슷하다."

이탈리아 르네상스의 중심지로 피렌체와 양대 산맥을 이뤘던 곳이 바로 베네치아입니다. 이 두 도시는 마치 라이벌 같은 경쟁 관계에 있었지요. 피렌체가 다 빈치, 미켈란젤로, 라파엘로의 3대 천재 예술가를 배출했

〈카나의 결혼잔치〉 중 베로네제(흰 옷), 티치아노(붉은 옷), 틴토레토(베로네제 바로 뒤 초록색 옷), 바사노(피리 부는 사람)를 그린 부분.

다면, 티치아노, 틴토레토, 그리고 베로네제가 베네치아 출신이었습니다. 베네치아의 3대 천재 중에서는 티치아노Tiziano Vecellio, 1488~1576가 가장 유명했습니다. 그는 베네치아에서 활동하던 수많은 화가의 롤 모델이자 경쟁 상대였습니다.

흥미로운 점은 베로네제와 같은 거장도 티치아노에 대해 경쟁 심리 같은 게 있었나 봅니다. 베로네제는 이 그림에서 자신과 티치아노를 동시에 그려 넣었는데요. 티치아노보다 자신의 모습을 좀 더 빛나게 묘사했습니다. 그렇게 해서라도 티치아노보다 우위에 서고 싶었던 걸까요? 베로네제의 발상에 웃음이 나옵니다.

근대 회화의 아버지가 위대한 성인에게 보내는 오마주

이탈리아 로마에서 북쪽으로 운전을 해 약 2시간 30분 정도 달려가다 보면, 저 멀리 산 위로 성들이 이어진 것처럼 보이는 마을이 나옵니다. 여기가 바로 그 유명한 '아시시(Assisi)'라는 곳입니다. 가톨릭에서 가장 중요한 성인 가운데 하나인 프란치스코가 태어난 곳으로, 가톨릭 순례지 중에서 특히 중요한 지역으로 꼽힙니다.

미술관을 탐사하다 갑자기 이탈리아의 시골 마을에 있는 성당으로 달려와서 조금 의아하셨나요? 13세기 말경에 아시시의 프란치스코 성당 벽화와 함께 제작된 거대한 제단화가 바로 여기서 소개할 주인공입니다. '근대 회화의 아버지'라 불리는 이탈리아 화가 조토 디 본도네Giotto di Bondone, 1267~1337의 작품이지요. 루브르는 조토의 위상을 고려해서 이 그림을 드농관 2층 이탈리아 르네상스 작품들이 걸려있는 입구에 걸어 놓고 있습니다.

조토 디 본도네, 〈성흔을 받는 프란치스코〉, 1295년, 패널에 유채, 313×163cm

신의 둘째 아들

"프란치스코는 종교에 귀의해 프란치스코 수도회를 창립하는 데 일생을 바치느라 안락한 삶을 포기한 성인이다. 살아 있는 동안에도 전설적 인물이었던 그는, 영면한 지 2년 만에 복자품*에 올랐고, 이어 이탈리아는 물론 전 세계적으로 가장 존경받는 성인이 되었다. 마치 신의 '둘째 아들' 같은 숭배를 받는 그는, 수많은 기적을 이룬 것으로도 유명하다."

〈성흔을 받는 프란치스코〉 중 성 프란치스코가 받은 다섯 개의 성흔 묘사.

성 프란치스코를 두고 신의 '둘째 아들'이라고 한 루브르의 표현이 재밌습니다. 성 프란치스코는 꼭 가톨릭 신도가 아니어도 삶의 발자취를 조명해 볼 만큼 훌륭한 인물입니다.

* **복자품(福者品)** : 가톨릭 교회가 공경의 대상으로 공식 선포한 사람을 '복자'라고 한다. 복자품은 성인의 반열에 오르기 전에 교회가 공식으로 공경할 수 있다고 인정하는 지위를 말한다.

부유한 집안에서 태어난 프란치스코는 젊은 시절 군대에서 환시(幻視)를 체험하고 로마로 순례 길에 올랐다고 합니다. 그는 성 베드로 성당 앞에서 굶주림과 질병에 고통스러워하는 걸인들로부터 큰 울림을 받고 수도자로서 평생 가난한 삶을 살기로 결심하지요. 고향 아시시로 돌아가 거리에서 복음을 전파하는 그에게 수많은 추종자가 따르게 됩니다. 프란치스코는 1210년 교황의 인가를 받아 남자 수도회인 프란치스코 수도회를 설립합니다. 1228년 성인으로 시성된 그는, 지금까지도 가장 공경받는 수호성인으로 기억됩니다. 2014년 우리나라를 방문했던 교황 프란치스코도 성 프란치스코의 이름을 딴 것이지요.

르네상스 미술의 선구자

루브르 드농관 입구 오른쪽으로 살짝 들어간 벽에 걸려 있는 〈성흔을 받는 프란치스코〉는 생각보다 크기가 꽤 큽니다. 하지만 관람객이 주목하는 그림은 아닙니다.

"모두 네 개의 그림으로 구성된 이 그림은, 위쪽에 큰 그림과 아래 세 개의 프레델라(제단화 아래에 부록처럼 붙는 작은 그림들)로 구성되어 있다. 위의 큰 그림은 성 프란치스코의 생애에서 가장 중요한 부분을 보여준다. 라베르나 산에서 기도를 하던 성인은 세라핌 천사의 모습을 하고 하늘에서 내려온 예수로부터, 예수의 '다섯 상처'를 흔적으로 받는다. 여기서 조토는 이 장면을 묘사해오던 기존의 전통적인 표현 방식에서 과감히 탈피한다. 즉, 그림 속 인물들이 항상 정지 자세로 굳은 표정을 하는 모습에서 한쪽 무릎을

꿇고 움직임과 리듬감이 드러나는 모습으로 새롭게 구현한다.”

예수는 십자가형에 처했을 때 다섯 개의 상처가 났다고 전해집니다. 손과 발에 못이 박혀 각각 네 개의 상처가 생겼고, 여기에 로마 군인이 그의 죽음을 확인하기 위해 옆구리를 찔렀을 때 생긴 창상을 더해 다섯 개가 되지요. 성 프란치스코가 받은 다섯 개의 성흔은, 상처 입은 예수가 늘 그와 함께한다는 것을 방증합니다.

“그림 아랫부분 프레델라에는 또 다른 세 개의 에피소드가 그려져 있다. 왼쪽은 성인이 교회가 허물어지는 순간에 그것을 지탱하는 이야기를, 가운데는 교황으로부터 프란치스코 수도회의 입지를 인정받는 순간을, 그리고 오

〈성흔을 받는 프란치스코〉 그림 아랫부분 프레델라 중 성인이 교회가 허물어지는 순간에 그것을 지탱하는 이야기(첫 번째), 교황으로부터 프란치스코 수도회의 입지를 인정받는 순간(두 번째), 새들에게 기도 시간 중에는 조용히 해달라고 이야기하는 장면(세 번째).

른쪽은 새들에게 기도 시간에는 조용히 해달라고 이야기하는 하는 장면을 묘사하고 있다. 특히 새들과 이야기하는 장면은 이 세상의 모든 피조물에게 사랑의 의미를 전하던 성 프란치스코의 삶을 그대로 투영해준다."

이 그림을 그린 화가 조토에 대한 소개를 빼놓을 수 없습니다. 미술사는 그를 가리켜 근대 회화의 아버지이자 르네상스 미술을 연 선구자로 기록합니다. 그 근거로는, 조토의 작품에서부터 그림에 입체성이 나타나기 시작합니다. 아울러 그림 속 대상 간의 거리감을 묘사하는 원근법(248쪽) 같은 것도 발견됩니다. 대상의 입체성을 살리는 3차원적 묘사는 고대 미술과 근대미술을 가르는 중요한 기준입니다. 아쉽게도 〈성흔을 받는 프란치스코〉에서는 아직 입체성이나 원근법이 나타나지 않습니다. 하지만 조토가 이 그림을 그린 다음 발표한 작품들을 보면, 대상의 입체적 질감과 원근법이 나타나기 시작합니다. 이것만으로도, '미술사에 한 획을 그었다'는 그에 관한 수사가 절대 지나치지 않음에 동의할 수밖에 없습니다.

독서와 교육의 상징이 된 예수의 외할머니

이탈리아 르네상스의 거장 레오나르도 다 빈치Leonardo da Vinci, 1452~1519는 프랑스에서 생을 마쳤습니다. 다 빈치의 작품 중에서 〈성 안나와 함께 있는 마리아와 예수〉는 그가 죽기 전 마지막으로 프랑스로 떠날 때 챙겨 간 후반기 작품 가운데 하나입니다.

이 그림은 성모 마리아와 예수, 즉 '성모자'와 함께 마리아의 어머니 성녀 안나까지 함께 등장하는 버전입니다. 예수의 외할머니까지 등장하는 작품이라 좀 더 눈길을 끕니다. 그래서 작품명도 〈성 안나와 함께 있는 마리아와 예수〉입니다.

잘 알려졌다시피 그리스도교는 로마에서 국교로 지정한 이후 수 세기 동안 모든 유럽인들의 유일한 종교로 군림해 왔습니다. 중세와 근대를 거쳐 현대에 이르기까지 유럽의 정신세계가 그리스도교에 의해서 지배를 받았음을 부정할 수 없습니다. 서양미술사를 뒤흔든 대부분의 거장이 여러 점의 성화(聖畵)를 그린 사실은 이를 방증합니다. 그중에서도 화가들이

레오나르도 다 빈치, 〈성 안나와 함께 있는 마리아와 예수〉, 1503~1513년, 패널에 유채, 168×130cm

회화의 소재로 자주 삼았던 성모자상은 매우 특별한 것이었습니다. 다 빈치는 〈성 안나와 함께 있는 마리아와 예수〉를 통해 성녀 안나와 그의 딸 성모 마리아를 한 작품에 동시에 등장시킴으로서 어버이로서의 존엄함까지 배가시킵니다.

다 빈치가 애지중지했던 미완성 작품

〈성 안나와 함께 있는 마리아와 예수〉는 원래 프랑스의 왕 루이 12세Louis XII, 1462~1515가 왕비 안 드 브르타뉴Anne de Bretagne, 1477~1514를 위해서 주문한 것으로 추정됩니다. 하지만 다 빈치는 이 작품을 살아생전에 완성하지 못했습니다. 다 빈치는 르네상스 화가들 중에서도 미완성작이 많은 화가로 유명한데, 이 작품도 그 가운데 하나였지요. 주문자인 루이 12세가 당시 이 미완성작을 인수하지 않았음은 당연합니다.

그런데 다 빈치는 〈성 안나와 함께 있는 마리아와 예수〉에 남다른 애착이 있었던지 항상 이 미완성작을 직접 가지고 다녔습니다. 아마도 다 빈치는 그 어떤 미완성작 보다도 죽기 전에 이 작품을 꼭 완성하고 싶었던 게 아니었을까요?

다 빈치가 노년에 이르러 프랑스로 완전히 이주하기 위해 국경을 넘어갈 때도 〈성 안나와 함께 있는 마리아와 예수〉는 그의 짐에 포함돼 있었습니다. 그런 이유 때문이었는지는 모르겠지만, 다 빈치의 많은 작품들을 소장하길 원했던 프랑스 왕실은 그의 컬렉션에 이 작품도 포함시켰던 모양입니다. 덕분에 루브르를 방문하는 수많은 사람이 이 작품을 만날 수 있게 된 것이지요.

레오나르도 다 빈치(추정), 〈오른쪽을 향한 성모의 머리〉, 1510~1513년, 종이에 검정·회색·붉은색 분필, 20×15cm, 뉴욕 메트로폴리탄미술관
〈성 안나와 함께 있는 마리아와 예수〉의 마리아 얼굴로 추정되는 소묘.

사람들은 루브르에서 지나쳐서는 안 될 작품으로 〈모나리자〉(41쪽)를 첫 번째로 꼽습니다. 물론 〈모나리자〉만큼 유명하진 않지만, 다 빈치가 살아생전에 항상 곁에 두며 그토록 아꼈던 〈성 안나와 함께 있는 마리아와 예수〉도 놓쳐서는 안 될 작품이라고 말씀드리고 싶습니다.

아들의 가슴 아픈 운명을 직감한 어린 엄마의 애틋한 시선

다 빈치는 〈성 안나와 함께 있는 마리아와 예수〉의 구상과 인물들에 남다른 애착을 가지고 있었던 것으로 여겨집니다. 아기 예수와 함께 등장해서 어머니 성 안나의 무릎에 앉아 있는 성모 마리아라는 주제는 중세 시대부터 이어져온 것이기 때문에 서양미술사에서는 그리 특별한 구도는 아닙니다. 성 안나가 따로 등장할 때는 주로 어린 성모 마리아를 팔에 안고 있습니다.

비록 이 작품에서는 그렇지 않지만, 성 안나가 어린 성모 마리아에게 무언가를 읽어주거나 바느질을 가르치는 모습도 여러 작품을 통해 묘사되어 왔습니다. 오른쪽 그림을 보면, 책을 들고 있는 성 안나가 어린 마리아와 아기 예수에게 책을 읽어 주고 있습니다. 이런 이유로 서양미술사에서 성 안나는 그리스도교적인 교육과 독서의 상징이 되었습니다.

성서를 연구하는 학자들에 따르면, 성모 마리아의 어머니인 성 안나의 집안은 가난하지 않았다고 합니다. 그렇기 때문에 성 안나가 책을 읽거나 바느질하는 모습을 그림에서 특히 강조하는 것은, 생계 수단으로서가 아니라 가정의 수호자로서의 의미로 해석되곤 합니다.

작자 미상,
〈마리아와 예수를 안고 있는 성 안나〉,
1400~1425년경,
패널에 유채, 33×19cm,
워싱턴D.C. 스미스소니언미술관

루브르는 이 작품을 다음과 같이 소개하고 있습니다.

"성모 마리아가 아기 예수를 안으려고 하는 자세가 두드러진다. 아기 예수를 바라보는 어린 그녀의 부드럽고 걱정스러운 시선에서 애틋한 마음이 읽힌다. 하지만 아기 예수는 엄마의 염려를 무시하는 듯 보인다. 십자가에서의 순수한 희생을 상징하는 하얀 어린 양을 안고 노는 데만 집중하고 싶어 하는 듯하다."

CHAPTER 2

역사를 비춘 미술

화가, 저널리스트가 되다

이 그림은 1822년 지중해의 작은 섬 키오스에서 벌어진 잔혹한 학살을 세상에 고발합니다. 그림을 그린 사람은 19세기 프랑스를 대표하는 역사화가 외젠 들라크루아Eugène Delacroix 1798~1863입니다. 그 당시 들라크루아는 이 작품으로 엄청난 혹평에 시달려야만 했는데요. 도대체 그에게 어떤 일이 벌어졌던 것일까요?

키오스 섬은 그리스인들이 많이 산다고는 하지만 지리적으로 터키에 가깝습니다. 하지만 그 당시에는 그리스 전체가 이미 오스만 튀르크의 식민지였기 때문에 큰 차이는 없습니다.

프랑스혁명의 기운이 나폴레옹Napoleon Bonaparte, 1769~1821의 몰락과 함께 수그러들던 19세기 초반, 유럽은 자유주의와 민족주의에 반대하고 절대왕정으로 회귀하려는 복고적 분위기가 강했습니다. 대(對)프랑스 동맹전쟁을 이끌던 오스트리아가 중심이 된 이 시기를 역사는 '빈 체제'라고 소개합니다.

외젠 들라크루아, 〈키오스 섬에서의 학살〉, 1824년, 캔버스에 유채, 419×354cm

나폴레옹 집권 시절, 오랜 독립운동과 유리한 외교 지형을 통해서 독립국의 지위를 얻었던 그리스는, "나폴레옹 집권 이전으로 모든 것을 돌린다"는 빈 체제의 지도자 메테르니히Klemens Wenzel Lothar Fürst von Met'ternich, 1773~1859의 정책 탓에 오스만 튀르크의 식민지로 되돌아가는 유례없는 일을 당합니다.

제국주의의 민낯

1820년부터 그리스독립전쟁이 격렬해지자 빈 체제는 이 전쟁을 불법으로 규정하고 진압을 결정합니다. 오스만 튀르크 군은 그리스독립전쟁의

〈키오스 섬에서의 학살〉 중 오스만 튀르크 병사에 납치되는 여인, 죽은 어미의 젖을 빠는 아기, 망연자실한 여인.

기세를 누르려는 목적으로 1822년 5월 말 키오스 섬에 상륙합니다. 그리고 키오스 섬에서 대규모 학살이 자행됩니다. 섬이 한 순간 아비규환의 현장이 돼버린 것이지요. 10~15만 명이 살던 키오스 섬에서 목숨을 잃은 이들 말고도 5만여 명이 노예로 팔려가게 됩니다. 이 비극적인 사태로 섬의 인구는 2만 명도 채 안 되게 줄어듭니다.

유럽과 아프리카, 아시아 등 세 개의 대륙에 걸친 강대국이었지만 19세기 후반 모든 지역에서 밀리면서 힘을 못 쓰던 오스만 튀르크가 만만한 그리스를 상대로 자신들의 무력을 과시하기 위해 필요 이상의 과잉 진압을 한 것은 누가 봐도 분명했습니다.

키오스 섬에서 벌어진 비극은 유럽 전체, 특히 문화 · 예술계 인사들을 자극합니다. 역사와 문화의 가치가 점점 더 중요시되던 때에 '서구 문명의 요람'이라 불리는 그리스의 한 지역이 무참히 짓밟히는 일이 벌어진 것, 그것도 다름 아닌 이슬람 세력에 의해 주도되었으며, 현 체제는 그것을 방조하고 심지어 지원까지 했다는 것이 밝혀지면서 유럽 전역이 들끓기 시작했습니다. 시인 바이런Baron Byron, 1788~1824이 그리스독립전쟁에 직접 참전하는가 하면, 각지에서 모금 운동과 반정부 시위가 일어납니다. 이 그림은 그런 시대적 흐름에서 탄생합니다.

"들라크루아는 역사가와 증인들이 전한 사실을 충실하게 묘사하려 애썼다. 오스만 튀르크 병사에 의해 납치되는 젊은 여인과 이미 죽은 어미의 젖을 빠는 아기의 모습, 그 밖에도 망연자실한 인물들은 당시 유럽 언론에 전해져 사람들에게 회자되던 키오스 섬 참상의 일부분이다."

시대와 역사를 성찰하는 그림

들라크루아는, 제리코Théodore Gericault, 1792~1824가 〈메두사 호의 뗏목〉(125쪽 참조)에서 시도했던 '두 개의 삼각형이 겹쳐지는 구도'를 〈키오스 섬에서의 학살〉에 차용합니다. 이 그림을 자세히 살펴보면, 희생자들이 두 개의 삼각형이 겹쳐지는 구도로 배치되어 있음을 알 수 있습니다. 이러한 기법은 두 개의 삼각형을 대립시킴으로서 긴장감을 주는 동시에 구도의 안정감을 이끌어 냅니다(삼각형 구도의 안정감은 들라크루아의 또 다른 걸작 〈단테의 배〉에서도 나타납니다).

하지만 이 그림이 발표되자마자 비평가들은, 인체 묘사가 전통적인 기법을 충분히 따르지 않았다는 둥, 붓 터치가 너무 파격적이라는 둥 요목조목 꼬집으며 신랄하게 비판합니다. 그들에게 그림이 전하고자 했던 주제는 안중에도 없던 것이지요. 심지어 당시 신망이 두터웠던 화가 앙투안 장 그로Antoine-Jean Baron de Gros, 1771~1835 같은 사람은 이 그림을 가리켜 "회화의 학살"이라며 혹평했습니다. 당시 보수적이던 비평가들은 키오스 섬의 학살 장면이 대중에게 줬던 충격을 이해할 수 없었을 것입니다.

훗날 미술사가들은 〈키오스 섬에서의 학살〉을 가리켜 "미술 저널리즘을 연 작품"이라는 평가를 내립니다. 들라크루아는 이 그림을 그리기 위

외젠 들라크루아, 〈단테의 배〉, 1822년, 캔버스에 유채, 189×246cm

해 신문을 탐독하고 학살 현장에 있었던 목격자들을 인터뷰합니다. 이를테면 마치 기자처럼 취재를 한 것이지요. 들라크루아는 그림 속 소재의 객관성과 사실성을 강조했습니다. 무엇보다도 그림을 그린 화가의 사사로운 감정이나 과장을 최대한 지양했습니다.

들라크루아는 "누구를 위한 혁명이며 무엇을 위한 전쟁인가?"라는 키오스 섬 주민들의 울분에 찬 질문을, 이 그림을 통해 세상에 던집니다. 화가는 정의란 무엇인지, 그리고 진정한 용기란 무엇인지를 세상을 향해 묻고 있습니다.

시대의 위선에 맞선 '낭만주의'라는 난파선

1816년 마흔네 개의 대포를 싣고 프랑스 본토를 떠나 아프리카 세네갈로 향했던 프랑스 해군 전함 '메두사 호'. 당시 프랑스는 러시아 원정 실패 이후 영국에 식민지 영토를 빼앗겼다가 굴욕적인 보상을 해주고 되돌려 받는 등 대외적으로 어려운 시기를 보내고 있었습니다. 루이 18세Louis XVIII, 1755~1824는 영국으로부터 과거의 식민지 영토를 되돌려 받기 위해 메두사 호를 보냅니다. 이 배의 함장은 왕당파 귀족이었는데, 은퇴해서 수년 간 항해를 그만뒀다 복귀한 상태였습니다.

메두사 호는 1816년 7월 2일 대서양 캡 블랑크(Cap Blanc) 근처에서 엄청난 풍랑을 맞아 침몰 위기에 놓입니다. 배의 함장은 400여 명의 승무원 중 하급 승무원 149명은 내버려둔 채 탈출을 지휘합니다. 난파한 배에 남아 있는 승무원들에게는 배를 젓는 노 하나 남겨주지 않지요. 생존을 위해 버틸 수 있는 거라곤 바닷물에 젖은 비스킷과 소량의 포도주뿐이었습니다. 그나마 젊은 사관생이 기지를 발휘해 만든 20×7m 크기의 뗏목 위

테오도르 제리코, 〈메두사 호의 뗏목〉, 1817~1820년, 캔버스에 유채, 491×716cm

에서 149명의 조난자들은 구조의 손길이 오기만을 기다려야 했습니다.

불의에 맞선 화가의 붓질

하지만 아무리 기다려도 구조대는 오지 않았습니다. 오히려 격랑에 뗏목의 밧줄이 하나씩 풀려나가면서 조난자들은 한 명씩 한 명씩 바다에 빠져 익사합니다. 뗏목 위에 남아 있는 사람들은 점차 공포와 광기에 사로잡히게 되지요.

얼마 남지 않았던 식량마저 동나자 조난자들은 죽은 동료의 시체를 먹을 수밖에 없는 절박한 처지에 놓입니다. 조난자들은 서로 살겠다고 발버둥 치며 격렬한 몸싸움까지 벌입니다. 그들 모두가 제정신이 아니었던 거지요. 결국 뗏목 위에는 눈 뜨고 볼 수 없는 아비규환이 펼쳐집니다.

구조대 아르귀스 호가 조난자들을 발견했을 때, 149명 가운데 15명만이 살아있었습니다. 생존자들 중 의사인 사비니와 엔지니어 코레아르는 구조된 이후 그들의 난파일기를 책으로 출판합니다.

이 책으로 인해 프랑스는 심각한 충격에 빠지게 됩니다. 책을 읽은 프랑스 국민들은 당시 정부가 조난자들을 사지로 몰아넣었다고 격분합니다. 침몰 직전 배에 하급 승무원들만 두고 탈출한 함장과 이를 묵인한 관리들을 비판하는 목소리가 갈수록 커지지요.

이에 대해 친정부적인 왕당파 신문사들은 책의 공동저자인 두 명을 식인 혐의로 법원에 고발하는 어처구니없는 일을 저지릅니다. 프랑스 국민들은 이러한 정부의 태도에 다시 한 번 분노합니다. 당시 지식인들은 거리로 나와 책의 공동저자를 돕기 위한 서명운동을 벌이는데, 그중에 화가 제리코Théodore Gericault, 1792~1824도 있었습니다. 제리코는 세상의 불의에 맞서 화가가 해야 할 일은 역시 그림을 그리는 것이라 생각했습니다. 〈메두사 호의 뗏목〉은 화가 제리코가, 비열한 정부에 보낸 경고의 그림입니다.

〈메두사 호의 뗏목〉 부분도.

역사적인 참상을 그림으로 기록하다

〈메두사 호의 뗏목〉은 루브르가 소장하고 있는 대작 가운데서도 특히 큰 그림 가운데 하나입니다. 가로 폭이 무려 7m가 넘고, 세로 폭도 4m가 넘습니다. 제리코는 이 거대한 화폭에 눈 뜨고 볼 수 없을 만큼 처참했던 상황을 적나라하게 묘사합니다.

위태로운 뗏목과 돛 위로 삶과 죽음의 갈림길에서 절박함

테오도르 제리코, 〈메두사 호의 뗏목 : 두 번째 스케치〉, 1818년, 캔버스에 유채, 64×81cm

을 호소하는 조난자들이 뒤엉켜 있습니다. 그중에 한 사람이 일어나 찢어진 천 조각을 흔들며 누군가를 향해 울부짖습니다. 이 장면은 수평선 너머로 아르귀스 호를 발견하고 구조를 요청하는 순간을 극적으로 표현한 것입니다. 생존을 갈구하는 절실함과 죽음에 직면한 극도의 불안감이 거대한 화면 가득 펼쳐집니다.

제리코는 뇌이(Neuilly)라는 파리 근교 도시에 있는 아틀리에에 오랜 기간 머물면서 이 작품을 완성합니다. 그는 병원에서 죽어 가는 사람들의 모습을 연구하고, 집행된 사형수들의 잘린 몸을 스케치로 기록합니다.

미켈란젤로Michelangelo Buonarroti, 1475~1564의 〈최후의 심판〉 같은 대작을 그리고 싶었던 그는, 실제로 모델을 동원해 그림 속 상황을 재연했다고 합니다. 난파한 뗏목과 비슷한 구조물을 설치하고, 자주 항구에 나가 바다를 면밀히 관찰하기도 했지요.

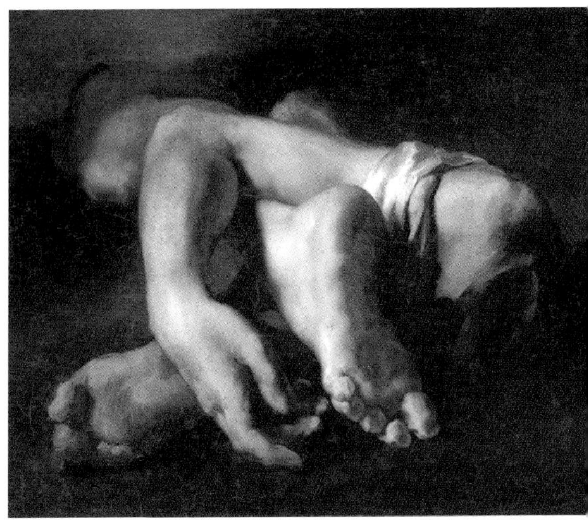

테오도르 제리코, 〈손과 발 연구〉, 1818~1819년, 캔버스에 유채, 52×64cm, 몽펠리에 파브르미술관

〈메두사 호의 뗏목〉은 발표 당시 부패한 정부에 대한 민중의 비판에 큰 힘을 보탭니다. 하지만 논란의 중심에 섰던 이 그림은, 불행하게도 정치적 해석을 피할 수 없는 운명에 직면하고 말지요. 일부 비평가들은 이 그림을 가리켜 "엄청난 자연의 힘에 굴복하는 인간의 모습"을 사실적으로 묘사했다며, 본질에서 벗어나는 논평을 내놓기도 합니다.

들라크루아Eugène Delacroix, 1798~1863와 제리코로 대표되는 낭만주의 미술은 보편적 이성과 합리적 사고를 강조하는 신고전주의 미술에 맞섭니다. '낭만적'이라는 개념은 비장미와 숭고미가 결부된 새로운 미적 감정을 이끌어 냅니다. 이 그림에서 뿜어나오는 강렬한 에너지는 낭만주의 정신의 발현으로 해석되기에 충분합니다.

역사를 되돌아보면, 세상을 바꾸기 위해 용기 있는 도전을 감행했던 인물들에게서 유독 낭만주의자의 풍모가 느껴집니다. 그것은 마치 돈키호테처럼 무모하지만 순수하고 숭고합니다.

그림으로 역사와 문학을 읽는다

대형 회화들이 걸려 있는 루브르 드농관 뒤편에는, 관람객으로 하여금 숨을 죽이고 조용히 쳐다보게 만드는 그림 하나가 있습니다. 프랑스의 역사화가 폴 들라로슈Paul Delaroche, 1797~1856가 그린 〈에드워드 4세의 아이들〉이라는 그림입니다.

> "셰익스피어는 그의 희곡 『리처드 3세』에서 영국 왕실의 역사 중 가장 참혹한 에피소드 가운데 한 장면을 사람들에게 환기시켰다. 1483년 에드워드 4세가 죽은 뒤 그의 두 아들이 런던탑에 갇혀 있다가 삼촌인 리처드 3세의 명령으로 목이 졸려 살해당하는 사건이 바로 그것이다."

문득, 조선 시대 '세조반정(世祖反正)'이 떠오릅니다. 1455년에 수양대군이 조카 단종을 몰아내고 왕위를 찬탈한 사건이지요. 역사적 관점에 따라 '단종폐위' 사건으로 부르기도 하지만, 제 생각으론 '세조반정'이 맞는 것

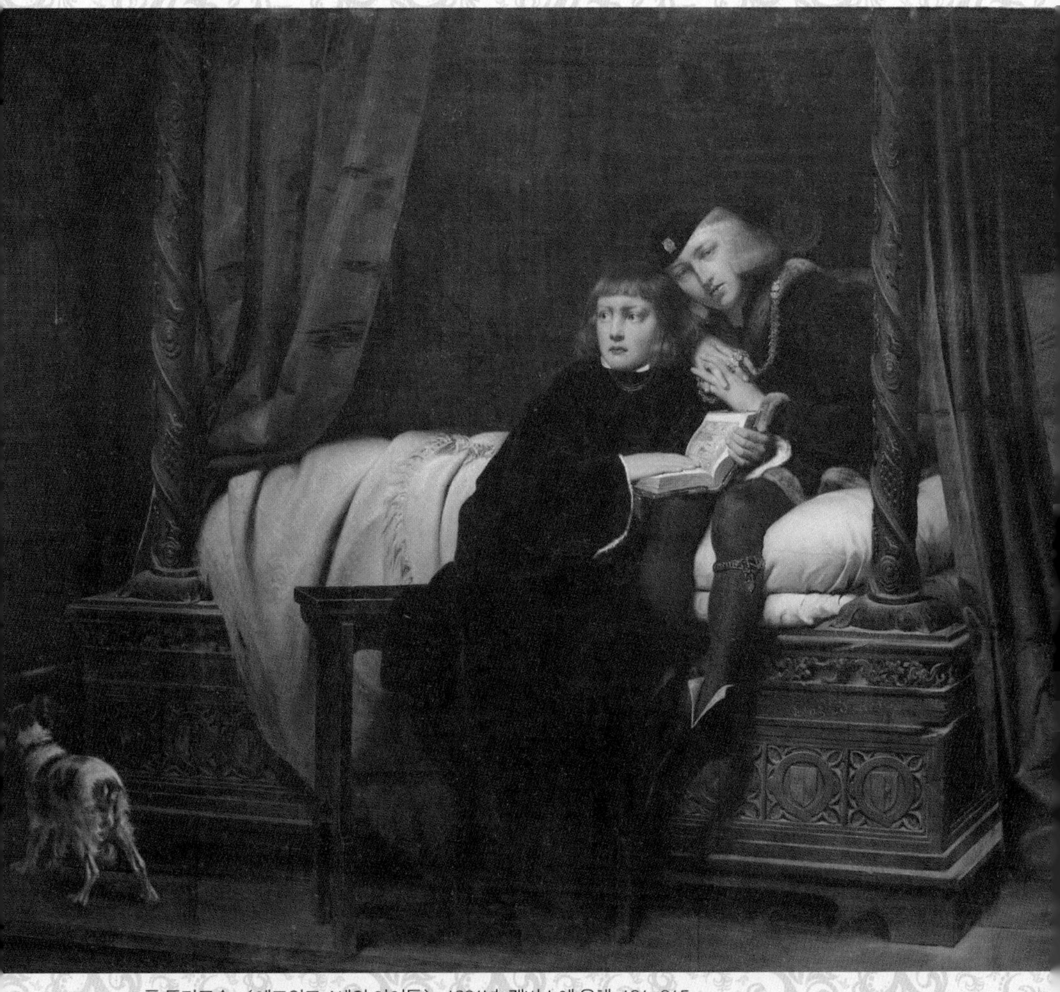

폴 들라로슈, 〈에드워드 4세의 아이들〉, 1831년, 캔버스에 유채, 181×215cm

같습니다. '폐위'라고 하면, 왠지 단종이 뭔가 잘못을 저질러 왕위에서 쫓겨난 것 같습니다. 왕권을 차지하기 위해 어린 조카인 국왕을 귀향 보내 죽음으로 내몬 수양대군이 '반정'을 한 게 맞지 않을까 싶네요.

숨을 죽이고 조용히 쳐다보게 만드는 그림

아무튼 동서양을 막론하고 권력의 노른자위인 왕실에서는 이처럼 참혹한 일들이 심심찮게 벌어집니다. 다시 이 그림의 배경이 되는 15세기 영국의 왕실로 되돌아가겠습니다. 영국의 왕 에드워드 4세 Edward IV, 1442~1483는 그의 아들이자 새로운 왕위 계승자인 에드워드 5세Edward V, 1470~1483가 아직 어렸을 때 세상을 등집니다. 그런데 에드워드 5세가 물려받은 왕좌를 삼촌 리처드 3세Richard III, 1452~1485가 호시탐탐 노리고 있었지요. 여기서 이 그림의 이야기가 시작됩니다.

작자 미상, 〈리처드 3세〉, 1597~1618년, 패널에 유채, 57×44cm, 런던 국립초상화미술관

"당신은 이 그림 속에서 두 소년의 두려움과 걱정을 읽어냈는가? 큰아들인 에드워드 5세

는 당시 열세 살, 동생 리처드는 아홉 살이었다. 동생은 책 읽기를 멈추고 형에게 기댄 채 바깥을 주시하고 있다."

<에드워드 4세의 아이들>에서 강아지.

어린 아들을 두고 세상을 뜬 에드워드 4세는 혁혁한 무공으로 영국의 위상을 드높인 왕이었지만, 동생 리처드 3세가 가진 야심을 알아채지는 못했던 모양입니다. 동생은 이제 조카들을 죽이고 왕권을 빼앗아 갈 준비를 마쳤습니다. 조카들이 갇혀 있는 런던탑은 정치범 수용소와 고문실로 악명이 높았던 곳이기도 합니다.

"두 소년의 개가 문을 바라보고 짖고 있는 듯 보인다. 이 개는 두 소년을 향한 충성심을 상징한다. 바깥에서 들리는 소리에 개는 귀를 세우고 떨면서 큰 소리로 짖고 있다. 개는 암살자가 다가오는 소리를 들은 것이다. 이제 비극이 일어날 차례다."

비극을 암시하는 살인의 색

들라로슈는 이 그림에서 살인을 상징하는 색깔을 썼는데, 초록색, 검은색, 갈색, 보라색 등이 그것입니다. 이들 색깔이 어둡게 채색되면서 그림의 긴장감을 배가시킵니다.

외젠 들라크루아, 〈스물세 살의 자화상〉, 1821년, 캔버스에 유채, 41×33cm, 파리 들라크루아미술관

셰익스피어William Shakespeare, 1564~1616 생전에는 그의 희곡이 프랑스에까지 소개되지는 못했습니다. 19세기에 이르러 낭만주의 시대가 도래한 것을 계기로 독특하고 개성적인 작품이나 장르가 출현하면서 영국의 문학 작품들이 프랑스로 대거 유입됩니다. 이때 프랑스의 많은 화가가 그림의 주제로 셰익스피어를 비롯한 영국 작가들의 작품을 차용하기 시작합니다. 그만큼 영국의 문학이 꽤 인상적이었던 것이지요.

심지어 들라크루아Eugène Delacroix, 1798~1863는 〈스물세 살의 자화상〉에서 화가 자신의 모습을 『햄릿』에 등장하는 주인공처럼 그립니다. 『햄릿』 역시 『리처드 3세』와 함께 셰익스피어의 대표적인 비극 작품이지요. 들라크루아는 비극이 주는 카타르시스야말로 문학에서 얻을 수 있는 최고의 미덕이라고 여겼습니다.

언어유희와 풍자에 집중하는 프랑스 연극과 비교하건대, 영국의 희곡은 근본적으로 추구하는 방향이 달랐습니다. 당시 역사화가로 이름을 날리던 들라로슈는, 사극에나 나올 법한 인물의 표정을 그림 속 모델에게 입히면서 인간사의 참혹한 현실을 캔버스 위에 구현해 냈습니다. 그림 속 두 소년의 슬픔과 공포에 질린 표정만으로 작품의 제목을 읽기도 전에 그들의 비극적인 운명이 느껴집니다. 권력이란 필연적으로 비극을 잉태할 수밖에 없는 걸까요?

'공화'란 무엇인가?

7월 14일은 프랑스혁명 기념일입니다. 프랑스 국민들은 이날을 국가설립일에 준하는 중요한 날로 여깁니다. 프랑스혁명 기념일이 되면 아침에 샹젤리제 대로에서 퍼레이드를 하고, 밤이 되면 에펠탑이 있는 샹 드 마르스에서 수많은 사람이 모여 축제를 알리는 불꽃놀이를 합니다(7월의 파리는 오후 10시 30분쯤 돼야 어둑어둑해집니다).

화가 자크 루이 다비드Jacques Louis David, 1748~1825는 프랑스혁명 시기를 '풍운아'로 살다 간 인물입니다. 혁명정부의 고위직까지 올랐다가 나폴레옹Napoleon Bonaparte, 1769~1821이 황제에 등극하자 그의 곁에서 자리를 지켰습니다. 그리고 다시 나폴레옹정권이 실각하자 벨기에로 망명해서 생을 마쳤습니다. 한때 열렬한 공화파였던 그가 황제의 측근이 되다니, 그의 변절을 두고 참 많은 말들을 하게 됩니다(그 유명한 〈생 베르나르 고개를 넘는 나폴레옹〉도 다비드의 작품입니다).

여기 소개하는 〈호라티우스 형제의 맹세〉는 그림에 대한 해석이 정치

자크 루이 다비드, 〈호라티우스 형제의 맹세〉, 1784~1785년, 캔버스에 유채, 330×425cm

적으로 어떻게 활용되는지를 잘 보여주는 작품입니다. 이 그림에 대한 루브르의 설명은 이렇습니다.

〈호라티우스 형제의 맹세〉 오른쪽의 흐느끼는 여인들.

"이 그림은 루이 16세가 1784년경 화가 다비드에게 주문한 것이다. 하지만 혁명을 기초한 '설립자들'은 이 그림이 완성된 지 얼마 되지 않아 혁명의 상징으로 삼았다. 그 이유는 화가가 혁명 정부에 참가하겠다는 뜻으로 이 그림을 기증했기 때문이다."

〈호라티우스 형제의 맹세〉는 루이 16세Louis XVI, 1754~1793가 주문해 완성한 그림이지만 아이러니하게도 그 주문자에게 단두대형을 내리는 혁명정부의 상징이 된 것이지요.

세 개의 칼이 의미하는 것은?

이 그림이 완성된 1784년은 절대왕정인 구체제(ancien régime : 앙시앙 레짐)를 뒤집어엎으려는 시대적 열망이 강하게 작동했던 계몽기의 끝 무렵이었습니다. 하지만 혁명파들이 제시하는 새로운 체제는 가혹한 희생을 강요하는 공포정치를 앞세운 것이었습니다. 이에 반감이 컸던 당시 많은 지식인들은 과거 로마형 모델을 지향했습니다.

"이 그림의 의도와 목적은 분명하다. 구성을 살펴보자. 마치 비극을 주제로 한 고전 작품의 한 장면을 연상시키지 않는가? 다비드는 고전의 레퍼토리 속에서 용기를 북돋우는 상징을 얻길 원했다. 도시국가 로마의 시민이었던 호라티우스 삼 형제는 절망과 비탄에 빠진 어머니와 누이, 아내 앞에서 목숨을 바치는 맹세를 하고 있다."

이 그림은 아직 로마가 대국으로 성장하기 전 도시국가였을 때의 에피소드를 다룹니다. 당시 로마의 가장 큰 문제는 이웃 도시국가들과의 끊이지 않는 전쟁이었지요. 예나 지금이나 전쟁이 남긴 상흔은 엄청납니다. 도시국가의 지도자들은 고민 끝에 전쟁 대신 국가를 대표하는 용사들의 검투로 승부를 가리고자 합니다. 죽어야 끝나는 이 시합에서 마지막까지 살아남은 용사가 속한 도시국가가 승리하는 방식입니다. 그림 속 로마의 상대편 도시국가 알비에서는 쿠리아티우스 형제가 출전합니다. 그들 역시 삼 형제였지요.

〈호라티우스 형제의 맹세〉 중 각기 다른 방향을 나타내는 칼.

자크 루이 다비드, 〈생 베르나르 고개를 넘는 나폴레옹〉, 1800년, 캔버스에 유채, 232×270cm,
파리 베르사유궁전

문제는 여기서 비롯합니다. 전쟁이 일어나기 전부터 호라티우스와 쿠리아티우스 가문은 사돈을 맺고 있었습니다. 그림 오른편의 흐느끼는 여인들은 그런 운명에 무너진 모습입니다.

"그림 왼쪽에서 호라티우스 형제는 그들의 다리를 자랑스럽게 내디디며 절대 물러서지 않을 것을 약속한다. 오른편에 어깨를 무너뜨리고 흐느끼는 여인들과는 중간에 칼을 쥐고 있는 그들의 아버지를 사이에 두고 수직선으로 나누어진 구도를 형성한다. 또한 세 개의 각기 다른 방향을 나타내는 칼은 두 가문의 단절을 강조한다. 세 개의 칼은 미덕과 신으로부터의 가호를 상징하고, 아울러 로마의 숭고함을 드러낸다."

다비드다운 마무리입니다. 혁명에는 희생이 뒤따름을, 때로는 여성들이 아픔을 극복하고 감내해야 하는 것으로 그림은 읽힙니다. 그림 속 이야기에서는 호라티우스 형제의 막내가 검투에서 살아남아 로마가 승리합니다.

그림에서 세 개의 칼이 상징하는 것은 바로 공화국입니다. 모든 계층에서 합의를 이뤄야 비로소 작동되는 국가원리. 그들은 이 체제를 'republic'이라고 불렀습니다.

프랑수아 뤼드, 〈자크 루이 다비드〉, 1838년, 대리석, 86×75cm
다비드는 젊은 시절 결투 중 부상을 당해 그 후유증으로 오른쪽 얼굴이 심하게 일그러졌다고 한다.

혁명의 피를 그만 멈추어라!

고대 로마 태동기에는 무슨 이유에서인지 여성이 부족해 결혼이 어려웠었다고 합니다. 로마를 건국한 로물루스(Romulus)는 이웃 도시국가 사비니를 공격해 그곳의 젊은 여인들을 납치해 옵니다. 그로부터 3년이 흐른 뒤 반격할 준비를 한 사비니는, 납치당한 여인들을 구하기 위해 로마에 쳐들어갑니다. 결국 두 나라는 전쟁을 벌입니다. 서로 막대한 피해를 볼 것이 분명한 그 순간, 로마에 납치된 사비니의 여인들이 나타나 "이제는 우리가 로마인의 아내가 돼 아이까지 낳았다"며 목숨을 걸고 싸움을 말립니다. 여인들의 간절한 염원대로, 로마와 사비니 두 나라의 전사들은 싸움을 멈췄을까요?

다비드Jacques Louis David, 1748~1825는 고대 로마 전설에 해당하는 '사비니 여인의 납치 사건'을 그림으로 그렸습니다.

"무엇보다 이 그림은, 왜 다비드가 이 주제를 택했는지 그 이유가 중요하다. (새로 출발하는) 공화국 시민들의 화해를 위해, 다비드는 갈라져서 싸우게 된 로마인들과 사비니인들 사이에서 아기를 안은 채 싸움을 중재하고 나선 사비니의 여인들을 주인공으로 삼은 것이다."

용기 있는 여인들의 이야기

1796년경 이 그림이 작업에 들어갔을 때, 혁명으로 세워진 공화국정부는 여러 어려움에 직면해 있었습니다. 나라 밖에서는 프랑스 혁명의 성공을 막기 위해 이웃의 절대왕권 국가들이 침략해 오고 있었고, 안에서는 왕권이 사라진 자리에 미성숙한 민주주의를 정착시키는 과정에서 오는 대립이 심각했습니다. 다비드는 이런 갈등을 종식시키겠다는 염원을 담아, 치열한 전쟁의 한복판에서 목숨 걸고 싸움을 말리는 용기 있는 여인들을 주인공으로 그림을 그린 것입니다.

〈사비니의 여인들〉 중 헤르실리아.

"로물루스는 아내 헤르실리아를 사이에 두고 그녀의 아버지이자 사비니의 왕인 타티

자크 루이 다비드, 〈사비니의 여인들〉, 1799년, 캔버스에 유채, 385×522cm

우스를 향해 '로마'라고 새겨진 방패를 들고 창을 던지려고 팔을 뒤로 젖히고 있다. 이에 타티우스는 몸을 낮추고 방패를 들어 방어 자세를 취하고 있다. 위급한 상황에서 몸을 던져 싸움을 막은 사비니 여인들의 용기 덕택에 전쟁을 멈춘 두 나라는 결국 화해를 하게 된다."

외세의 침략과 내부의 갈등으로 심각한 분열을 겪던 프랑스는, 이 그림이 완성되던 해인 1799년에 집권한 나폴레옹의 통치 아래 다시 왕정으로 돌아갑니다. 하지만 당시 프랑스인들은 나폴레옹 정권을 프랑스혁명을 완성하기 위한 하나의 과정으로 인식하지요.

다비드는 이 그림에서, 공화정(혁명정부)을 사비니에 비유하고 왕정(나폴레옹정권)을 로마에 비유한 것 같습니다. 그럴 경우, 둘 사이에서 싸움을 막는 사비니 여인들은 자연스럽게 프랑스 국민이 되지요. 즉, 이미 로마의 여인이 되었으니 더 이상 전쟁을 일으키지 말라는 사비니 여인들의 절규에서는, 평화만 얻는다면 잠시 공화정 시민의 자격을 미뤄둘 수 있다는 프랑스 국민들의 모습이 겹쳐집니다. 프랑스가 하루속히 갈등에서 벗어나 화해와 평화를 맞이하는 모습을, 다비드는 이 그림을 통해 프랑스 국민들에게 미리 보여주고 싶었던 모양입니다.

그림 속 전사들은 왜 옷을 입지 않은 걸까?

다비드는 작지 않은 크기의 화폭에서 의도적으로 그림의 윗부분을 비우고 원경을 흐릿하게 처리했습니다. 그렇게 함으로서 그림 아랫부분의 전투 장면이 더욱 격렬해 보입니다. 또한 치열한 전쟁 속에서 흰 옷을 입은 여인의 모습이 도드라져 보입니다. 이 여인은 루브르가 밝혔듯이 로마 건국자 로물루스의 아내 헤르실리아입니다. 그녀가 입은 흰색 옷이 평화를 상징함은 너무나 당연해 보입니다.

이러한 구도와 상징은 고대 전쟁 장면을 묘사한 회화에서 자주 등장하는 표현 방식입니다. 다만, 그림 속에 옷을 입지 않은 전사들의 모습은 기존 전쟁 회화에서 흔히 볼 수 없는 묘사입니다(검투 장면을 그린 〈호라티우스 형

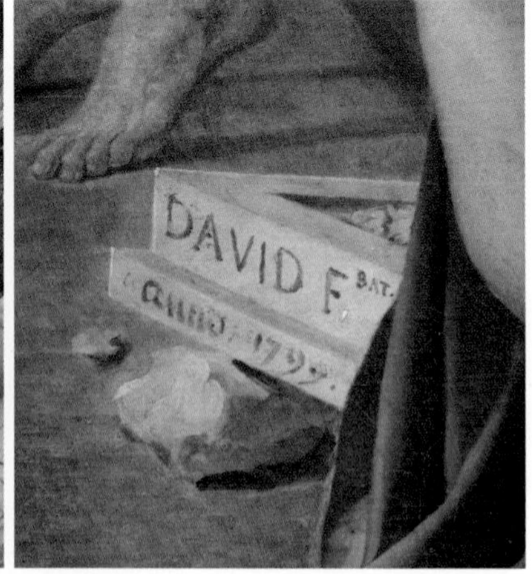

〈사비니의여인들〉 중 로물루스의 방패(왼쪽)와 다비드의 서명(오른쪽).

제의 맹세〉(137쪽)에서도, 전사들은 모두 옷을 입고 있습니다). 다비드는 누드로 표현된 고대 그리스 조각상에서 영감을 얻어 이 그림을 완성했습니다. 이에 대해 루브르는 다비드를 대신해서 다음과 같이 설명합니다.

"그 당시 이 그림을 본 사람들은 당혹감을 감출 수 없었는데, 그 이유는 그림 속 등장인물 중 일부가 누드로 묘사되었기 때문이다. 다비드는 이 그림 속 누드의 중요성을 특별히 강조했다. 즉, 고전 속 영웅들의 시대를 보다 충실하게 재현하려는 의도였음을, 글로 써서 전시회에 온 관객들에게 이해를 구했다."

〈사비니의 여인들〉 중에 나체로 묘사된 로물루스.

〈사비니의 여인들〉은 1799년 12월 루브르 궁에서 처음 전시되었는데, 다비드는 관람료로 1.8프랑을 받아 유료 전시회의 선례를 만들었다고 합니다. 그전까지만 해도 미술 작품을 무료로 관람하는게 관례였었지요. 이 전시회는 1805년 5월까지 6년 가까이 이어졌고, 무려 4만여 명이 다녀갔다고 전해집니다.

프랑스 왕실의 치정을 엿보다

루브르에서 많은 사람을 당황하게 하는 그림 하나를 소개할까 합니다. 이 그림 앞에 서면 멈칫하고 두리번거리게 되지요. 등장인물의 포즈나 세부 묘사가 낯설기 때문입니다. 그림 앞에 선 사람마다 '어, 뭐지?' 하고 궁금하게 만드는 마력(?)을 지닌 이 화가가 궁금해집니다. 그런데 루브르는 이 그림을 그린 화가에 대해 1594년경에 프랑스 '퐁텐블로파'에 속한 인물 정도로만 소개하고 있습니다.

퐁텐블로(Fontainebleau)는 숲의 이름이면서 동시에 그 숲에 자리한 성의 명칭이기도 합니다. 프랑스 왕가에서 사냥을 갈 때 별장으로 썼던 성입니다. 왕족들은 이곳에 큰 아틀리에를 차려 놓고 이탈리아와 플랑드르(벨기에)로 유학을 다녀온 젊은 화가들을 모아 그들의 작업실로 활용했습니다. 미술사에서는 이 유학파 출신 화가들을 가리켜 퐁텐블로파라고 부릅니다.

이 그림은 퐁텐블로파 2기 중 익명의 화가가 그린 것입니다.

작자 미상, 〈가브리엘 데스트레와 그의 자매 비야르〉, 1594년, 캔버스에 유채, 96×125cm

왕의 아내가 되고자 했던 한 여인의 기괴한 초상

자, 이제 그림을 자세히 살펴보겠습니다. 우선 목욕통 속에서 두 명의 여성이 상반신 나체로 등장합니다. 갈색 머리의 여성이 금발 머리 여성의 젖꼭지를 살짝 잡고 있습니다. 바로 이 장면이 관람객들을 당황스럽게 합니다. 선정적일 뿐 아니라 파격적입니다. 당시 왕실의 여성들이 이런 포즈로 알몸을 드러내는 경우는 매우 드물었습니다.

그림 속 모델 중 젊은 금발 여인은 앙리 4세Henri IV, 1553~1610가 공인한 정부(情婦) 가브리엘 데스트레Gabrielle d'Estrées, 1571~1599이고, 갈색 머리 여인은 그녀의 동생이자 공작부인인 비야르로 밝혀졌습니다. 그리고 이 그림이 그려진 시점은 가브리엘이 앙리 4세의 아기를 임신하고 있을 때로 추정됩니다.

> "가브리엘은 엄지와 검지로 반지 하나를 쥐고 있으며, 동생은 언니의 젖꼭지를 두 손가락으로 잡고 있다. 이것은 아마도 앙리 4세의 정부였던 가브리엘이 아이를 임신했고, 그 덕분에 결혼하게 된다는 점을 상징할 것이다. 하지만 가브리엘은 앙리 4세의 세 번째 아이를 낳다가 의문사한다."

스페인 접경에 위치한 나바론 공국의 지방 귀족이었던 앙리 4세가 중앙 무대에 등장할 수 있었던 것은 마르그리트 공주Marguerite de Valois, 1553~1615와의 정략결혼 덕분이었습니다. 공주와의 결혼으로 앙리 4세는 프랑스 역사에서 가장 강력한 왕권의 상징이던 부르봉 왕가의 첫 번째 왕이 됩니다. 대부분의 정략결혼이 그러하듯 앙리 4세도 마르그리트와 순탄한 결혼 생활을 이어가지 못합니다.

그림 속 가브리엘은 왕으로부터 가장 사랑받았던 여성입니다. 앙리 4세와의 사이에서 두 명의 아들을 둔 가브리엘은 왕과 정식으로 결혼하고 싶어 했지만, 앙리 4세는 정치적인 이유로 마르그리트와 쉽게 이혼하지 못하는 처지였습니다.

가브리엘이 첫 아이를 낳기 전에 그려진 것으로 추정되는 이 그림은, 앙리 4세에게 이혼을 종용하고 자기와 결혼할 것을 조르려는 의도를 담고 있습니다. 마르그리트에게는 대단히 불쾌한 그림이 아닐 수 없었지요.

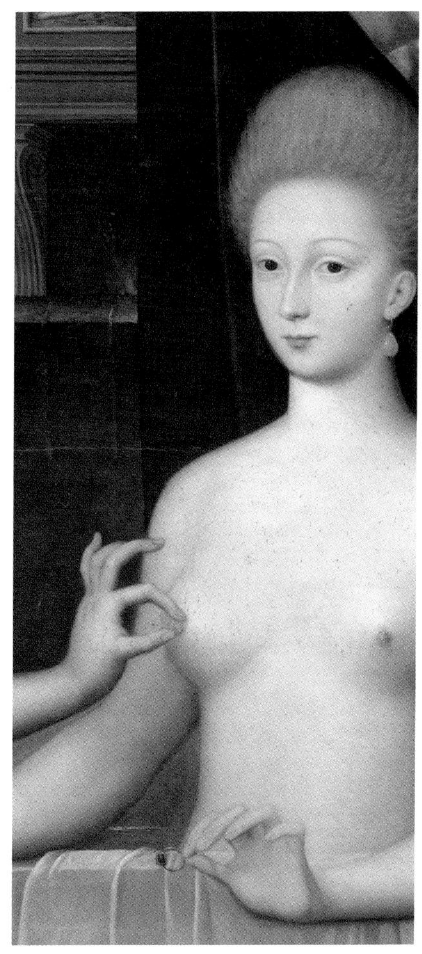

〈가브리엘 데스트레와 그의 자매〉 중 가브리엘이 임신하여 결혼하게 된다는 것을 상징하는 부분.

이 그림이 직접적인 영향을 미쳤다고는 보기 어렵지만, 앙리 4세는 마르그리트와 이혼을 결심하게 됩니다. 그는 과거 영국의 헨리 8세Henry VIII, 1491~1587의 전례를 들어, 왕과의 잠자리를 거부하고 자식을 낳지 못한다는 이유로 마르그리트와 이혼하고 가브리엘을 새 왕비로 들일 계획을 세웁니다. 하지만 그러한 계획이 왕실에 퍼진 얼마 뒤, 가브리엘이 의문의 죽임을 당합니다. 물론 가브리엘을 죽인 사람이 누군지는 쉽게 짐작이 갈 것입니다.

앙리 4세는 가브리엘의 죽음에 큰 충격을 받습니다. 당시 그는 애도의 뜻으로 검은 옷을 입었는데요. 왕이 누군가를 애도하기 위해 검은 옷을 입은 것은 프랑스 역사상 전무후무한 일이었다고 하니, 아마도 앙리 4세는 가브리엘을 진심으로 사랑했었나 봅니다.

〈가브리엘 데스트레와 그의 자매〉 중 나체의 두 여성 뒤로 보이는 바느질하는 하녀.

"그림의 중앙 뒤쪽에 자리하고 있는 하녀를 살펴보자. 그녀가 없었다면, 이 그림은 붉은 커튼 앞으로 너무 나와 있는 두 여성 때문에 자칫 이탈리아식 연극(그 시기 프랑스에서 유행)의 한 장면이라고 착각할 수도 있을 것이다. 하지만 뒤에서 바느질하는 하녀로 인해 그림의 사실감이 드러난다."

한편, 이 그림은 표현 기법이 뛰어나다거나 채색이 수준 높아 보이지 않습니다. 그림이 전반적으로 좀 엉성해 보입니다. 명작이라고 하기에는 아쉬움이 남습니다. 더구나 이 그림이 그려진 시기는 1594년입니다. 다빈치Leonardo da Vinci, 1452~1519가 활동했던 1400년대 말이나 티치아노Tiziano Vecellio,

프랑수아 앙드레 빈센트, 〈앙리 4세와 가브리엘 데스트레의 이별〉, 1783~1785년, 실크(태피스트리), 170×145cm, 포 성 국립박물관(Château de Pau)

1488~1576의 전성기였던 1500년대 초반보다도 무려 100년이나 뒤에 그려졌습니다.

다시 말해 유학까지 가서 선대의 훌륭한 화가들의 화풍을 공부했던 전도유망한 화가의 작품이라고 하기에는 예술적으로 많이 부족해 보입니다. 그 당시 프랑스 화가들이 손과 손가락을 그리는 것을 어려워했다는 미술사적 기록도 뒷받침합니다. 그림 속 여성들의 손 모양이 어째 좀 어색합니다. 아무튼 루브르라고 항상 수준 높은 명화만 전시하는 건 아닌가 봅니다.

정복자 교황의 전리품

자, 드디어 루브르에서 이탈리아 르네상스의 거장 미켈란젤로Michelangelo Buonarroti, 1475~1564의 조각 작품을 만날 시간입니다. 〈죽어가는 노예〉라는 작품인데요. 예전에는 〈빈사(瀕死)의 노예〉라고 불렸던 작품입니다.

루브르의 조각관에는 미켈란젤로가 작업하다가 끝내 완성하지 못한 두 개의 조각상이 있습니다. 하나는 〈묶여 있는 노예〉이고, 다른 하나는 여기서 소개하는 〈죽어가는 노예〉입니다.

이 작품은 전통적인 방식의 조각과는 살짝 다르게 표현되었는데요. 미켈란젤로만의 특징을 엿볼 수 있는 작품이 바로 〈죽어가는 노예〉입니다. 이를테면 정지된 상태에서의 조화로운 정점의 조각이 아니라, 뭔가 뒤틀리고 불편한 듯하면서도 훨씬 인간적인 면모가 느껴지는 작품입니다.

이는 미켈란젤로 조각의 가장 큰 특징이 아닐까 싶습니다. 그런 이유로 루브르에서도 많은 관람객이 이 작품이 발산하는 매력에 시선을 빼앗기곤 합니다.

미켈란젤로 부오나로티, 〈죽어가는 노예〉, 1513~1516년, 대리석, 높이 229cm

〈죽어가는 노예〉 뒷면.

미켈란젤로의 거대한 구상 중에 살아남은 유일한 실체

"이 미완성 조각상은 교황 율리우스 2세의 묘지 기념물의 일부로 계획되었는데, 미켈란젤로의 머릿속에만 있었던 거대한 구상 중에서 살아남은 유일한 실체라고 할 수 있다. 이 노예상과 함께 율리우스 2세의 묘지를 장식하기 위해 계획되었던 조각상들은, 원래 바티칸 성 베드로 성당 안에 전시해 두려 했었지만, 그렇게 되지 못했다. 조각상들의 규모도 처음 미켈란젤로의 구상에 비하면 큰 폭으로 수정 · 축소되었다. 그중 하나인 모세상은 초라한 모습으로 현재 로마의 비콜리 성 베드로 성당에서 보관하고 있다. 한편, 완성되지 못한 채 40여 년 동안 제작이 중간되었던 이 작품 〈죽어가는 노예〉는, 미켈란젤로에게 좌절감과 고통만 남겨준 일생의 숙제나 마찬가지였다."

무소불위의 권력을 휘두르던 교황 율리우스 2세Julius II, 1443~1513는 예술을 진흥시키는 과업이 자신의 소명이라고 믿었던 인물입니다. 심지어 자기가 묻힐 묘지를 하나의 예술 작품으로 남기기 위해 대규모 투자를 계획합니다. 아울러 그 작업을 동시대 최고의 예술가 미켈란젤로에게 맡깁니다. 율리우스 2세는 미켈란젤로에게 의뢰했던 기념상들을 바티칸 성 베드로 성당 안쪽에 두려고 했습니다. 만약 교황의 처음 계획이 이뤄졌다면, 우리는 성 베드로 성당에서 이 기념상들을 감상할 수 있었을 것입니다.

"돌에서 영혼을 깨어나게 한다!"

대리석 같은 고체 덩어리에 살아 있는 영혼을 불어넣는다는 엄청난 생각을 감히 누가 할 수 있었을까요? 이 말은 조각가로서 미켈란젤로가 가졌던 철학이기도 합니다. 미켈란젤로는 자신이 조각가라는 것을 자랑스러워 할 정도로, 조각이라는 예술에 남다른 애정을 품고 있었습니다. 하지만 현실은 종종 이 위대한 예술가를 좌절시켰습니다. 자, 이제 〈죽어가는 노예〉가 미켈란젤로를 왜 그토록 괴롭혔는지 이야기해 보겠습니다.

〈죽어가는 노예〉 측면.

예술에 관심이 지대했던 율리우스 2세의 묘지 프로젝트는 조각 작품 중심의 계획이었기에 조각가로서 자부심이 컸던 미켈란젤로는 기대와 의욕이 넘쳤습니다. 비록 작품 제작 과정에서 교황청의 간섭이 있긴 했지만요.

그런데 이 프로젝트는 시작된 지 얼마 되지 않아 현실적인 문제들에 부딪혀 진행이 지지부진해집니다. 의욕적으로 직접 이 일을 제안했던 율리우스 2세는 1506년경 지원을 중단합니다. 그리고 1513년에 그는 사망합니다. 이 때문에 지금까지의 모든 작업이 수포로 돌아가 버립니다.

미켈란젤로는 어떻게든 이 작품들을 완성하기 위해 자비를 들여가며 고군분투하지만, 교황청으로부터 돌아온 건 구조물의 축소 명령 같은 것들이었습니다. 그나마 다행인 것은 이 계획이 수없이 연기되고 변

경되면서도 〈죽어가는 노예〉만큼은 취소되지 않았다는 것이지요.

훗날 묘지 프로젝트를 위해 제작된 조각 작품들은 부분적으로 팔려 나가게 됩니다. 〈죽어가는 노예〉는 프랑스의 왕 프랑수와 1세François I, 1515~1547가 구입해 루브르에 보관됩니다.

"우리는 인간 영혼을 대표하는 이 작품에서, 조각 자체의 아름다움을 넘어서 고통과 육체의 족쇄로 인해 괴로워하며 죽어가는 인간의 모습을 보게 된다. 아직 완성되지 않은 재료 속의 부분과 완성돼 정돈된 조각의 선은 재료와 예술의 대결을 보여주는 듯하다."

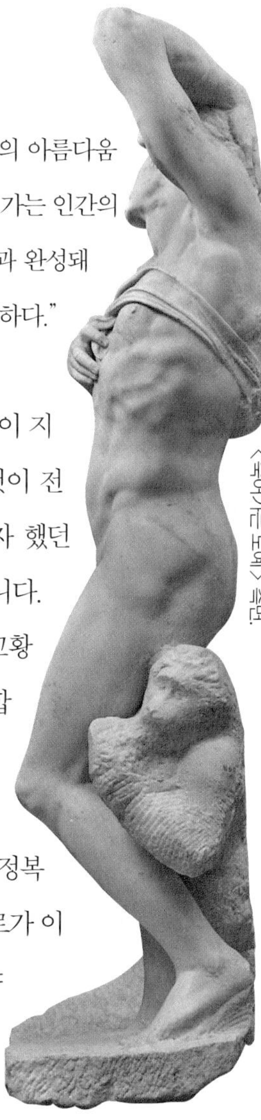

제자 가운데 한 명이 미켈란젤로가 사망한 후 30년이 지나 스승이 들려줬던 애초의 계획을 데생으로 남긴 것이 전해집니다만, 처음에 미켈란젤로 머릿속에 완성하고자 했던 구상과 이 미완성 작품이 얼마나 일치할지는 의문입니다.

미술사가들은 〈죽어가는 노예〉를 가리켜, 교황이 교황령을 받들어 정복한 영토를 상징하는 것으로 해석합니다. 조금 어려운 말로 '식민지의 알레고리'라고 할 수 있겠습니다.

바꿔 생각해 보면, 〈죽어가는 노예〉는 교황 스스로 정복자임을 자처하게 하는 상징물로 읽힙니다. 미켈란젤로가 이 조각상에 묘사한 빈사 상태 '노예'의 표정과 몸짓이야말로, 그 당시 권력의 '노예'가 된 교회의 자화상이 아니었을까요?

〈죽어가는 노예〉 측면.

'조각 같은 미모'의 기원

"이 대리석 흉상은 로마 황제 하드리아누스재위 117~138년가 총애했던 안티누스의 조각을 부분 카피한 18세기 작자 미상의 작품으로, 1793년 이래 계속 루브르 고대관에 자리하고 있다."

〈안티누스의 흉상〉을 보고 있으면, '조각 같은 미모'라는 말이 이 작품을 두고 생겨났구나 싶습니다. 루브르에서 이 조각상의 미모에 마음을 빼앗겨 한동안 멍하니 서 있었던 기억이 납니다.

미술사를 살펴보면, 고대 그리스에서는 이상적인 아름다움을 예술의 궁극적인 목표로 삼았습니다. 이러한 경향은 특히 조각 미술에서 두드러지게 나타나는데요. 근대 이후 예술 작품들이 작가의 개성과 창의성을 바탕으로 하는 것과는 그 방향과 도착점이 명백하게 달랐습니다.

이 작품의 주인공이 된 인물을 소개하자면, 로마 황제 하드리아누스Pablius Aelius Hadrianus, 76~138와의 '관계로 유명한' 비티니아(Bithynia, 지금의 터키 지방)

작자 미상, 〈안티누스의 흉상〉,
18세기경, 대리석, 높이 74cm

여러 각도에서 본 〈안티누스의 흉상〉

출신의 청년 안티누스Antinous, ?~130입니다. '관계로 유명하다'는 것은, 그가 황제의 동성애인이었다는 뜻입니다.

청년을 사랑했던 황제

시리아에서 즉위한 하드리아누스는 로마 본토의 원로원과 처음부터 사이가 좋지 못했습니다. 그가 5현제(로마제국의 전성시대에 연이어 왕위에 오른 다섯 명의 황제) 대열에 끼어 있는 것은, 재임하는 동안 외세로부터 로마의 방위를 단단하게 구축했던 치적을 인정받은 데 기인합니다. 하지만 하드리아누스의 공과 과에 대해서는 그가 살았던 시대부터 논란이 많았다고 전해집니다.

50대에 가까운 하드리아누스는, 스무 살도 안 된 어린 청년 안티누스를

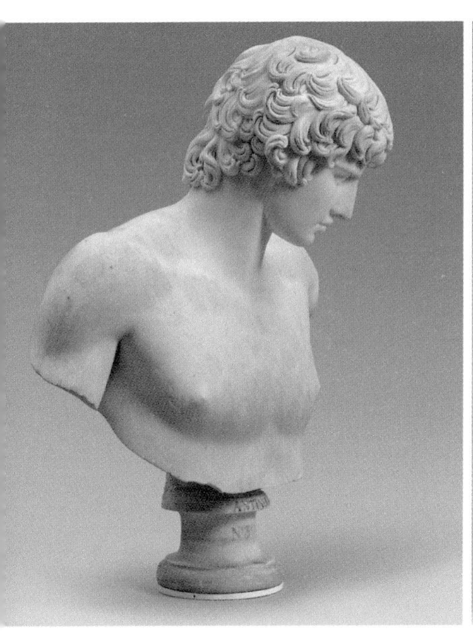

늘 곁에 두고 있었습니다. 원로원은 두 사람의 관계를 공개적으로 비난했습니다. 여기서 우리는 두 가지 사실을 추론해 볼 수 있습니다. 첫째, 동성애가 황제이기 때문에 비난받을 수는 있어도 제도적으로 용납되었다는 것입니다. 둘째, 아무리 황제의 지위에 있다 해도 비판할 수 있는 언로(言路)가 열려 있었다는 것입니다.

"비티니아 태생의 그리스계였던 안티누스는 그 말 많았던 황제와의 관계 속에서 열여덟 살에 나일 강에서 의문의 익사체로 발견된다. 그것이 자살이었는지 타살이었는지 밝혀지지 않은 가운데, 황제 하드리아누스는 의문사한 자신의 애인을 신격화해 신전에 그의 석상을 세우도록 명령한다. 곧이어 안티누스의 석상과 동상들이 로마제국 각지에 세워졌다. 그리고 훗날 안티누스의 얼굴은 고대 그리스 조각 예술을 대표하는 모습으로 남겨진다."

5현제, 즉 로마제국 초기 가장 현명한 군주로 꼽히는 다섯 명의 황제들은, 왕권을 자신의 아들에게 물려주지 않았습니다. 즉, 다섯 명의 황제 중에 단 한 사람만 빼고 모두 후계자를 외부에서 뽑아옵니다. 그 때문에 동성애자 황제였던 하드리아누스도 자연스럽게 안티누스를 가까이했던 게 가능했던 것입니다.

한편, 황제 하드리아누스가 죽은 안티누스를 신격화했다는 것은, 안티누스 자체를 신격화했다는 뜻은 아닙니다. 하드리아누스가 아무리 사랑에 눈이 멀었어도 그래도 명색이 5현제 중 한 사람인데, 어린 동성애인에 대한 절절한 사랑 표현으로 신격화까지 하진 않았겠지요. '안티누스의 아름다움으로 신을 표현하라'라는 정도로 이해하면 되겠습니다.

이상적인 아름다움의 상징이 된 조각상

루브르가 소장하고 있는 이 흉상의 원본은 아마도 바티칸박물관이 보유하고 있는 〈바쿠스의 모습을 한 안티누스 상〉과 같은 전신상이었을 것입니다. 모범이 되는 앞 시대의 조각상을 새로 복제하듯 만든다는 것은, 조각 예술에서 오랫동안 이어져 온 관행이었습니다.

하지만 원본 모델이라고 하는 바티칸박물관의 석상도 안티누스의 실제 모습하고는 차이가 있었을 것입니다. 앞에서도 말씀드렸듯이 그 당시 조각 예술의 지향점은 모델을 있는 그대로 제작하는 게 아니라, 이상적인 아름다움을 추구하는 것이었으니까요. 특히 안티누스처럼 조각상의 모델이 신격화의 대상이 되면, 조각상과 실제 모델의 모습은 더욱 멀어질 수밖에 없게 되지요.

바티칸박물관의 〈바쿠스의 모습을 한 안티누스 상〉

혹시 미술학원에서 데생의 모델을 위해 제작된 아폴로와 줄리앙, 바쿠스의 조각상을 본 적이 있습니까? 고대 그리스 신화에 등장하는 이들의 얼굴은 모두 엇비슷해 보입니다. 그 당시에는 이상적인 아름다움을 살리면 그만이었기 때문에 모델 각각의 본질을 묘사하는 노력은 무시될 수밖에 없었습니다. 이처럼 고대 그리스 미술에서 가장 중요했던 것은 조화, 균형 그리고 절대적인 미였습니다.

실제로 안티누스의 외모가 루브르에 전시된 그의 흉상처럼 정말로 출중했는지는 밝혀진 바가 없습니다. 젊은 안티누스가 황제의 동성애인이었기 때문에 외모도 수려하지 않았을까 하고 생각해 볼 수도 있겠지만, 미술사적으로는 근거 없는 추측이라 하겠습니다.

철학자를 닮고 싶었던 어느 로마 황제의 초상

〈안티누스의 흉상〉(161쪽)을 살펴보면서 로마 황제 하드리아누스Pablius Aelius Hadrianus, 76~138의 모습을 궁금해하는 분들이 있을 것 같아, 루브르에 소장된 〈하드리아누스의 흉상〉을 이어 소개하도록 하겠습니다.

> "로마제국 시절, 황제의 흉상이나 전신상은 모든 공공장소에 세워지는 것이 보통이었다. 이것은 황제의 권력과 권위를 일상 속에서 강조하기 위함이었다. 루브르가 소장한 이 〈하드리아누스의 흉상〉만큼 황제가 자신의 모습을 있는 그대로 묘사하도록 한 조각상은 없었다. 훗날 이 작품은 로마 시대 인물 조각의 모범이 되었다."

바늘 가는 데 실 가듯이 그리스와 로마는 언제나 한 묶음으로 소개되곤 합니다. '그리스 · 로마 신화'를 봐도 그렇습니다. 그래서인지 그리스와 로마는 각각의 문화가 별로 차이도 없고 거기서 거기인 것 같이 생각됩니다.

작자 미상, 〈하드리아누스의 흉상〉,
130년경(기원후 117년 키레네 아폴론 사원에서 발견),
대리석, 높이 64cm

로마 시대 인물 조각의 모범이 되다

하지만 몇 가지 측면에서 두 문화는 확실한 차이가 있습니다. 특히 조각 예술에는 각각의 특징이 두드러지게 나타납니다. 그리스가 작품의 대상을 이상화하고 조화롭고 모범적인 이미지를 강조한다면, 로마는 그리스보다 훨씬 사실적입니다. 이를테면 로마의 조각상들은 작품으로 구현된 모델의 개성을 살리는 데 초점이 맞춰집니다. 고대 로마 시대 조각상들 가운데 그리스의 것들을 카피한 작품들을 제외하면, 인물의 개성이 사실적으로 묘사된 것들이 많습니다.

> "이 흉상의 얼굴을 자세히 관찰해 보자. 수염과 헤어스타일은 황제를 흡사 그리스인으로 보이도록 묘사했다. 그리스 고대 문명의 팬이었던 하드리아누스는 자기 자신이 그리스 고대 철학자들과 비슷하게 보이기를 원했다. 거기에 더해 이 조각에는 그리스 조각가가 전통적인 방식을 좇아 만들었다는 증거들이 있다."

〈하드리아누스의 흉상〉은 로마풍의 조각에서 조금 벗어나 있습니다. 그리스 철학자를 닮고 싶은 하드리아누스 본인의 욕망이 작품에 반영되었기 때문입니다. 하지만 그렇다고 하더라도 하드리아누스의 실제 모습을 완전히 무시해서 제작된 건 아닙니다. 루브르에서 설명했듯이, 황제가 자신의 모습을 있는 그대로 묘사하도록 했습니다. 그래서 미술사에서는 이 작품을 가리켜 "고대 로마 시대 조각상의 모범"이라고 평가하는 것입니다. 루브르의 해설을 좀 더 읽어보겠습니다.

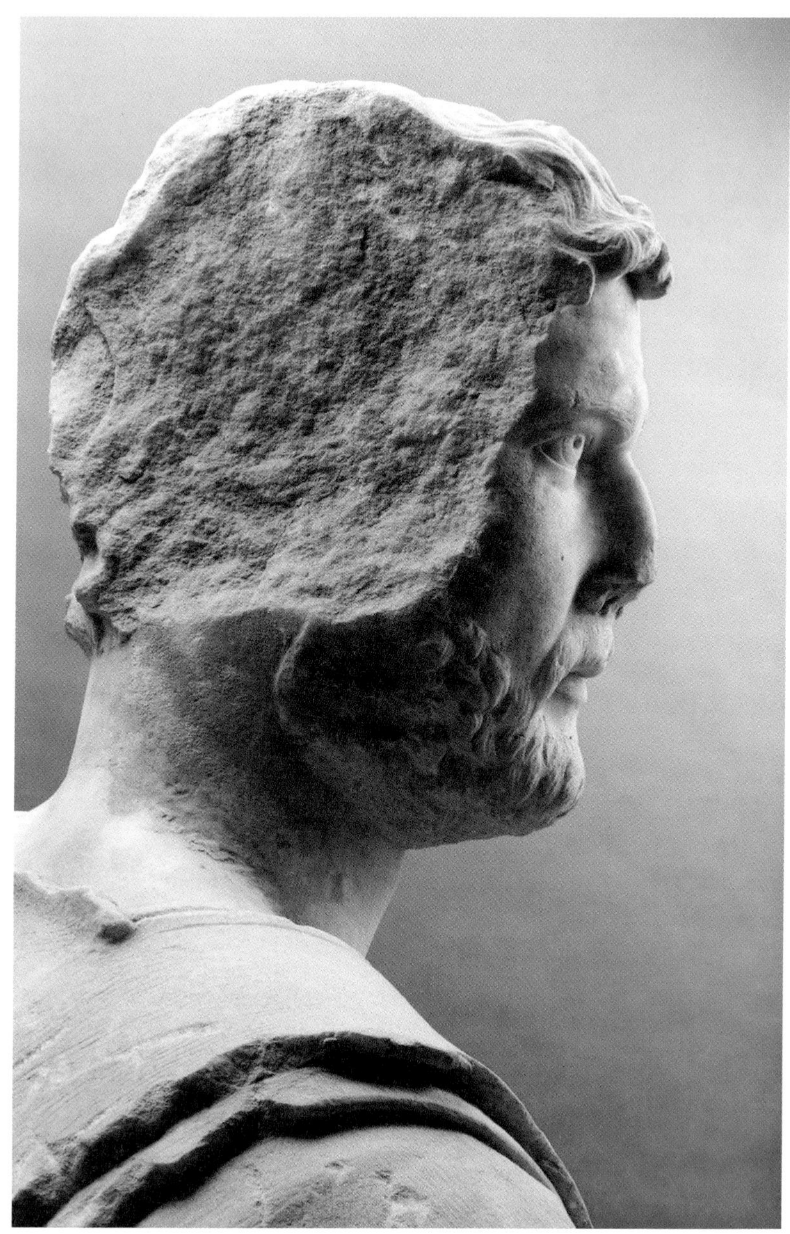

〈하드리아누스의 흉상〉 측면. 오른쪽 머리 일부와 뺨과 귀가 없다.

"하지만 눈의 묘사는 전형적인 로마풍 조각상의 모습이다. 살짝 찡그린 눈썹 아래 눈동자 부분에 파진 구멍은 흉상의 시선이 마치 살아 있는 것처럼 보이는데, 이는 로마 시대 조각 기법의 전범이 되었다. 이러한 선구적 표현 기법으로 〈하드리아누스의 흉상〉은 자연스럽게 로마 시대 조각 예술의 정점에 올랐다는 평가를 받는다."

이 조각 작품에 대한 루브르의 평가는 다소 후하다는 느낌입니다. 루브르의 의견에 반드시 동의할 필요는 없습니다. 예술적 감상은 저마다 다를 수 있기 때문입니다. 개인적인 생각으로는 '정점에 오른 것이 이거다'라고 할 수 있을 만큼 이 조각상이 전반적으로 뛰어나다고 보기 힘듭니다. 다만, 눈가의 표현이 하드리아누스의 성격을 사실적으로 드러낸다는 루브르의 해석은 수긍이 갑니다. 실제로 루브르에서 이 조각상을 봤을 때 마치 살아 있는 사람과 마주하는 것과 같은 느낌을 받았기 때문입니다. 조각상이 군데군데 훼손되긴 했지만, 하드리아누스의 성향을 느끼는 데는 큰 지장이 없었습니다.

미술관에서 인문학과 조우하는 즐거움

아무리 루브르를 제집 드나들 듯이 자주 찾아간다 해도, 이처럼 거대한 박물관에 소장된 예술 작품 중 몇 퍼센트나 제대로 알게 될까요? 거대한 루브르 안에서는 길을 잃고 헤매는 관람객들로 넘쳐나는데 말입니다. 특히 조각상은 그 작품이 그 작품 같아 변별력을 잃는 경우가 참 많습니다. 실제로 조각상들을 그냥 지나치지 않고 그 앞에서 '어디선가 본 것 같은 데……' 정도만 느끼기도 결코 쉽지 않은 일입니다.

작자 미상, 〈하드리아누스 두상〉, 125~150년경, 청동, 높이 42cm

조각상을 오랫동안 기억하는 가장 좋은 방법 하나 알려 드릴까요? 무엇보다 조각상들의 특징을 한 가지씩 포착해서 기억해 두는 것입니다. 〈하드리아누스의 흉상〉의 경우에는 단연 눈 부위가 되겠지요. 이 작품에 대한 루브르의 해설대로 "찡그린 눈썹 아래 눈동자 부분에 파진 구멍"을 포착해 〈하드리아누스의 흉상〉의 트레이드마크로 삼는 것입니다. 그런 식으로 작품들이 눈에 들어오기 시작하면 그다음에는 '도대체 이 조각상이 무엇을 얘기하려는 거지?'라며 작품 앞에 서 있는 스스로에게 질문을 던져 보길 권합니다. 그런 질문이 꼬리에 꼬리를 물고 이어지기 시작하면 하나의 작품을 통해서 역사와 예술, 심지어 철학까지 만나는 경험을 하게 됩니다. 드디어 미술관에서 인문학과 조우하게 되는 것이지요.

권력을 그린 화가

파리로 여행을 와 루브르를 들르게 되면 순간 마음에 여유가 싹 사라집니다. '언제 다시 오게 될지 모르는 파리인데, 루브르인데, 어마어마하게 걸려있는 이 그림들을 언제 다 보나……' 그렇다고 온종일 루브르만 관람할 수도 없는 노릇입니다. 제한된 시간 안에 아쉽지 않은 방문을 하려면 〈모나리자〉(41쪽)와 〈밀로의 비너스〉 〈사모트라케의 승리의 여신상〉(69쪽) 등등 유명한 작품들이 있는 곳부터 찾아갑니다.

그런데 책에서 봤던 익숙한 작품들이 잘 있는지 짧게 '확인'하고 나면 이제부터 뭘 봐야 할지 오히려 더 고민이 됩니다. 보통은 그런 경우 루브르의 세 구역 중 하나인 드농관 1층에 있는 프랑스 대형 회화관을 찾게 됩니다. 그곳에는 〈메두사 호의 뗏목〉(125쪽) 〈민중을 이끄는 자유의 여신〉(185쪽) 〈나폴레옹 대관식〉 등 고개를 뒤로 젖히고 한참을 쳐다봐야 하는 대작들이 갤러리의 벽을 빼곡하게 메우고 있습니다. 엄청난 크기의 대작들이 걸려 있는 방들을 오가다 보면, 지금 루브르에 와 있음을 드디어 실감하게 됩니다.

앙투안 장 그로, 〈아일라우 전투의 나폴레옹〉, 1807년, 캔버스에 유채, 521×784cm

어디까지가 리얼리즘일까?

그 대작들 가운데 하나를 골라 감상해 보도록 하겠습니다. 프랑스에 왔으니 나폴레옹Napoleon Bonaparte, 1769~1821이 등장하는 그림 하나 정도는 봐 줘야겠지요. 여기서 소개하는 그림은, 프랑스 낭만주의 화가 앙투안 장 그로Antoine-Jean Baron de Gros, 1771~1835가 그린 〈아일라우 전투의 나폴레옹〉입니다.

> "이 그림은 1807년 2월 9일에 있었던 리투아니아의 아일라우 전투에서, 러시아와 프러시아를 상대로 승리했던 역사를 기념하기 위해 정부가 주문해 그려진 작품이다. 전투가 있었던 다음날 전장을 찾은 나폴레옹이 장군과 의사에 둘러싸여 있는 모습이다."

정부의 주문이라고 하는데, 이 그림은 몇 가지 조건이 붙은 공모전에서 수상작으로 뽑혔던 그림이라는 게 더 정확합니다. 당시 스물다섯 명의 응시자 중에 뽑힌 그로는 나폴레옹의 전속화가이다시피 했던 다비드Jacques Louis David, 1748~1825가 가장 아끼는 제자이기도 했습니다.

그로는 이미 1799년 시리아 정벌에 나섰던 나폴레옹의 행적을 대형 화폭으로 완성해서 주인공 나폴레옹은 물론 세상 사람들에게 자신의 이름을 알렸습니다(〈자파의 페스트 격리소를 방문한 보나파르트〉). 이 그림은 페스트가 번지면서 정벌을 포기하고 돌아가야 했던 나폴레옹이 병사들의 상태를 살피기 위해 전장을 찾은 장면을 그린 것입니다. 그림에서 나폴레옹은 환자의 몸에 손을 얹고 위로하는데, 화가는 그 모습을 마치 예수처럼 묘사했습니다.

앙투안 장 그로, 〈자파의 페스트 격리소를 방문한 보나파르트〉, 1804년, 캔버스에 유채, 715×523cm

"관람객들은 〈아일라우 전투의 나폴레옹〉에서 가장 먼저 바닥에 쓰러진 시체들에 시선을 빼앗긴다. 그런 다음 나폴레옹의 얼굴을 보게 된다. 그림 속 나폴레옹은 희생자들의 고통에 슬픔을 느끼는 듯 얼굴이 창백하다. 심지어 리투아니아 병사들의 호소를 들어주고 자신에게 가까이 오도록 허락하는 모습이 퍽 이상적이다. 화가는 나폴레옹의 인간적인 행동을 통해 혁명의 가치를 보여주고자 했다."

〈아일라우 전투의 나폴레옹〉 중 리투아니아 병사들의 호소를 들어주는 나폴레옹(왼쪽)과 바닥에 쌓인 주검들(위쪽).

하지만 실제로 아일라우 전투에서 나폴레옹의 부대는 예상과 다르게 엄청나게 고전했던 게 사실입니다. 심지어 많은 사람이 프랑스의 승리라고 보기 어렵다고 이야기합니다. 그리고 잘 알려진 대로 프랑스는 몇 년 뒤 러시아 원정에 실패하고, 그로 인해 나폴레옹정권은 실각하고 맙니다. 아일라우 전투는 오랜 기간 전쟁이 계속됨으로서 병사들을 지치게 하는 단초가 됩니다. 그래서일까요? 승리 자체보다는 나폴레옹의 인간적인 면을 강조함으로서 제국 신민들의 결속력을 다지려고 이 그림을 기획했는지도 모릅니다. 하지만 루브르의 설명은 다릅니다. 프랑스 국민들에게 여전히 나폴레옹은 영웅인 걸까요?

> "프랑스 회화에서 이 그림만큼 정확하고 자세하게 전쟁을 묘사한 작품은 없었다. 이 그림이야말로 리얼리즘의 모범이었다. 여기에 표현된 진심과 감동이야말로 전쟁을 겪었던 이들의 마음을 울리기에 충분했다. 1808년 살롱에서 이 그림은 열렬한 환영을 받았고, 나폴레옹은 직접 화가의 가슴에 레지옹 도뇌르 훈장을 달아주며 감사의 뜻을 표했다."

정치적으로 이용된 대작들

자, 나폴레옹에서 잠시 눈을 돌려 다른 부분들을 살펴보도록 하겠습니다. 이 그림의 공모 조건은 전장을 찾은 나폴레옹이 희생자에 대한 연민을 표현하는 것과 희생자들에 대한 사실적인 묘사, 그리고 병사들의 활약을 동시에 담는 것이었습니다. 우리가 보고 있는 병사들은 정부의 주문대로 묘사된 것입니다.

이 그림에 등장하는 인물들을 살펴보면 볼수록, 작품 자체가 꽤 정치적이라는 혐의를 지울 수 없습니다. 그로의 스승 다비드가 그린 그 유명한 〈생 베르나르 고개를 넘는 나폴레옹〉(140쪽)도 이 그림과 같은 맥락으로 읽힙니다. 정치적으로 이용된 예술 작품은, 그것이 루브르 같은 곳에 걸린 대작이라 하더라도, 뒷맛이 개운하지만은 않은 건 비단 저만의 느낌일까요?

이집트에서 발굴된 죽은 여인의 초상화

이집트 문명하면 가장 먼저 떠오르는 것이 있지요. 바로 거대한 피라미드입니다. 고대 이집트인은 죽어서 시체가 썩어 없어지지 않고 공물(供物)을 받을 수 있다면, 저승에서 또 다른 삶을 이어갈 수 있다고 믿었습니다. 시체가 썩지 않도록 미라로 처리해 금은보화와 함께 피라미드에 안장시켰던 장례문화는, 이집트인의 이러한 신앙관에서 비롯합니다.

여기 소개하는 초상화는 서기 150년경에 이집트에서 그려진 것으로 추정됩니다. 편편한 나무에 그려진 이 초상화는, 시신과 함께 땅에 묻히기 위해 제작되었습니다. 이 그림은 원래 관 속 미라 얼굴 쪽에 붙어 있었습니다. 보통 알려진 바로는 미라의 가면은 황금으로 제작됩니다. 투탕카멘의 황금가면처럼 말이지요. 하지만 이것은 황금이 아니라 나무에 채색된 '그림'입니다. 보통 이집트 '파윰'이라는 지역에서 발견된다고 해서 '파윰의 초상화'로 불립니다. 생생하게 묘사된 모델의 둥근 눈과 선명한 피부색 등을 근거로 이 그림을 '유럽 여인'이라고 부릅니다.

작자 미상,
〈여인의 초상(유럽 여인)〉,
120~150년경,
나무에 왁스와 황금,
42×24cm

고대 이집트인들의 사후세계에 대한 믿음

"클레오파트라의 죽음 이후 이집트는 로마제국의 변방이 됐다. 정치적 격변으로 문화까지 큰 영향을 받았는데, 장례문화도 예외일 수 없었다. 특히 파라오의 장례 방식이었던 미라 제작을 비롯한 여러 관습이 대중화되었다. 이 그림 〈유럽 여인〉은 일종의 '민주화'라고도 할 수 있는 장례문화의 대중화를 방증한다."

나일 강 유역을 중심으로 수천 년에 걸쳐 이어져 온 이집트 문명은, 클레오파트라Cleopatra, BC69~BC30 왕권이 옥타비아누스Octavianus Gaius Julius Caesar, BC63~14가 이끌던 로마에 멸망하면서 식민지가 됩니다. 로마는 식민지를 효과적으로 통치하기 위해 많은 자국민을 이집트로 이주시켜 그곳의 지배층으

작자 미상, 〈미라의 초상〉, 125~149년경, 나무와 린넨, 158×30cm

로 자리 잡게 하지요. 이는 곧 로마 문화와 이집트 문명이 서로 융합하는 계기가 됩니다.

"예수 시절, 오직 한 사람만을 위해 그린 초상화"

고대 로마제국 시대 이후 수백 년이 흘러 또 다른 제국주의가 전 세계를 강타하던 19세기경, 유럽인들은 식민지 문화재의 도굴과 약탈을 일삼았는데, 그때 〈유럽 여인〉도 처음 발굴됩니다. 발굴 당시 이 그림은, 황금가면을 꿈꾸던 유럽인들에게는 관심을 끌지 못했습니다. 1951년 루브르가 이탈리아의 골동품상에게 이 그림을 사들일 때도 여전히 그랬지요.

찬밥 신세였던 이 그림이 세간의 관심을 끈 것은 지금으로부터 얼마 되지 않아서입니다. 20세기 말에 이 그림에 대한 전시 홍보 문구가 큰 반향

〈여인의 초상〉과 비슷한 형태의 초상화가 붙어 있는 미라. 이 미라를 통해 〈여인의 초상〉이 원래 어떤 모습이었는지 유추해 볼 수 있다.

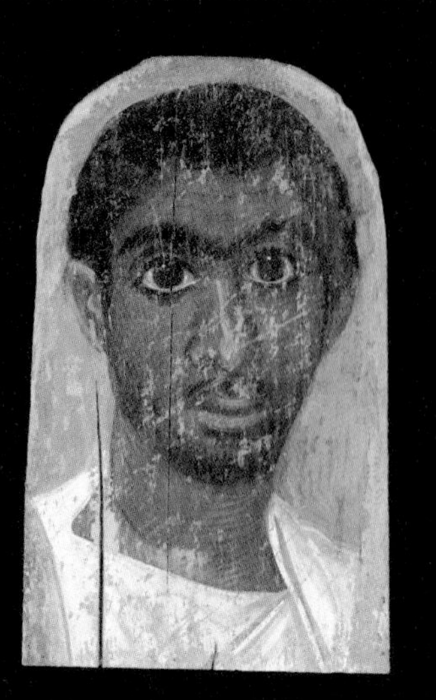

작자 미상, 〈미라의 초상〉, 250년경, 나무에 왁스와 안료, 30×18cm
작자 미상, 〈미라의 초상〉, 138~161년경, 나무에 왁스와 안료, 37×17cm
작자 미상, 〈미라의 초상〉, 117~138년경, 나무에 왁스와 안료, 33×20cm
루브르가 소장하고 있는 파윰의 초상화(fayum mummy portraits).

을 일으켰는데요. 바로 "예수 시절, 오직 한 사람만을 위해 그린 초상화"라는 문구였습니다. 초상화의 주인공은 클레오파 트라 같은 권력가도, 예수와 같은 신의 경지에 오른 선지자도 아닌, 지극히 평범한 사람입니다. 그림이 그려진 시대와 장소가 고대 이집트라는 사실이 믿기지 않습니다.

"이 그림은 그리스에서 이민 온 중산층 계급이 주문한 것으로 추정된다. 죽은 자를 미라로 만드는 이집트 장례문화를 기반으로, 채색의 기법이나 표현 방식은 그리스 · 로마의 전통을 따르고 있다. 보통은 프로필(초상화를 그릴 때 옆모습을 표현하는 것)로 제작되던 초상화가 정면을 묘사하는 것도 이집트에서는 새로운 시도였다. 이 그림은 새로운 물감을 사용해 모델을 훨씬 더 생생하고 화려하게 묘사했는데, 원래 이집트인의 얼굴을 장식했던 가면보다 더 인간에 가깝게 느껴진다."

고대 이집트에서 미라로 봉인돼 황금가면 및 부장품들과 함께 피라미드 지하에 묻힌다는 것은 지배 계급만의 특권이었습니다. 사후세계를 믿는 이집트인들에게는 그들의 장례문화가 하나의 종교의식이었지요. 하지만 로마 식민지 이후 계급에 상관없이 능력만 있으면 누구나 미라로 봉인돼는 장례문화를 누리게 됩니다. 초상화가 황금가면을 대신하는 등 화려한 장례의식도 대중화되고 보편화됩니다.

"매혹적이고 우수에 어린 눈빛을 묘사한 섬세함만으로도 이 그림은 훌륭하다. 큰 에메랄드 장신구와 진주 귀고리, 그리고 무엇보다 목을 감싼 금색 천이 시선을 잡아끈다. 금색 천으로 목을 감싼 부분은 수의를 표현한 것으로 보인다. 숙련된 솜씨로 묘사된 얼굴의 채색 역시 일부분이지만 금색 물감이 사용됐다. 이집트에서 '금'은 영원불멸과 부활을 상징하는 보물이었다."

루브르에서 유리장 속에 있는 이 그림을 처음 봤을 때 섬뜩했던 기억이 납니다. 죽은 자를 그렸다는 선입견 때문이었지요. 하지만 수천 년 전 사람을, 그것도 어쩌면 (그들의 믿음대로) 사후세계에 살고 있는지도 모르는 사람을 목도하고 있다고 생각하니 전율이 느껴집니다.

오랫동안 잊혔다가 우리에게 다시 돌아온 '유럽 여인'의 새로운 탄생을 축하합니다.

'정신적 생존권'을 위하여

인간에게 있어서 가장 중요한 가치는 무엇일까요? 단연 생명이겠지요. 일단 살아 있어야 사랑도 정치도 학문도 예술도 또 그 무엇도 할 수 있으니까요. 그런데 생명에는 우리가 일반적으로 생각하는 육체적 생명 말고도 중요한 게 또 있는데요. 바로 정신적 생명입니다.

"1830년 7월 2일 당시 프랑스의 왕 샤를 10세Charles X, 1757~1836는 출판과 표현의 자유를 포함한 시민의 권리를 제한하는 명령을 발표한다. 정부 정책에 반대하는 혼란을 막겠다고 내린 이 결정은, 7월 27일부터 29일까지 계속되는 격렬한 저항을 불러일으켰다. 우리는 이것을 '7월혁명'이라고 부른다. 민중의 봉기는 샤를 10세를 왕위에서 끌어내리고, 대신 입헌군주제로 체제를 바꿔 프랑스에서 왕정이 사라지게 하였다."

외젠 들라크루아, <민중을 이끄는 자유의 여신>, 1830년, 캔버스에 유채, 260×325cm

생각의 자유를 실현하는 가장 기본 수단

1789년 7월에 있었던 프랑스혁명으로부터 약 50년 뒤인 1830년 같은 7월에 엄청난 혁명이 프랑스에서 다시 발발하는데요. 바로 '7월혁명'입니다. 프랑스에는 이들 역사적인 사건을 기억하는 여러 기념물과 상징물이 보존되고 있는데요. 파리 바스티유 광장에 있는 기념탑이 대표적이고, 들라크루아Eugène Delacroix, 1798~1863가 그린 〈민중을 이끄는 자유의 여신〉 역시 그중 하나입니다. 이 그림에 담긴 역사적 함의를 살펴보건대, 그림 속 주인공인 여신은 프랑스공화국을 상징합니다.

> "1830년에 일어난 '7월혁명'을 묘사한 이 유명한 그림을 통해서 들라크루아는, 그만의 강렬하고 독특한 이미지를 우리에게 전해준다. 이 그림은 사람들로 하여금 자유를 향해 행진하는 것 같은 집단적인 소속감, 즉 연대감을 느끼게 한다."

'7월혁명'은, 출판과 언론의 자유에 대한 억압에서 비롯합니다. 출판과 언론의 자유를 통칭하는 말로 '표현의 자유'가 회자됩니다. 여기에는 출판과 언론 이외에 집회와 시위도 포함합니다. 아울러 창작이나 예술의 자유도 표현의 자유의 중요한 부분을 차지합니다.

그런데 표현의 자유가 먹고 사는 문제, 즉 생존과 직결되는 것도 아닌데, 이렇게 목숨 걸고 들고 일어날 필요까지 있었을까요? 경우에 따라 이렇게 의문을 제기하는 사람도 있습니다. 여러분은 어떻게 생각하십니까?

표현의 자유는 인간 본연의 기본권, 즉 '천부인권(天賦人權)'입니다. '하늘이 내려준 권리'라는 의미로, 인간으로 태어남과 동시에 자연스럽게 갖게 되는 권리이지요.

표현의 자유를 가리켜 '정신적 생존권'을 지키기 위한 가장 중요한 수단이라고도 하는데요. 백성이 세상의 주인임을 뜻하는 민주주의를 실현하기 위해 반드시 없어서는 안 될 가치가 바로 표현의 자유입니다.

모리스 보렐, <프리지안 모자를 쓴 마리안느 메달>, 1800~1900년, 구리, 직경 4cm

수많은 인격체가 모여 공동체를 이루는 세상에는 무엇이 옳은 가치인지 딱 정해진 게 없는 경우가 참 많습니다. 이를테면 정의(正義)에 대한 생각은 사람마다 다를 수 있습니다. 그 다름을 존중하면서 공동의 선을 찾아 나가는 것이 바로 민주주의인데요. 그 과정에서 사람들이 저마다 자신의 생각을 자유롭게 표현할 수 있어야 합니다. 다시 말해 표현의 자유는 생각(사상)의 자유를 실현하는 가장 기본이 되는 수단입니다.

정치나 종교적 신념, 예술과 학문의 자유, 양심과 도덕 등이 국가나 국왕의 권력으로 인해 심각하게 억압을 받는 세상에서는 인간다운 삶을 영위할 수가 없습니다. 사람이 눈 감고 귀 닫고 입 막고 밥만 먹으며 살 순 없지 않을까요?

들라크루아식 '표현의 자유'

표현의 자유 이야기를 하다 보니 저도 모르게 말이 길어졌습니다. 표현의 자유를 조금 과하게(!) 누렸나 봅니다. 다시 그림을 살펴보겠습니다.

〈민중을 이끄는 자유의 여신〉에서 자유의 여신과 권총 두 자루를 들고 있는 소년.

"자유의 여신은 급진파 혁명운동의 상징인 프리지안 모자를 쓰고 공화국의 상징인 삼색기를 들고 있다. 여신의 옆에 두 자루의 권총을 쥔 소년은 당시 프랑스 대학생들이 착용하던 학생용 베레모를 썼다. 그리고 왼쪽에 칼을 쥐고 당당하게 작업복을 입은 채 뛰어오는 노동자는 머리에 루이 필립을 상징하는 장식을 붙였다."

그림에서 세련된 정장을 입고 어울리지 않게 대열에 서 있는 사람은 들라크루아 본인으로 알려져 있습니다. 비록 혁명의 대열에 동참하지는 않았으나 자신의 주장을 이렇게 표현한 것이지요. 19세기를 살던 한 열혈

〈민중을 이끄는 자유의 여신〉 중 멀리 보이는 노트르담 성당,
칼을 든 남자(노동자)와 총을 든 남자(들라크루아).

예술가의 '표현의 자유'가 숭고하게 와 닿습니다.

루브르는 1999년경 일본에서 이 그림의 전시회를 허락한 것에 반해, 2014년 중국에서의 전시 요청은 거절했습니다. 표면상으로는 작품 손상을 우려해서 거절한 것이라고 하지만, 글쎄요. 천안문 사태 등 현대 민주주의의 씻을 수 없는 오점을 남긴 중국정부를 향한 프랑스의 항의표시라는 외신도 전해집니다.

루브르에서 놓치기 쉬운 '숨겨진 명작'

여름 휴가철만 되면 루브르는 말 그대로 인산인해를 이룹니다. 전 세계에서 몰려든 관람객들로 미어지지요. 〈모나리자〉(41쪽) 같은 유명 작품이라도 보려면, 수많은 인파를 헤집고 그림 가까이에 다가가더라도 뒷사람들을 생각하면 그 앞에서 잠시 서 있기조차 곤란해지지요. 아무튼 이때 루브르에서 차분하게 그림을 감상하겠다는 계획은 수정이 불가피합니다.

하지만 루브르에는 〈모나리자〉 같은 인기 있는 작품보다 관람객이 몰리지 않는, 이를테면 '숨겨진 명작들'이 더 많습니다. 여기서 소개하는 〈체르베테리 부부의 관〉이 바로 그런 것 중 하나이지요. 이 유물 앞이라면 사람들에 치이지 않고도 찬찬히 작품을 음미하면서, 그것이 주는 삶의 교훈까지 되새겨 볼 수 있습니다.

작자 미상, 〈체르베테리 부부의 관〉, BC520~BC510년경, 테라코타, 높이 111cm

고대 로마제국의 원류가 됐던 왕국

"이 조각상은 테라코타로 제작된 에트루리아의 희귀한 장례문화이자 예술이다. 에트루리아인들은 장례 의식에 주로 흙을 재료로 이용했다. 이 조각상은 단순하지만 생동감 있는 묘사로 놀라움을 준다. 이 작품에서 가장 주목해 볼 부분은 남녀가 서로 동등한 높이라는 점이다."

이 조각상은 '에트루리아'라는 고대 왕국의 문화유산입니다. 에트루리아는, 고대 최대 제국으로 성장하는 로마가 도시국가 시절에 지배를 받았던 이웃 나라입니다. 아직까지 모든 것이 어설펐던 로마를 힘으로 누르다가 도리어 로마에 멸망당하지요. 하지만 로마는 초기에 건축 · 예술 · 법률 · 행정 등 문화와 제도를 에트루리아로부터 배우고 차용하면서 성장할 수 있었습니다. 에트루리아는 많은 부분에서 로마의 원류를

〈체르베테리 부부의 관〉 중 아내와 남편, 부부의 발 부분도.

이룹니다.

"세상을 떠난 부부는 서로 부드럽게 포옹한 채 화려하고 고급스러운 침대에서 쿠션에 기대어 누워 있는데, 이러한 자세의 묘사는 그리스에서부터 유행한 것이라고 할 수 있다. 또한 작품 속 두 사람은 어떤 향기를 즐기고 있는 듯한데, 죽은 부부가 포도주 등의 향을 음미하는 것은 에트루리아식의 독특한 장례문화였다."

이탈리아에 가면 이것과 비슷한 조각상들을 볼 수 있습니다. 조각에 묘사된 남녀는 뭔가를 함께 '나누는' 자세를 취하고 있고, 표정은 평온합니다. 마치 이승에서의 시간이 다한 뒤에 세상에서 가장 편안한 자세로 부부가 함께 쉬는 듯합니다. 이 모습은 에트루리아 사람들의 가족에 관한, 그리고 삶에 관한 태도를 보여줍니다.

〈체르베테리 부부의 관〉에서 부부의 얼굴을 여러 각도에서 바라본 모습.

죽어서도 떨어지지 않는 것으로 믿었던 '부부'라는 연(緣)

"루브르는 이 조각상이 부부의 시신을 넣어둔 관 위에 장식되어, 죽은 자들의 명복을 기리려는 목적으로 제작된 것으로 여겨왔다. 하지만 연구 결과에 따르면, 이 조각상이 제작된 기원전 5세기경에 에트루리아에서는 화장(火葬)이 일반적인 장례 의식이었다. 루브르는 이런 역사적 사실에 기초해, 이 조각상으로 장식된 관은 죽은 자를 화장한 유골을 보관하기 위해 만들어진 유골함이라고 결론 내렸다."

체르베테리는 로마 근교의 한 마을입니다. 이곳에서 에트루리아인들의 공동묘지가 발견되었는데요. 그 공동묘지에서 출토된 유물들이 루브르로 옮겨져 많은 사람과 만나고 있습니다.

루브르가 이 조각상이 장식된 관을 처음 접했을 때는, 이집트의 미라처럼 봉인 처리된 시신을 안치해놓은 관이라고 생각했습니다. 하지만 에트루리아는 이집트와 달리 장례 방식이 화장이었기 때문에, 시신의 재를 보관한 유골함이라는 판단을 내린 겁니다. 조각상의 한 부분에 공간을 만들어 그 안에 화장한 재를 안치한 것이지요.

수려한 외관을 갖춘 이 조각상을 고려하건대, 에트루리아의 장례 의식은 나름 화려했던 것으로 추측됩니다. 당시 에트루리아는 부유한 가문에서는 거대한 공동 무덤을 축조했고, 중산층은 부부나 한 사람을 위한 작은 무덤을 이용했다고 합니다.

에트루리아인들은 자신들의 삶에 관해서 특별히 기록을 남기지 않았습니다. 그렇기 때문에 여기 〈체르베테리 부부의 관〉은 고고학적으로 참 중

작자 미상, 〈에트루리아인의 무덤 속 벽화〉, BC480년경, 프레스코, 나폴리국립고고학박물관

요한 유물로 평가받습니다. 비록 루브르에서 〈모나리자〉처럼 시선을 끌지는 못하지만요.

에트루리아인의 무덤 속에서 출토된 벽화도 이 조각상과 함께 감상해 보시지요. 이 그림에도 부부로 추정되는 남녀가 함께인 모습이 등장합니다. 에트루리아인은 부부의 인연을 죽어서도 이어지는 것으로 믿었던 모양입니다. 가족, 특히 부부간의 관계를 중시하는 고대 에트루리아인들의 삶의 자세가 느껴집니다.

권력은 소멸하지만 예술은 영원하다!

프랑스의 절대왕정은 부르봉 왕가의 앙리 4세Henri IV, 1553~1610로부터 시작됩니다. 그의 즉위와 치세를 살펴보면, 왕가의 결합과 결혼, 상속, 종교에 이르기까지 정치의 모든 면이 복잡하게 얽혀 있습니다. 앙리 4세는 왕권 강화를 위해 이탈리아의 지원이 필요했는데요. 그는 두 나라의 관계를 돈독히 하기 위해 결혼을 외교에 이용합니다. 부르봉 왕가와 메디치 가문의 사돈 관계는 마치 정치적 동맹처럼 맺어집니다.

마리 드 메디치Marie de Medici, 1573~1642는 메디치 가문에서 두 번째로 프랑스에 시집을 온 인물입니다. 그녀는 결혼지참금으로 거액 60만 에퀴를 들고 와 부르봉 왕가의 왕비가 됩니다. 막 시집을 올 때까지만 해도, 마리는 자신이 직접 정치를 하게 되리라곤 생각하지 못했을 것입니다. 하지만 남편이자 국왕인 앙리 4세가 암살당하면서 그녀의 권력본색이 서서히 드러나기 시작합니다. 어린 왕자를 대신해서 섭정을 하게 된 마리는 왕실의 모든 권력을 장악하기 위해 카리스마 넘치는 정치적 야욕을 발휘합니다.

왕권 계승의 홍보에 이용된 그림

그 당시 프랑스에는 이탈리아 출신 여성이 권력을 쥐는 것을 달가워하지 않은 왕족과 귀족이 적지 않았습니다. 마리는 반대 세력에 맞서 대내외적으로 자신의 지위를 인정받아야만 했습니다. 여왕 대관식을 최대한 성대하게 열어 왕권이 자신에게 위임되었음을 세상에 널리 알리는 일이 무엇보다 중요했고, 이를 위해 모든 가능한 수단을 동원합니다.

마리는 메디치 가문 출신답게 예술이 주는 홍보 효과를 최대한 활용하는데요. 여기에는 화려하고 성대한 대관식을 대형 화면에 묘사한 회화가 제격이었습니다. 다음 페이지의 그림은 마리가 루벤스Peter Paul Rubens, 1577~1640에게 주문했던, 자신의 대관식 장면이 담긴 연작 중 하나입니다.

> "앙리 4세의 미망인 마리 드 메디치는 1622년 페테르 파울 루벤스에게 자신의 집권기를 그리는 스물네 점의 그림을 주문해 파리 룩셈부르크 궁전 1층을 장식하고자 했다. 이 연작들은 그녀만의 이야기가 아니라 남편이었던 앙리 4세가 쌓은 치적을 기념하는 것이고, 또한 그녀의 탄생까지 포함하는 것이다. 하지만 이 연작은 끝내 완성되지 못했다."

취향이 까다롭기로 소문난 마리는, 자신이 머무를 거처를 그녀의 취향대로 새롭게 짓는데요. 그게 바로 룩셈부르크 궁전입니다. 파리 5구의 룩셈부르크 정원에 위치한 이 궁전은, 현재 프랑스 상원으로 사용되고 있습니다.

이 건축물은 마리가 이탈리아 메디치가 출신임을 증명이라도 하듯이, 이탈리아 르네상스 양식으로 완공됩니다.

페테르 파울 루벤스, 〈마리 드 메디치의 대관식〉, 1610년, 캔버스에 유채, 393×727cm

한편, 룩셈부르크 궁전의 1층을 스물네 점의 그림으로 채우려는 마리의 계획은, 루벤스가 사망하면서 좌절됩니다. 현재 연작 스물한 점만이 마리의 초상화 한 점과 함께 루브르에 전시돼 있습니다.

"풍요로운 이탈리아 유산을 물려받은 마리 드 메디치는 권력욕이 있는 여성이었다. 당시 이탈리아와 프랑스의 연합은 서로에게 이익이 되는 것이었다."

권력 무상을 떠오르게 하는 거대한 화폭

17세기 초반 최고의 화가로 군림했던 루벤스는, 화려하면서도 웅장한 표현력으로 왕족과 귀족들 사이에서 매우 인기가 높았습니다. 당시 화가들 가운데 독보적이었던 루벤스를 최고 권력자 마리가 눈여겨보지 않을 수 없었겠지요. 마리는 루벤스를 왕궁으로 불러들여 이 대관식 연작을 비롯해 다양한 궁정화를 그리게 합니다.

"루벤스는 두 천사를 여왕의 머리 위와 중앙 위쪽에 등장시키며 이 방을 황금빛으로 빛나도록 했다. 두 천사는 역사로부터의 빛과 신화로부터의 빛을 상징한다. 여왕은 이미 영광스러운 존재이지만, 이 빛 아래에서 더욱 영광스러워진다."

신화와 성경에 나오는 모든 장치를 장식화하는 데 능했던 루벤스에게 이런 장면을 꾸미는 것은 어렵지 않았습니다. 그는 그림 속에 천사를 등장시켜 여왕의 대관식을 더욱 화려하게 묘사합니다. 루벤스는 여왕의 대

〈마리 드 메디치의 대관식〉 중 천사와 개 부분도.

관식 장면에 천사와 함께 개들까지 등장시키는데, 루브르는 이를 가리켜 다음과 같이 설명합니다.

"화려한 복장과 프랑스 왕가를 상징하는 문양의 카펫도 눈에 띄지만, 무엇보다 오른쪽 아래에 있는 두 마리 개가 관심을 끈다. 이 개들은 그녀의 새로운 조국에 대한 변함없는 충성의 상징이다."

남편 앙리 4세가 갑작스럽게 암살당하면서 어린 아들 대신 권좌에 올랐던 그녀는, 훗날 아들 루이 13세Louis XIII, 1601~1643와의 권력 다툼에서 밀려 귀양살이를 전전하다 불행하게 삶을 마감합니다. 이 거대한 그림을 보고 있으면 '권력 무상'이 느껴집니다. 권력은 온데간데없이 소멸해 버렸고, 루벤스의 예술만이 말없이 그 자리를 지킵니다.

베르사유 궁전의 동방 여인?

여기에서 소개하는 작품은 프랑스 절대왕정 시기 궁정화가로 유명했던 프랑수아 부셰Francois Boucher, 1703~1770가 그린 〈오달리스크〉입니다. '오달리스크(odalisque)'란 이슬람 지도자 술탄의 여인이라는 어원을 가진 말입니다. 할렘의 여인 혹은 성적인 의미를 가진 여성을 뜻하는 바, 일종의 오리엔탈리즘(orientalism) 성격의 명칭입니다. 당시 서양(유럽) 예술계가 동방(정확히 말하면 중동)에 대한 관심이 커지면서 그림에도 자주 등장하게 된 소재가 오달리스크입니다.

오리엔탈리즘은 유럽의 문화와 예술에서 나타난 동양적인 경향을 가리키는 말입니다. 하지만 역사학자 에드워드 사이드Edward Said, 1935~2003는 자신의 책 『오리엔탈리즘』에서 다른 시각으로 오리엔탈리즘에 접근합니다. 즉, 동양에 대한 서양의 우월함이나 동양에 대한 서양의 지배를 정당화하는, 이를테면 서양의 동양에 대한 왜곡된 인식과 태도를 오리엔탈리즘으로 설명합니다.

프랑수아 부셰, <오달리스크>, 1745년, 캔버스에 유채, 53×64cm

동방은 퇴폐적이다?

〈오달리스크〉는 에드워드 사이드의 오리엔탈리즘을 반영합니다. 즉, 이 그림의 제목 '오달리스크'는 정확한 고증 없이 그저 자기들이 사는 곳보다 동쪽이면 '오리엔탈하다'는 형용사를 붙이던 당시, 아랍 세계의 문화는 상당히 '관능적'이고, 더 나아가 '퇴폐적'이라고 제멋대로 생각하던 사회 분위기와 맞닿아 있습니다. 오달리스크는 앵그르Jean Auguste Dominique Ingres, 1780~1867를 비롯한 신고전주의 화가들이 도덕적인 부담감 없이 여성 누드를 소재로 삼는 데 이용됩니다. 즉, 그 당시 귀족이나 왕족 같은 상류 계급을 대상으로 누드를 그리는 것은 도덕적으로 지탄의 대상이 되지만, 퇴폐의 아이콘으로 여겨지던 오달리스크의 벗은 몸을 그리는 것은 문제 삼지 않았던 것이지요.

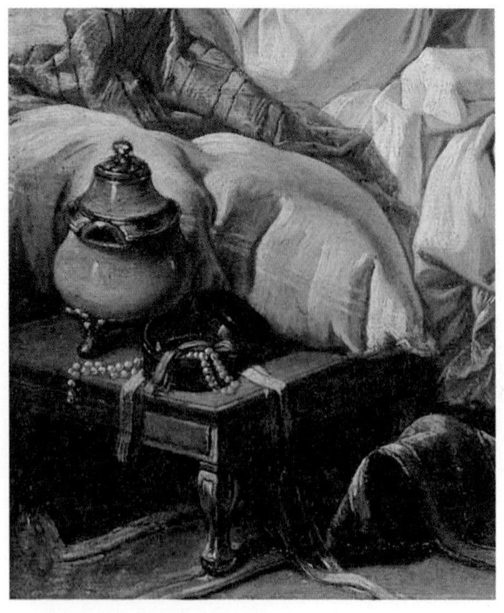
〈오달리스크〉 중 도자기와 탁자.

"부셰는 이 은밀한 장면을 묘사할 때, 선정적인 모습을 통해서 유행에 맞는 그림을 성공적으로 그릴 수 있었다. 그림에 묘사된 소품의 도움도 컸는데, 당시 유행하던 동양적인 물건들이 누드의 여성과 조화를 이룬다. 비단과 병풍, 도자기와 낮은 탁자, 보석함 등은 전형적인 중국 물건처럼 보인다. 이것은 당시 프랑스에서 중국의 사치품이 유행했음을 암시한다."

세속적 성공, 예술적 아쉬움

수위가 높은 부셰의 다른 작품들과 비교하면 이 그림은 밝고 가벼운 표정을 짓고 있는 모델 때문에 오히려 덜 외설스러워 보입니다. 하지만 시대를 불문하고 관능에는 스캔들이 따르는 법입니다.

"그런데 이 파격적인 포즈를 취하고 있는 젊은 여성은 누구일까? 당시 베르사유 궁에 머물던 사람들은 그녀가 부셰의 아내 '마리 잔'이라고 수군거렸다. 드러낸 몸매가 공식 석상에 나온 그림치고 지나치게 선정적이었지만, 워낙 당당하게 오달리스크라고 소개하는 바람에 적어도 겉으로는 별문제가 없었다. 하지만 사람들의 입에 오르내리는 것까지 막을 수는 없었다. 이 때문에 부셰의 아내가 누드 작품을 위해서 자주 모델이 됐던 사실이 드러나고 말았다."

〈오달리스크〉를 감상하면서 이 그림을 그린 부셰의 이야기를 빼놓을 수 없겠지요. 부셰는 '태양왕'이라 불리던 루이 14세Louis XIV, 1638~1715 이후 프랑스 절대왕정 당시 베르사유 궁에 기거하면서 귀족들의 그림을 그려주며 한 시대를 풍미했던 인물입니다. 루이 15세Louis XV, 1715~1774 시절, 궁정에서 가장 사랑받던 화가 부셰는 바로크에 이어 찾아온 로코코 시대의 유행을 대표하는 예술가이기도 했습니다. 하지만 역사는 화려했던 그의 사생활이 아니라 그의 예술적 성과에 대한 아쉬움을 기억합니다.

장 오귀스트 도미니크 앵그르, 〈오달리스크와 노예〉, 1839~1840년, 캔버스에 유채, 72×100cm, 매사추세츠 하버드아트뮤지엄

"불쌍한 부셰, 그는 왕의 첫 번째 궁정 화가이면서도 자신의 그림이 시대에 뒤떨어진다는 사실을 스스로 느꼈다. 하지만 본인의 스타일을 한순간 바꾸기란 불가능했다. 차츰 신고전주의의 흐름이 궁정에 소개되고 있을 때, 제자인 젊은 다비드Jacques Louis David, 1748~1825에게 자기보다 후배 화가인 조제프마리 비앙Joseph-Marie Vien, 1716~1809이 더 유행에 어울리는 화가라는 이야기를 했고, 다비드는 스승 부셰의 선견지명을 받아들여 자신의 스타일을 신고전주의로 바꾼 뒤 성공한 화가가 됐다."

부셰는 궁정화가로 인정받으며 부를 누렸지만, 좀 더 세속적인 성공을

프랑수아 부셰, 〈마드모아젤 오머피의 초상화〉, 1752년, 캔버스에 유채, 59×73cm, 쾰른 발라프리하르츠 미술관

갈구했던 모양입니다. 그는 자신의 그림이 유행에 뒤떨어지는 건 아닌지 늘 노심초사했습니다. 하지만 예술만을 위해 모든 것을 내려놓기에는 너무 먼 길을 떠나왔음을 스스로 느꼈던 모양입니다. 그는 〈오달리스크〉 같은 문제작들을 제작하기 위해 자신의 아내까지 벌거벗겨 세상에 내놓았지만, 안타깝게도 예술적 성취 대신 수군거림과 스캔들의 주인공이 됐지요. 〈오달리스크〉와 모델의 포즈가 매우 유사한 부셰의 또 다른 누드화 〈마드모아젤 오머피의 초상화〉 속 모델 역시 그의 아내와 매우 닮았다는 소문에서 벗어날 수 없었다고 하니, 세상에 근거 없는 스캔들은 없나 봅니다.

“찾아라, 발견할 것이다!”

1504년 피렌체 베키오 궁 대회의실에는 당대 최고 예술가인 다 빈치Leonardo da Vinci, 1452~1519와 미켈란젤로Michelangelo Buonarroti, 1475~1564가 서로 등을 돌린 채 벽화 작업에 한창이었습니다. 당시 피렌체는 내부 분열과 외세 침략 등으로 상당히 어수선한 상황이었습니다. 피렌체 의회에서는 공화국 정신을 다시 고취하는 차원에서 공공장소에 피렌체의 빛나는 역사를 예술 작품으로 남기는 작업을 기획합니다. 그것도 가장 유명한 두 명의 예술가에게 각각 벽을 나눠 맡겨 경쟁을 시키지요. 주문을 받는 예술가에게는 꽤 부담스러운 일이지만, 이런 이벤트는 세간에 큰 관심을 끌며 침체돼 있던 사람들에게 재미와 활력을 주기에 충분했습니다.

“1440년 토스카나의 앙기아리 마을은 피렌체와 밀라노 간의 전쟁터였다. 치열한 전투를 통해 승리를 거둔 피렌체의 영광을 기념하기 위해 다 빈치가 베키오 궁 회의실 벽에 그리던 이 그림은 오늘날 존재하지 않는다. 오로지 100년이나 지나서 루벤스가 남긴 스케치만이 다 빈치의 미완성작을 짐작하게 할 뿐이다."

다 빈치의 천재성은 항상 기획 단계에서는 빛나지만, 작품의 완성까지 이어지는 경우는 흔치 않았습니다. 베키오 궁의 벽화도 마찬가지였습니다. 다 빈치와 벽화를 나눠 그리다가 로마로 차출돼 중도 포기한 미켈란젤로의 부재가 그의 의욕을 꺾었다고 미술사가들은 기록하고 있습니다.

다 빈치와 미켈란젤로 모두 중간에 그만둔 이 대형 벽화 작업은, 회의실에 화재가 난 뒤에 바사리Giorgio Vasari, 1511~1574가 〈마르시아노 전투〉라는 프레스코벽화를 제작해 그 자리를 대신합니다.

벽화 뒤에 또 다른 벽화가!

여기 소개하는 그림은 페테르 파울 루벤스Peter Paul Rubens, 1577~1640의 작품입니다. 물론 그가 창작한 이미지는 아닙니다. 그림을 그릴 당시 20대 후반이었던 루벤스는 이탈리아의 여러 곳을 여행하는 중이었는데, '르네상스의 위대한 도시' 피렌체와 베네치아에서 강렬한 예술적 영감을 받습니다. 그는 특히 피렌체에서 다 빈치의 〈앙기아리 전투〉 밑그림에 크게 감동을 받은 모양입니다. 훗날 이 미완성작을 모사하지요.

전쟁을 그린 이 작품을 가만히 살펴보면, 다소 이상한 점이 발견됩니다. 화면 가득히 등장하는 사람들은 물론이고 그들이 타고 있는 말들까지 치열한 전투 장면을 나타내는데요. 마치 거대한 그림 중 일부를 잘라서 보여주는 것처럼 그림에 거의 여백이 없이 너무 빽빽하다는 느낌이 듭니

페테르 파울 루벤스, 〈앙기아리 전투〉, 1603년, 소묘, 45×63cm

다. 어쩌면 그래서 전투 장면이 더 격렬하게 느껴질 뿐 아니라, 빈틈없이 공간을 꽉 채우는 것 때문에 시쳇말로 '숨 막히는' 구도가 연출된 게 아닌가 싶기도 합니다.

"왼쪽의 얼굴을 찡그리고 있는 기사를 관찰해 보자. 그를 보호하고 있는 투구와 갑옷은 이상하리만치 바로크('찌그러진 진주'라는 뜻으로, 화려한 장식과 색감을 특징으로 하는 예술 사조)적이다. 특히 투구는 뒤쪽 부분이 마치 산양 뿔이나 조개가 장식된 듯 과장해서 마무리되고 있다. 아마도 이것은 루벤스가 개인적으로 첨가한 것처럼 보인다. 아울러 이 그림에서 루벤스의 대가다운 면모가 느껴진다. 새로운 것 없이도 이 그림이 르네상스의 그것과 달라 보이는 것은, 회색과 흰색의 절묘한 조화로 다 빈치의 정밀함에 입체감과 생동감을 더한 루벤스의 붓 터치감 때문이다."

2012년경에는 베키오 궁의 벽에 걸려 있는 〈마르시아노 전투〉 뒤에서 다 빈치의 〈앙기아리 전투〉로 추정되는 작품이 발견돼 화제가 됐습니다. 유실된 〈앙기아리 전투〉를 찾기 위해 오랫동안

조르지오 바사리, 〈마르시아노 전투〉, 1570~1571년, 프레스코, 76×130cm, 피렌체 베키오 궁전

탐사를 거듭해온 한 연구팀이 결실을 보게 된 것입니다.

연구진은 〈마르시아노 전투〉 벽화에 구멍을 뚫어 내부를 관찰한 결과, 3cm 뒤 숨은 벽에서 다 빈치가 사용하던 안료 성분과 일치하는 물질을 찾아냈습니다. 〈마르시아노 전투〉 뒤에 다 빈치의 유실된 그림이 있을 거라는 추측은, 바사리의 또 다른 벽화에서 발견한 한 문구가 발단이 됐다

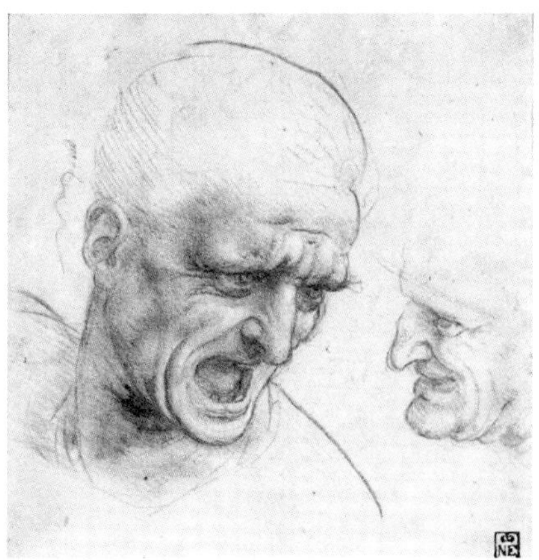

레오나르도 다 빈치, 〈앙기아리 전투를 위한 두 전사의 머리 연구〉, 1504~1515년, 소묘, 19×18cm, 부다페스트미술관

고 합니다. 바로 "찾아라, 발견할 것이다(Cerca Trova)"라는 말입니다.

연구진의 추측대로, 바사리가 자신의 작품으로 다 빈치의 미완성 벽화를 덮으면서, 나중에라도 이 미완성 걸작을 꼭 찾아보라는 메시지를 후대 사람들에게 남긴 게 정말 맞을까요? 바사리의 벽화를 손상하지 않고 깔끔하게 거둬내 보면 알 수도 있겠지만, 이 역시 현실적으로 쉽지 않은 작업이라고 합니다. 아무튼 미술사를 공부하는 사람으로서 바사리의 벽화를 훼손하지 않고 (비록 미완성작이긴 하지만) 다 빈치의 〈앙기아리 전투〉를 감상해 볼 날이 곧 오기를 기대해 봅니다.

이슬람을 바라보는 빼딱한 시선

프랑스 대형 회화가 몰려 있는 루브르의 드농관. 이곳에 발을 들여놓는 순간 엄청난 크기의 회화들에 둘러싸여 어디에 시선을 두어야 할지, 어떤 그림 앞에 서 있어야 할지 순간 멍해져 버립니다. 도서관에서 도록으로만 접해왔던 다비드Jacques Louis David, 1748}~1825의 〈나폴레옹 대관식〉, 제리코Théodore Gericault, 1792~1824의 〈메두사 호의 뗏목〉(125쪽), 그로Antoine-Jean Baron de Gros, 1771~1835의 〈아일라우 전투의 나폴레옹〉(173쪽) 같은 대작들이 관람객들을 감싸며 거대한 숲을 이룹니다.

이 그림들을 떠올릴 때마다 미술관에만 가면 마라톤을 하는 저 자신을 되돌아봅니다. 저는 미술관에서 예술 작품을 보는 일이 좋으면서도, 한편으론 그렇게 힘이 들 수가 없었습니다. 돌이켜 생각해보니 미술관에서 마음 놓고 여유 있게 관람한 기억이 거의 없었던 것 같습니다. 그림을 놓치고 지나치게 될까봐, 더 많이 봐야 하는데 그렇지 못할까 봐, 관람은 내내 힘든 달리기 같았습니다. 사람들을 피해 작품을 카메라에 담고 메모하고

외젠 들라크루아, 〈사르다나팔 왕의 죽음〉, 1827년, 캔버스에 유채, 392×496cm

다시 뒤돌아서 확인하는 데 열중하다 보면, 비 맞은 사람처럼 셔츠가 땀에 흥건히 젖곤 했습니다. 누가 보면 꽤 이상하다 할 그런 모습이었지요. 이런 저 자신이 조금 여유를 가지게 된 것은 한참 지나서였습니다.

무대에 올라가 떨면서 긴장하는 사람에게 긴장하지 말라는 이야기보다는 무대에 자주 서 봐야 한다는 말이 진리이듯이, 초조함과 미숙함은 경험밖에 치유하지 못합니다. '전공인데, 난 이 공부를 해야 하는데'라는 부담 속에 느꼈던 헐떡거림은 미술관을 자주 드나들수록 서서히 사라져 갔습니다. 여유가 생길수록 작품 속 작은 상징들까지 좀 더 선명하게 읽히기 시작했습니다.

홀대받았던 대작

시간이 많이 흐른 지금도 처음 루브르 드농관에서 받았던 충격을 다시 떠올리게 하는 작품이 있습니다. 바로 들라크루아Eugène Delacroix, 1798~1863의 〈사르다나팔 왕의 죽음〉입니다. 이 그림 역시 높이가 4m에 육박하는 대작입니다. 이 그림은 크기도 크기지만, 그림 속 등장인물들의 역동성이 관람객들의 기를 꺾어버리곤 합니다.

들라크루아는 1825년 살롱에서 이미 〈키오스 섬에서의 학살〉(119쪽)을 출품해 물의(?)를 일으켰는데, 그로부터 얼마 지나지 않아 또 다시 파리 살롱을 뒤엎는 그림을 가지고 돌아옵니다. 평론가들은, "도대체 지켜진 구도는 무엇이고, 완성도는 어디다 버린 것이냐"며 이 그림을 향해 독설을 쏟아내느라 난리도 아니었습니다. 크기까지도 상당했던 이 그림의 과격한 표현은 평론가뿐 아니라 일반 관람객들에게도 큰 충격을 주었습니

〈사르다나팔 왕의 죽음〉 부분도.

다. 상황이 이러하다 보니 들라크루아를 항상 옹호해주던 친구 빅토르 위고Victor Marie Hugo, 1802~1885조차 도움을 줄 수 없는 지경이었습니다.

"〈키오스 섬에서의 학살〉에서 받았던 주목에 대답이라도 하듯, 들라크루아는 영국 시인 바이런의 같은 제목의 시에서 이 그림의 주제를 가져왔다. 사르다나팔은 기원전 7세기 아시리아의 왕이다. 그림에서 그는 자신을 죽이러 온 적들이 턱밑까지 당도하자 목숨이 위태롭다는 것을 직감한다. 위급한 상태에서 사르다나팔은 자신이 아끼던 말과 애첩들을 불러 모아 놓고는, 부하들에게 애첩들은 목을 졸라 죽이고, 말들 역시 다 도살하라는 명을

〈사르다나팔 왕의 죽음〉 중 사르다나팔 왕 부분도.

내린다. 적들에게 죽임을 당하는 것보다 차라리 자기 손으로 죽여 저 세상에 함께 가겠다는 뜻이다."

바이런Baron Byron, 1788~1824은 사르다나팔 왕에 관한 시와 희곡을 썼는데, 그 표현이 다소 과했습니다. 들라크루아는 바이런의 글을 읽으면서 격한 충동, 죽음의 공포, 아이러니한 냉소 등 복합적인 영감이 한꺼번에 떠올라 이 그림을 제작했다고 합니다. 하지만 이 그림은 당시 유럽인들로부터 "야만적이고 성욕이 난무하며 광폭한 이미지로 비친 중동 이슬람 세력을 향한 왜곡된 시선"이라는 비판에 직면합니다. 다시 말해, 오리엔탈리즘

(202쪽)의 전형으로 읽히게 되지요. "이 그림의 배경이 기원전 7세기라서 그래"라는 핑계는 통하지 않았습니다. 들라크루아는 이 그림을 통해 야만성과 폭력성을 즐기고 있다는 혐의에서 벗어날 수 없었습니다.

〈사르다나팔 왕의 죽음〉은 당시 들라크루아를 비롯한 일부 지식인과 예술인들이 이슬람 문화를 어떻게 이해하고 있었는지를 그대로 보여줍니다. 그뿐만 아니라 그 당시 맹위를 떨친 '가학성 변태 성욕'이라는 사디즘(sadism)이 예술 작품에 어떻게 반영되었는지도 짐작하게 합니다.

"높은 의자에 앉아 이해할 수 없는 표정으로 차갑게 내려다보는 사르다나팔 왕의 얼굴에 주목해 보자. 그는 자살하기 전 자신이 애착을 가졌던 모든 대상을 이렇게 자기 손으로 죽여 누구에게도 넘겨주지 않으려 했고, 그의 명령 아래서 그의 세계가 파괴되기를 원했다. 자신의 기쁨을 넘겨주지 않겠다는 것과 자신이 그것을 다 가지고 (저세상으로) 가겠다는 것을 이 그림은 암시한다."

한 편의 대하소설을 읽는 것처럼

〈사르다나팔 왕의 죽음〉에서는 루벤스Peter Paul Rubens, 1577~1640 작품의 풍부한 색채감과 격렬한 운동감이 다시 재현된 듯 느껴지다가도, 루벤스보다도 강한 힘이 느껴집니다. 이러한 경향은 들라크루아가 그림 속 각각의 인물마다 힘주어 표현하는 '인상의 단단함'에서 비롯된다고 생각합니다. 처음에는 눈에 잘 들어오지 않던 그림 속 등장인물들을 찬찬히 들여다보면 화가의 의도가 조금씩 '읽히기' 시작합니다.

외젠 들라크루아, 〈아비도스의 신부〉, 1857년, 캔버스에 유채, 47×40cm, 텍사스 킴벨아트뮤지엄
바이런의 동명의 시에 영감을 받아 그린 작품이다.

그림 속 수많은 인물 중에서도 가장 눈길을 끄는 이는 단연 사르다나팔 왕입니다. 침대에 편안하게(?) 누워 있는 사르다나팔 왕은 이러한 참변을 지시한 폭군이라기보다는 오히려 이를 지켜보는 관찰자처럼 느껴집니다.

"이 대학살극에도 불구하고 불가사의하게 그림에는 피가 튀거나 흐르지 않는다. 상처도 보이지 않는다. 대신 그림의 곳곳에는 붉은색이 주는 우아하면서도 위험한 느낌과 폭발하는 감정, 죽음의 대면, 관능, 폭력 등이 여과 없이 드러난다. 그림 속 상징들의 격렬한 부딪침에 휘둘리지 말고, 그 안에 숨어 있는 의미를 찾아 차분히 읽어 나가다 보면, 새로운 경험을 즐기게 될 것이다."

미술관에 다니다 보면, "그림을 읽는다"는 표현이 와 닿을 때가 있습니다. 특히 오래전 명화를 대할 때는 더욱 그렇습니다. 그림에 대한 기본적인 배경지식을 바탕으로 그림 속 상징들을 이해해 나가다 보면, 그림이 단순히 보이는 게 아니라 읽히기 시작합니다. 이때 그림은 한 편의 서사시나 소설처럼 다가옵니다. 읽히는 대상이 텍스트만 있는 게 아니라는 사실을 저는 미술관에서 깨달았습니다. 그야말로 미술이 주는 또 다른 즐거움과 감동이 아닐 수 없습니다.

CHAPTER 3

예술을 비춘 미술

루브르에서 만난 원숭이

이 그림을 처음 봤을 때 '이게 뭐지?'하고 의아해했던 기억이 납니다. 그만큼 독특하게 다가온 그림입니다. 심지어 이런 스타일의 그림이 한때 유럽에서 유행했었다는 이야기를 들었을 때 그 사실이 더 신기했습니다. 프랑스 화가 장 시메옹 샤르댕Jean Siméon Chardin, 1699~1799이 그린 〈원숭이 화가〉라는 작품이 바로 그 독특함과 신기함의 주인공입니다.

샤르댕은 18세기 프랑스에서 정물화와 풍속화를 전문적으로 그린 화가입니다. 그는 정물 중에서도 가장 단순한 것, 예를 들면 채소와 과일, 생선 등을 잘 그렸습니다. 그의 대표작인 〈식전의 기도〉 〈카드의 성〉 〈시장에서의 귀로〉 〈팽이를 들고 있는 아이〉 〈요리하는 여인〉 등은 당시 서민 가정의 평범한 일상이나 어린이들의 정경을 따뜻하고 평화롭게 묘사했다는 평을 듣습니다.

만년에는 파스텔로 초상화를 그렸는데, 그의 다음 세대 화가로 초상화의 으뜸으로 일컬어지던 앙리 팡탱 라 투르Henri Fantin La Tour, 1836~1904에 견줘

장 시메옹 샤르댕, 〈원숭이 화가〉, 1739~1740년, 캔버스에 유채, 73×59cm

장 시메옹 샤르댕, 〈아내의 초상〉, 1775년, 종이에 파스텔, 46×38cm

도 손색이 없는 예리한 색감과 기법이 돋보입니다. 그중에서도 1771년에 완성한 〈자화상〉과 1775년 작품인 〈아내의 초상〉이 걸작으로 꼽힙니다.

예술을 비웃는 원숭이

원숭이는 18세기 유럽을 배경으로 하는 영화에 종종 등장합니다. 영화 속 등장인물 중 악사나 잡상인이 원숭이를 데리고 다니는 장면을 접할 때면 샤르댕의 〈원숭이 화가〉가 떠오르곤 합니다.

샤르댕은 〈원숭이 화가〉를 여러 점 그렸기 때문에 다양한 버전이 존재합니다. 샤르댕이 1740년 파리 살롱에 출품했던 작품도 원숭이를 소재로 그린 것으로 전해지는데, 이것은 현재 분실되어 남아있지 않습니다. 여기서 소개하는 루브르에 걸려 있는 〈원숭이 화가〉는 그 뒤에 다시 그려진 것입니다.

샤르댕이 활동하던 시절인 18세기에는 원숭이를 통해 다양한 직업군을 묘사한 그림이 유행했는데, 그러한 화풍은 특히 플랑드르(벨기에) 지역에서 두드러졌습니다. 루브르만 해도 〈원숭이 화가〉 같은 그림을 여러 점 소장하고 있습니다. 루브르는 〈원숭이 화가〉를 이렇게 설명하고 있습니다.

> "원숭이 화가는 무엇을 이야기하고 있을까? 그림을 그리고 있는 원숭이는 모방만 하는 어리석음과 거짓 위에 세워진 성공을 풍자하고 있다."

루브르의 해설을 접하다 보면 매번 "꿈보다 해몽"이라는 말이 떠오릅니다. 루브르의 해설대로 샤르댕이 〈원숭이 화가〉를 통해 당시에 아무 영혼 없이 그림을 그리는 이미테이션(모사) 화가들을 조롱하고자 했는지도 모르겠습니다. 아니면 앞에서도 언급했듯이 단지 원숭이를 통해 인간의 직업군을 묘사하는 유행에 좇아 이 작품을 그렸을 수도 있겠지요. 아무튼 '모방만 하는 어리석음과 거짓 위에 세워진 성공'이라는 글귀가 들어가니 루브르의 해설이 괜히 멋있어 보입니다.

샤르댕은 이 작품을 통해 원숭이라는 사람과 닮은 듯한 존재를 내세워 뭔가 뒷얘기가 있을 것만 같은 암시를 슬쩍 던지고 나서, 마치 장난하는 것처럼 작품 뒤에 숨어 버린 것은 아닐까요? 화가가 작품에서 보여준 장난기 어린 암시 속에는 (루브르의 해설처럼) 세상에 대한 날카로운 풍자가 존재하는지도 모르겠습니다. 그런 풍자야말로 예술이 갖는 또 다른 묘미가 아닐까요?

시대를 불문하고 모방을 통한 거짓된 창작은, 세속의 성공을 꿈꾸는 예술가들이 쉽게 빠질 수 있는 마약 같은 것입니다. 그래서일까요? 20세기 중후반에 들어서는 포스트모더니즘이라는 예술 사조 아래 모방에 가까운 표현 기법들이 미술계에서도 논란을 일으키기도 했습니다. 일부 예술가들이 주장하는 "태양 아래 새로운 것은 없다"는 말은 꽤 그럴듯하게 들리지만, 그렇다고 악의적인 모방이 새로운 예술로 인정받을 수는 없는 노릇이지요.

장 시메옹 샤르댕, 〈원숭이 골동품상〉, 1740년, 캔버스에 유채, 81×64cm

알렉상드르 가브리엘 드캠, 〈작업실의 원숭이 화가〉, 1849년, 캔버스에 유채, 32×40cm

18세기 유럽 미술의 심장부였던 프랑스 파리에서도 무엇이 진정한 예술이고 거짓인지에 관한 논란이 적지 않았습니다. 그 당시 정직한 창작의 고통 없이 모방을 일삼는 예술가들의 모습에서 샤르댕은 뜻밖에도 원숭이가 겹쳐졌었나 봅니다. 샤르댕은 심지어 원숭이를 미술 작품을 거래하는 골동품상으로 빗대어 그리기도 했지요.

하지만 여기에 소개한 샤르댕의 이 작품 말고도 몇 점의 원숭이 그림이 나란히 걸려 있는 루브르의 복도를 지나다 보면, '이런 풍자조차 하나의 유행이 아니었을까?'하는 생각이 드는 것도 사실입니다.

도대체 이 작품에 담긴 진정한 의미는 무엇일까요? 작품에 대한 다양한 해석들이 원숭이 꼬리에 꼬리를 물 듯 이어집니다.

프랑스 최초의 누드화에 관하여

유럽의 미술관을 들렀을 때 자주 만나는 작품의 소재 가운데 인간의 알몸, 특히 여성의 누드(nude)가 있습니다. 영국의 미술사가인 케네스 클락Sir. Kenneth Clark, 1903~1983은 누드를 가리켜 "예술이라는 옷을 입은 나체(naked)"라고 했는데, 누드라는 개념을 이보다 정확하게 정의한 말은 없을 듯합니다.

여성의 누드를 그린 시대와 예술가는 다양하지만 주제는 대체로 비슷합니다. 누드를 그려도 되는 소재가 나름 정해져 있었기 때문입니다. 비너스를 비롯한 그리스·로마 신화의 등장인물, 루크레티아(로마 왕자에게 능욕당하자 아버지와 남편에게 복수를 부탁하고 자결한 여성) 같은 역사 속 인물, 수산나(목욕하는 걸 몰래 훔쳐보던 남성들의 계략으로 위기에 처한 여성) 같은 성경 속 인물 등이 대표적인 소재라 할 수 있습니다.

여성의 누드를 그린다는 것은 세속적인 소재를 대상으로 하는 창작 활동이 금지되었던 중세에는 꿈도 꿀 수 없는 일이었습니다. 14세기에 이르

장 쿠쟁, 〈에바 프리마 판도라〉, 1550년, 패널에 유채, 97×150cm

산드로 보티첼리, 〈비너스의 탄생〉, 1483~1485년, 패널에 템페라, 180×280cm, 피렌체 우피치미술관

러 르네상스가 이탈리아 문화계를 중심으로 일어나면서 여성의 누드를 그리는 것이 조심스럽게 허용되기 시작합니다.

그런 이유로 이탈리아 르네상스의 기본 정신은 단순한 '재생'이 아니라 '인간에 관한 재발견'으로 이해할 수 있습니다. 인간 육체 본연의 아름다움과 거기서 파생되는 균형미와 조화 등을 이탈리아 예술가들은 용기를 내어 발현하기 시작했던 것입니다.

'이브'와 '판도라'의 어설픈 결합?

여기서 소개하는 누드는 그림 속 인물의 이름부터가 독특합니다. '이브'와 '판도라'라는 이름을 함께 가지고 있습니다. 또한 그림이 그려진 당시로서는 특이하게도 이탈리아가 아니라 프랑스에서 활동한 화가 장 쿠쟁Jean Cousin, 1490~1560의 작품입니다. 이 그림은 1500년께 이탈리아에서나 가능했던 여성누드가 유럽 전체로 퍼져가는 신호탄으로서의 의미를 지닙니다(이탈리아에서는 보티첼리Sandro Botticelli, 1445~1510가 〈비너스의 탄생〉을 그림으로서 누드화의 시작을 알립니다).

"아마도 〈에바 프리마 판도라〉는 프랑스 미술에서 최초의 누드화로 추정된다. 길게 누운 육체에서 우리는 차갑고 창백한 피부색을 마주하게 된다. 성경의 이브를 그리면서 동시에 판도라라는 장치를 넣은 것은, 그림 속 여인이 세상의 모든 악을 상징한다는 표현이기도 하다. 그녀의 팔을 잘 살펴보자. 왼손은 느슨하게 항아리에 얹어 인간의 모든 불행이 바깥으로 튀어나오도록 방치하고 있으며, 팔에는 이브의 유혹을 상징하는 뱀이 감겨 있다. 오른손으로 살짝 쥐고 있는 선악과(사과)에는 그녀가 살짝 베어 문 흔적도 보인다. 여자의 이 두 가지 실수로 인간은 불행과 함께

〈에바 프리마 판도라〉 부분도.

살며 낙원에서 추방됐음을 가리킨다."

"세상의 모든 악!"이라니, 무시무시하지요? 하지만 여기서 '악'이란 인간 본성의 모습이기도 하고, 오랫동안 서양문화에서 여성성으로 회자되는 약점을 의미하기도 합니다. 프랑스 역사학자들이 모여서 쓴 『여성의 역사』라는 책에서 공동 집필진은 "여성이 해방되는 역사는 어쩌면 인간 발전의 역사와 같은 의미일지도 모른다"고도 했습니다.

문화 수준을 커밍아웃하게 한 프랑스 최초의 누드화

자, 다시 그림으로 돌아와서 좀 더 자세히 살펴보겠습니다. 이 그림이 그려진 당시 이탈리아 예술계는 르네상스의 전성기를 지나 매너리즘 시대로 돌입할 때였습니다. 반면, 화가 양성 시스템이 제대로 갖춰지지 않았던 프랑스는 이제 막 모방의 홍수에서 벗어나 창작에 대한 새로운 열정을 찾아 나선 시기였습니다. 이 그림은 당시 프랑스의 미술 수준을 그대로 보여줍니다. 화가는 그림 속 누워 있는 여인의 얼굴 옆면을 부자연스럽게 묘사하고 있습니다. 아직은 프로필(옆모습)밖에 제대로 배우지 못한 화가의 부족한 표현력이 느껴집니다. 비슷한 시기에 그려진 이탈리아 화가 티치아노Tiziano Vecellio, 1488~1576의 작품과 비교하면 그 차이가 확연히 느껴집니다.

구약성서의 이브와 그리스 신화의 판도라를 동시에 묘사한 그림 속 여성의 이미지도 자연스럽지 않습니다. 오른팔 아래 자리한 인간의 해골은 죽음을 상징하고, 뒤쪽에 보이는 구멍이 두 개 뚫린 동굴은 또 다른 해골을 상징합니다.

베첼리오 티치아노, 〈우르비노의 비너스〉, 1537~1538년, 캔버스에 유채, 119×165cm, 피렌체 우피치미술관

이러한 도상은 그림 속에 수수께끼를 넣고 숨겨진 상징을 가미하는 당시 이탈리아계 미술의 전형적인 화풍을 흉내 낸 것으로 보입니다.

근대와 현대 미술의 주역으로 꼽히는 고흐Vincent van Gogh, 1853~1890에서부터 피카소Pablo Picasso, 1881~1973와 샤갈Marc Chagall, 1887~1985에 이르기까지, 거장들의 창작 활동의 주요 거점이 되었던 프랑스도 한때는 문화 수준이 일천했었다는 기록은 믿기지 않지만 움직일 수 없는 사실입니다. 서양미술사의 보고(寶庫) 루브르는, 프랑스 미술의 숨길 수 없는 과거를 한 점의 누드화를 통해 커밍아웃하고 있는 듯합니다.

예술과 외설을 나누는 기준은 무엇일까?

어마어마한 예술품들을 소장한 루브르 안에서 관람객들로부터 주목받는 작품이 되기란 쉽지 않습니다. 티치아노Vecellio Tiziano, 1488~1576의 〈전원 합주곡〉은 화가의 명성에 비해 관람객이 그냥 지나치기 쉬운 작품입니다. 이 작품은 전시된 위치가 하필이면 〈모나리자〉(41쪽)가 있는 방에, 그것도 〈모나리자〉 바로 뒤에 걸려 있습니다. 게다가 작품의 크기도 평범하고, 세월의 흔적 탓인지 베네치아 르네상스 출신 화가의 작품답지 않게 채색이 어두워 관람객의 눈에 더 띄지 않는 듯합니다.

〈전원 합주곡〉은, 근대 회화의 시작을 요란하게 알렸던 마네Edouard Manet, 1832~1883의 〈풀밭 위의 점심〉(240쪽)에 영감을 주었다는 사실이 밝혀지면서 미술사에 조용히 등장합니다. 이 그림을 바라보면서 〈풀밭 위의 점심〉을 열심히 구상하고 있었을 마네를 떠올려 봅니다.

루브르는 이 그림을 그린 티치아노를 이렇게 설명하고 있습니다.

베첼리오 티치아노, 〈전원 합주곡〉, 1509년, 패널에 유채, 105×137cm

"호색한인데다 정열적인 기질을 가졌고 엄청난 작업량을 과시했던 티치아노는, 모든 장르를 초월해서 16세기 이탈리아 르네상스를 지배한 천재 화가였다. 그는 초상화와 종교화도 차례로 정복해 나갔고, 특히 색깔 묘사에 있어서 다른 이들이 범접할 수 없는 실력을 보여줬다."

"호색한인데다 정열적인 기질"

티치아노는 젊은 시절부터 엄청난 작업량을 소화하기로 정평이 난 화가였습니다. 그런데 그를 더 유명하게 만든 것은 그의 호색한 기질입니다. 티치아노가 건드린(?) 여성들만 해도 그가 그린 그림 수 못지않았으니까요. 이미 유부녀였던 여성 사이에 아이를 둘이나 둔 와중에도 자신의 모델이 된 매춘부 세 명과 동시에 난교를 저지르는 등 그의 행보는 많은 이들의 눈살을 찌푸리게 했습니다. 후원자들마저 티치아노의 사생활에 우려를 표했을 정도였으니까요.

〈전원 합주곡〉 중 물을 따르는 여인.

화가들의 사생활이 자유분방했던 것은 당시 개방적이던 사회 분위기

탓도 한몫했습니다. 믿기지 않는 사실이지만, 아름다운 성모상으로 유명했던 필리포 리피Fra Filippo Lippi, 1406~1469는 육체적 쾌락에 지나치게 탐닉하다가 서른일곱 살에 요절하기도 했습니다. 티치아노 역시 그런 운명을 맞을 거라고 뒷말이 많았습니다.

〈전원 합주곡〉 중 피리를 들고 있는 여인과 두 명의 음악가.

하지만 티치아노는 자신의 경력을 이제 막 시작했을 뿐이었습니다. 화가로서의 명성은 그의 화려한 사생활에 아랑곳하지 않고 베네치아를 넘어 유럽 전체로 뻗어 나갑니다.

예술은 보이지 않는 존재를 묘사해야 한다?

미술사가들은 르네상스가 이룬 성과를 이렇게 간단하게 이야기합니다.

"선은 미켈란젤로에게, 색은 티치아노에게!"

정교한 데생과 선의 묘사를 미켈란젤로Michelangelo Buonarroti, 1475~1564로 대표되

에두아르 마네, 〈풀밭 위의 점심〉, 1863년, 패널에 유채, 208×265cm, 파리 오르세미술관

는 피렌체 르네상스 화가들이 완성했다면, 색채 묘사는 베네치아 르네상스의 대표 주자인 티치아노의 공이 컸습니다.

티치아노의 〈전원 합주곡〉은 화가의 예술적 기교를 한껏 과시한 작품으로, 이 그림이 처음 그려졌을 당시 여성의 누드 묘사와 독특한 그림의 구성 등으로 사람들에게 크게 주목받았습니다.

> "두 명의 여인은 뮤즈를 상징한다. 피리와 붓고 있는 물은 시의 상징적인 의미를 이야기한다. 오직 음악가 두 명의 상상 속에 등장하는 것으로 설정된 두 나체의 여인상은 자연스럽게 이들 음악가에게 영감을 주고 있다."

16세기에는 원래 '실재하는 사람들'과 '보이지 않을, 가상의 존재들'이 동시에 등장하는 그림들이 많이 그려졌습니다. 그 때문에 여성의 누드를 그리는 것이 그렇게 문제가 되지 않았다고도 할 수 있겠지요. 그림 속 두 명의 뮤즈는 보이지 않는 존재이기 때문에 알몸을 하고 있어도 괜찮다는 이야기입니다.

바로 이 지점에서 마네의 작품 〈풀밭 위의 점심〉과 티치아노의 〈전원 합주곡〉이 사람들에게 다르게 받아들여집니다. 마네의 〈풀밭 위의 점심〉은 현실 속 여인을 누드로 묘사했기 때문에 외설의 혐의를 피할 수 없었던 것입니다.

그림에 담긴 메시지는 이렇게 시대와 해석에 따라 크게 달라집니다. 그림 속 누드 여성이 어떤 경우에는 예술이 되고, 또 어떤 경우에는 외설의 혐의에 휩싸이고 맙니다. 무엇이 예술이고 외설인지 궁극적인 판단은 물론 감상자의 몫입니다.

연극을 그림으로 감상하는 묘미

프랑스 절대왕정의 정점을 찍었던 루이 14세Louis XIV, 1638~1715를 가리켜 '태양왕'이라 부르기도 하는데요. 무소불위의 권력을 휘둘렀던 그를 생각하면 '태양왕'이라는 별칭이 이해가 됩니다. 그런데 '태양왕'은 그의 발레 사랑 때문에 붙여진 별칭이라는 재밌는 이야기가 전해집니다. 루이 14세는 발레를 지나치게 좋아한 나머지 아폴로 분장을 하고 공연에서 직접 태양 역할을 했다고 합니다.

'국왕이 무대에서 발레를 한다?' 예나 지금이나 쉽게 상상이 되지 않는 일입니다. 아무튼 프랑스는 궁정의 든든한 후원 아래 왕립 발레학교를 만들어 운영하기도 합니다. 유독 프랑스에서 제작하는 오페라에 발레 장면이 꼭 들어가게 된 것도 왕실이 주도했던 문화의 전형적인 특징인 셈이지요.

여기 소개하는 그림은, 마치 재밌는 상황극의 한 장면을 묘사해놓은 것 같습니다. 루브르에서 이 그림을 처음 보고 '도대체 뭐지?' 하며 궁금해

클로드 질로, <두 대의 마차>, 1707년, 캔버스에 유채, 127×160cm

앙리 기세이, <아폴로의 모습을 한 루이 14세>, 1654년, 소묘, 30×22cm, 버크셔주 윈저 성(로열컬렉션)

했던 기억이 납니다. 이 그림은 예술적인 완성도는 부족해 보이는데도 루브르의 프랑스 회화관에 당당히 입성(!)해 있습니다. '풍속화가 아닐까?'하고 생각하다가 '아하!' 하는 분들도 계실 듯합니다. 그렇습니다. 이 그림은 연극의 한 장면을 그린 것입니다.

예술이 진보한다는 것은 무엇일까?

"루이 14세 재위 동안 프랑스의 연극 역시 눈부시게 발전했고, 새로운 시도들도 이어졌다. 로코코 시대 궁정화가인 장 앙투안 와토Jean Antoine Watteau, 1684~1721의 제자였던 클로드 질로Claude Gillot, 1673~1722는 이 그림에서 스카라무슈*와 아를레퀸*을 순서대로 그려넣으면서 '코메디아 델 아르테'를 소개하고 있다. 질로는 동시에 무대 의상과 소품까지 상세히 묘사한다."

'코메디아 델 아르테(Commedia dell'Arte)'란 1500년대부터 이탈리아에서

클로드 질로, 〈두 대의 마차가 등장하는 장면〉, 1712~1716년, 소묘, 15×21cm, 뉴욕 메트로폴리탄미술관

시도된 연극의 한 형태입니다. 셰익스피어William Shakespeare, 1564~1616의 극본처럼 대사가 정해진 것이 아니라 가면을 쓰고 나오는 배우들이 즉흥적으로 위험하거나 우스꽝스럽거나 갈등을 일으키는 에피소드를 만들어 자유롭게 표현하는 형식이지요.

1500~1600년대에 이르기까지 이탈리아는 여전히 가장 발달한 문화강국이었습니다. 루이 14세 시절 프랑스는 이탈리아의 발레를 가져와 발전

---

* **스카라무슈(Scaramouche)** : 무대에서 까만 의상을 입고 항상 기타를 들고 나와 비굴하면서도 허풍떠는 익살꾼 역.
* **아를레퀸(Arlequin)** : 스카라무슈와 함께 이탈리아 연극 델 아르테에 나오는 인물로, 마름모 모양의 색깔 있는 의상을 입고 검은 가면을 쓰고 나와 관객들에게 웃음을 주는 캐릭터.

클로드 질로, 〈마스터 앙드레의 무덤〉, 1716~1717년, 캔버스에 유채, 100×139cm

시켰고, 이탈리아의 연극도 수입해서 즐겼습니다. 이탈리아 형식인 '코메디아 델 아르테'는 프랑스에서 프랑스답게 변형이 됩니다.

"이 장면은 〈생 제르망 시장〉이라는 1695년에 제작된 프랑스판 델 아르테 극의 한 에피소드를 묘사한 것이다. 두 가마꾼이 좁은 길 한가운데서 서로 길을 막고 대치하고 있고, 두 명의 주인은 절대 길을 양보할 생각이 없다면서 하인들을 독려하며 서로 모욕하는 중이다."

고위 관직에 있는 사람이 서로 갈등을 빚고 하인과 섞여서 욕을 하게 되면 풍자와 조롱, 그리고 다양한 금기성 발언들을 넘나들게 됩니다. 원래의 코메디아 델 아르테는 이런 자유로운 형식이었지만, 왕이 수입해 와서 발전시킨 경우라면 좀 달라지겠지요. 프랑스는 즉흥극에서 뭔가 더 모양새가 격조 있게 갖춰지고 좀 더 볼거리가 많은 것으로 발전시킵니다만, 그게 과연 발전이었을까는 다시 생각해 볼 필요가 있습니다.

"희한하게 생긴 두 대의 가마를 보자. 인력거라고 불렀던 이 가마는, 마치 수확한 포도를 따서 옮기는 손수레같이 생겼다. 많은 연극이 그렇듯이 여성 배역은 남성들이 여성 분장을 하고 연기했다. 왼쪽의 스카라무슈를 보면 수염이 많이 나 있으면서도 여성의 옷을 입고 있다. 오른쪽의 아를레퀸은 가죽으로 만든 가면 덕에 쉽게 알아볼 수 있다."

클로드 질로는 화가로서 활동했을 뿐 아니라 무대 장치와 의상을 제작하는 일까지 했던 인물입니다. 따라서 이 그림은 여느 그림처럼 회화로서의 가치에 그치지 않고, 15세기 무대 예술을 참고할 수 있는 귀중한 자료로서도 그 의의가 있다 하겠습니다.

훗날 프랑스의 연극은 모든 유럽 국가가 부러워하는(특히 이탈리아가 그렇겠지요) 수준으로 발전하게 됩니다. 발레를 향한 루이 14세의 관심과 지원이 무대 예술의 발전으로 이어진 것이지요.

그런데 초창기 '코메디아 델 아르테'만의 재치 넘치고 자유로운 정신이, 오히려 프랑스 왕실의 든든한 지원 덕에 사라진 것은 아닐까 아쉬움이 남습니다. 무대는 더 화려해지고 극의 격조도 높아졌는지 모르겠지만 말이지요. 이 그림은, 예술의 진정한 발전과 진보가 무엇인지 다시 한 번 되돌아보게 합니다.

그림의 2차원성을 극복한 과학원리

'통섭(統攝, consilience)'이라는 말이 있습니다. "서로 다른 것을 한데 묶어 새로운 것을 얻는다"는 의미로, 인문 · 사회 과학이나 예술이 자연과학과 조화를 이뤄 시너지를 만들어내는 범학문적 연구를 뜻합니다. 이를테면, 미술에서 자연과학적인 요소를 발견해 예술과 과학이라는 서로 이질적인 분야를 한데 묶는 것이지요.

미술을 공부하다 보면 수도 없이 나오는 개념 중에 '원근법'이란 게 있습니다. 3차원의 물체가 위치하는 공간과의 관계를 2차원 평면에 묘사하는 기법을 말합니다. 원근법은 기하학에 바탕을 둔 수학 개념을 미술에서 활용한 것으로, 바로 통섭의 대표적인 예라 할 수 있겠습니다.

미술에서 원근법이 본격적으로 활용된 것은 15세기 이탈리아 피렌체에서 활동한 화가들을 통해서입니다. 여기 소개하는 파울로 우첼로Paolo Uccello, 1397~14750가 그린 〈산 로마노 전투〉는 원근법을 설명하는 데 빠지지 않는 대표 작품입니다.

회화와 기하학이 융합하다

"이 그림은 인공적으로 반짝거리는 효과를 보여준다. 은을 얇게 펴서 위쪽에 덧입히는 방식으로, 반짝거리는 잔영이 남도록 한 것이다. 이 기법은 그림 속 말들의 갈기를 표현하는 데 효과가 두드러진다. 우첼로는 사실성을 배가시키기 위해 목마를 직접 제작해서 방향을 바꿔 가며 다양한 각도로 기마병을 묘사했다."

미술사는 우첼로를 이탈리아 초기 르네상스를 대표하는 중요한 화가로 기록합니다. 그는 피렌체 산 조반니 성당의 〈천국의 문〉을 제작한 기베르티Lorenzo Ghiberti, 1378~1455의 제자로도 유명하지요. 무엇보다 우첼로는 '원근법의 화가'로 기억됩니다. 우첼로가 활동하던 시기에 피렌체는 원근법을 정착시킨 곳이기도 하지요.

이 그림 〈산 로마노 전투〉에서는 각각 다른 방향으로 자세를 잡은 말들을 통해서 극단적으로 강조된 원근법의 구도를 발견할 수 있습니다. 좀 이상한 것은 화면에서 말과 사람이 너무 빽빽하게 들어차 있다는 점입니다. 아직 원근법의 활용이 좀 어설펐지요.

〈산 로마노 전투〉에서 그림 중앙의 기사.

두 권세가의 세력 다툼에 그림만 훼손

1432년 토스카나 지방의 패권을 두고 피렌체와 시에나 간에 전쟁이 벌어졌습니다. 초반에는 피렌체가 밀렸지만, 이 그림의 주인공 용병 대장 미첼레토 다 코티뇰라Micheletto da Cotignola의 강력한 저항으로 전세가 역전돼 마침내 피렌체가 승리합니다. 이 전쟁은 피렌체가 르네상스 초기에 주도권을 잡게 했던 여러 중요한 고비 중 하나였습니다.

파울로 우첼로, 〈산 로마노 전투〉,
1455년, 패널에 템페라, 182×320cm

"이 그림은 런던의 내셔널갤러리와 피렌체 우피치미술관에 〈산 로마노 전투〉라는 제목으로 전시된 작품들과 함께 연작을 이룬다. 이 연작은 1432년 6월 1일 이탈리아 토스카나의 루카 근처에서 벌어진 피렌체와 시에나 사이의 전쟁에서 피렌체가 거둔 중요한 승리를 기록하고 있다."

이 연작은 당시 권세가인 메디치 가문이 주문했다고 알려져 왔지만, 사실은 라이벌이었던 바르톨리니 가문이 우첼로에게 부탁한 것입니다.

파울로 우첼로, 〈산 로마노 전투〉, 1438~1440년, 패널에 템페라, 182×320cm, 런던 내셔널갤러리(위)
파울로 우첼로, 〈산 로마노 전투〉, 1436~1440년, 패널에 템페라, 188×372cm, 피렌체 우피치미술관(아래)

바르톨리니 가문의 좌장격인 레오나르도Leonardo Bartolini가 죽자 피렌체 최고의 실력자였던 로렌초 데 메디치Lorenzo di Piero de' Medici, 1449~1492가 이 그림을 사들이려 했다가 거절당하자 밤중에 도둑질해 갔다는 에피소드가 전해집니다.

세 개의 작품 모두 여백 없이 가득 찬 이유도 이 일화와 관련이 있습니다. 바르톨리니 가문이 거주하는 저택에서 원래 그림이 걸려있던 자리는 윗부분이 아치 모양으로 돼 있던 벽이었습니다. 그림도 벽의 형태에 맞도록 위쪽이 반타원형으로 제작된 것으로 추정됩니다. 하지만 로렌초가 강탈해 온 뒤에 윗부분을 잘라버린 것이지요. 그림 속 병사들의 창이 답답하게 들어차 있는 모습은 그런 사연 때문입니다.

> "이 연작은 원래 예전에는 피렌체 메디치 궁의 침실 벽을 장식해 왔다. 하늘을 향해서 찌를 듯이 솟아있는 창과 바람에 펄럭이는 깃발, 거친 보병과 흥분한 말은, 앞으로 치러질 전쟁이 얼마나 치열할 것인지 암시한다."

그 당시 권세가들의 다툼은 그림 속 전투만큼이나 점입가경이었습니다. 결국 죄 없는 그림만 훼손되고 만 것이지요. 이 연작은 지금도 한곳에 전시되지 못하고 있습니다. 서로 떨어져 있는 연작은 더 이상 연작이 아니지요. 원근법의 효시를 이룬 이 작품의 연작으로서의 진가를 확인하는 길은 여전히 요원해 보입니다.

고전 읽어주는 화가

17세기 프랑스 미술계에서 벌어진 유명한 논쟁 가운데 하나로 '색채 논쟁'이라는 게 있습니다. 바로크 미술의 거장 루벤스Peter Paul Rubens, 1577~1640가 회화의 기본은 '색채'라고 한 데 반해, 고전주의를 대표하는 푸생Nicolas Poussin, 1594~1665은 색채는 빛 변화의 산물이며 따라서 회화의 기본은 '빛'이라고 맞섭니다.

이 두 명의 화가는 예술가로서도 정반대의 길을 걷는데요. 루벤스가 화려한 예술적 성취와 경력을 써내려간 것과는 달리, 푸생은 인문고전과 신화, 역사적 소재에 천착해 시대와 타협하지 않는 작품 활동으로 평생을 보냅니다.

푸생은 17세기 프랑스가 배출한 화가라고 하기에는 무리가 있습니다. 그는 서른이라는 젊은 나이에 이탈리아로 유학을 떠나 죽을 때까지 40년 넘게 그곳에 머물며 작품 활동을 이어갑니다. 푸생은 당시 대부분의 화가가 고국으로 돌아가 명성을 쌓았던 것과는 다른 행보를 걸었지요.

니콜라 푸생, 〈시인의 영감〉, 1629년, 캔버스에 유채, 183×213cm

'궁정화가'라는 지위를 마다하다

"프랑스 궁정화가가 돼 달라고 루이 13세로부터 간곡한 청을 받았으나, 니콜라 푸생은 그의 대부분 경력을 이탈리아에서 보냈다. 이 그림에서도 이탈리아 대가들에게서 받은 영향이 뚜렷이 드러난다. 특히 티치아노Tiziano Vecellio, 1488~1576와 비슷한 표현이 돋보이는데, 따뜻한 색감의 사용이라든가 빛을 이용한 명암의 기교 등이 그러하다."

루브르가 밝힌 대로 루이 13세Louis XIII, 1601~1643는 이탈리아에 머물던 푸생을 궁정으로 불러들여 그곳의 모든 예술 작업을 총괄하는 중책을 맡깁니다. 하지만 궁정에서의 업무는 그의 작품 활동과 관련 없는 것들이 대부

<시인의 영감> 중에서 아폴로, 칼리오페, 월계관을 받기 직전의 젊은 시인.

분이었습니다. 왕실의 인테리어 업무에서 심지어 서적의 표지 디자인까지 도맡게 되었으니까요. 푸생은 루이 13세의 만류에도 불구하고 다시 이탈리아로 돌아갑니다. 일개 화가가 최고 권력의 상징인 왕의 간청을 뿌리친다는 것은 결코 쉬운 일이 아니었을 것입니다.

푸생의 작품을 가만히 살펴보면, 고대 그리스 · 로마의 신화를 소재로 이탈리아 르네상스 스타일로 구현해낸 예술적 미학이 돋보입니다.

"그림의 중앙에는 아폴로가 자리하고 있다. 그는 아름다움과 태양, 그리고 예술의 신이다. 그가 가지고 있는 리라는 줄이 없는데, 이는 시와 음악의 환영을 보여주는 듯하다. 동시에 리라는 시와 음악을 상징한다. 아폴로 옆에는 뮤즈 '칼리오페'가 있다. 그리고 이곳에 초대된 젊은 시인은 월계수로

만든 관을 받기 직전이다. 이것은 예술적 영감을 신화적으로 해석하는 대표적 방법이다."

그가 미술사에서 기억되어야만 하는 이유

〈시인의 영감〉은 푸생의 작품 중에서 꽤 예외적인 것으로 평가받습니다. 푸생은 종교화를 제외하면 이처럼 대형 크기의 그림을 그린 적이 별로 없습니다. 그래서인지 이 그림을 주문한 사람이 누구일까 궁금해집니다.

그림 속에서 월계관을 받는 젊은 시인은 베르길리우스Publius Vergilius Maro, BC70~BC19가 아닐까 짐작됩니다. 그 당시 시의 영감을 표현할 때 항상 등장하는 인물이 베르길리우스이기 때문입니다. 베르길리우스는 고대 로마의 '시성(詩聖)'이라 불릴 만큼 위대한 문인으로 꼽히는 인물이지요.

푸생은 〈시인의 영감〉에서 빛 효과로 명암을 표현함으로서 그림 속 색채를 좀 더 사실감 있게 구현했을 뿐 아니라, 인물들의 동작도 훨씬 자연스럽게 묘사했습니다. 오랜 세월이 지나 그림의 색감은 많이 바랬습니다. 그럼에도 불구하고 작품의 전체적인 분위기가 흐트러짐 없이 안정되고 선이 깔끔하게 표현된 것을 보면, 회화의 기본을 강조했던 푸생의 예술가적 풍모가 느껴집니다.

자, 이제 그림 속 주인공들을 좀 더 자세히 살펴보도록 하겠습니다. 뮤즈 칼리오페는 아홉 명의 뮤즈 중 제1서열로, 서사시와 시상(詩想)을 상징합니다. 아홉 가지 예술을 상징하는 뮤즈 중에 서열 1위가 서사시와 시상 담당이라는 점은, 고대 그리스인들이 예술에서 무엇을 가장 중요하게 여겼는지 짐작하게 합니다. 칼리오페는 아폴로를 가까이서 보좌하다가 아이까지 낳았는데, 그 아이가 바로 오르페우스입니다.

"뮤즈가 입고 있는 옷을 살펴보자. 푸생은 옷의 접힌 부분을 표현하기 위해 고대의 의복까지 연구했다. 또 그림의 완벽한 구상을 위해 등장인물들을 작은 인형으로 제작해 배치를 여러 번 바꿔가며 구도를 잡았다."

푸생은 교회나 왕궁 등 돈 많은 후원자가 원했던 대형 회화를 제작하는 것보다는, 고전 속 신화나 역사를 표현하기 위해 고증하고 실험하는 데 많은 노력을 기울였습니다. 그러다 보니 경제적인 어려움도 적지 않았을 것입니다. 재력가들의 후원을 받으며 인기에 영합하는 그림만을 좇아 그렸다면, 푸생은 고전주의의 거장으로 서양미술사에 존재하지 않았을 것입니다. 세속을 넘어설 때 예술은 훨씬 반짝거립니다.

줄리앙 피에르, 〈니콜라 푸생〉, 1804년, 대리석, 높이 164cm

예술의 진정한 가치는 무엇으로 평가해야 하는가?

중세라는 암흑기를 끝낸 사건은 르네상스라는 문예부흥 운동이었습니다. 시대를 바꾼 계기가 정치 · 경제보다도 문화 · 예술에서 일어났다는 점이 놀랍습니다. 정치적 헤게모니와 자본의 논리가 세상을 지배하는 지금으로서는 상상하기 힘든 일이지요.

르네상스는 유럽 전역에서 발현되지만, 이탈리아만큼 눈부신 성과를 이룬 곳은 없습니다. 이탈리아 반도 안에서도 특히 피렌체가 '르네상스의 메카'로 꼽힙니다. 피렌체를 가리켜 '천재들의 도시'라고 부르는데요. 정확하게 얘기하면 르네상스를 일으킨 천재 예술가들의 도시입니다. 피렌체 거리를 다니는 사람들 가운데 둘 중 하나는 천재 예술가였다는 우스갯소리도 전해집니다. 이곳에서 이탈리아 르네상스를 완성한 3대 천재가 모두 배출되는데요. 다 빈치Leonardo da Vinci, 1452~1519, 미켈란젤로Michelangelo Buonarroti, 1475~1564, 그리고 라파엘로Raffaello Sanzio, 1483~1520가 그 주인공입니다.

그런데 다 빈치와 미켈란젤로는 수긍이 가지만, 라파엘로가 거기에 낄

라파엘로 산치오, 〈뮤즈의 두상〉, 1510년경, 종이에 스케치, 30×22cm, 개인 소장

라파엘로 산치오, 〈파르나소스〉, 1510~1511년, 프레스코, 길이 670cm, 바티칸 성 베드로 대성당

수 있을까 하고 의아해하는 사람들도 있습니다. 다 빈치와 미켈란젤로의 작품과 명성만 놓고 봤을 때 그럴 수도 있겠구나 싶었는데요. 하지만 우연히 접하게 된 라파엘로의 데생 한 점만으로 왜 그가 르네상스 3대 천재인지 깨닫게 되었습니다.

소유보다 값진 향유

여기서 살펴볼 라파엘로의 작품은, 그의 '일생의 작업'이라 할 수 있는 바티칸 교황궁 벽화 시리즈를 제작하기 위해 그린 수많은 스케치 가운데 하나입니다. 16세기 들어 교황 율리우스 2세Julius II, 1443~1513는 바티칸 궁의 대규모 공사를 지시합니다. 이 공사를 계기로 대규모 벽화와 천장화 등이 그려지는데요. 성 시스티나 성당 천장을 장식한 미켈란젤로의 〈천지창조〉와 라파엘로의 〈아테네 학당〉 등이 모두 이 프로젝트를 통해 이뤄집니다.

라파엘로는 교황 집무실을 장식하는 벽화를 비롯해 〈아테네 학당〉을 포함한 벽화 시리즈를 남기는데요. 아마도 이 작업이 르네상스 3대 천재의 자격을 얻는 결정적인 계기가 아니었을까 생각됩니다. 라파엘로의 가장 유명한 대작으로는 단연 〈아테네 학당〉이 꼽힙니다. 하지만 이 작품의 유명세

〈파르나소스〉를 중앙의 아폴로를 기준으로 왼쪽과 오른쪽으로 나눌 때, 오른쪽에 있는 뮤즈(왼쪽에서부터 세 번째 뮤즈) 중 하나가 〈뮤즈의 두상〉의 주인공으로 보인다.

때문에 그의 다른 작품들이 조명을 덜 받는 것은 조금 아쉬운 일이지요. 이를테면 〈로마의 화재〉 〈성체 논의〉 〈파르나소스〉 같은 작품들은 〈아테네 학당〉에 견주어도 손색이 없을 만큼 훌륭합니다. 여기서 소개하는 데생은 〈파르나소스〉에 등장하는 뮤즈를 그리기 위한 밑그림입니다.

그리스 신화 속에서 파르나소스 산은 예언과 예술의 신 아폴로가 자신에게 영감을 주는 뮤즈들과 함께 기거하는 곳이지요. 라파엘로의 작품 〈파르나소스〉에 등장하는 인물들은 부드러운 곡선으로 우아하게 그려져 감탄이 절로 나오게 합니다. 색채가 화려한 옷을 입고 파티에 모인 선남선녀를 보는 것처럼 생동감이 넘칩니다.

그림 속 인물들은 각각 모델이 있고, 그에 따르는 스케치들도 존재했습니다. 스케치들은 시간이 지나면서 많이 유실됐는데요. 이 데생처럼 갑자기 발견되어 전 세계 컬렉터들을 흥분시키기도 합니다.

이 데생은 2009년 영국 크리스티에서 경매에 들어갔을 때 초기 감정가가 1200만 파운드나 됐습니다. 하지만 입찰이 시작되면서 경매가 과열 양상을 띠더니 결국 2920만 파운드까지 가격이 치솟아 낙찰됐지요. 검은 크레용으로 그려진 밑그림이 552억 원에 팔리다니 놀라운 일이 아닐 수 없습니다.

한편으로는 르네상스 3대 천재의 작품인데 그 정도의 가치는 충분하다는 주장도 일응 수긍이 갑니다. 하지만 "부자가 돈을 쓴다는데, 쓰도록 내버려 둬라"고 하는 냉소 섞인 태도에는 동의할 수 없습니다. 그렇잖아도 세상이 가진 자와 갖지 못한 자 사이의 극단적인 양극화로 흘러가는데, 예술 작품마저 그 도구로 전락하는 건 아닌지 저어됩니다. '수백만 달러를 호가하는 미술 작품은 가진 자들만의 향유 대상'이라는 생각이 퍼지면서, 아예 미술에 관해서 관심을 접는 일반인들이 적지 않기 때문이지요.

비록 500억 원이 넘는 돈은 없지만, 우리에게 필요한 것은 오리지널을 소장하고 있다는 허영심보다 라파엘로 작품의 예술적 가치를 알고 감상하고 즐거워할 수 있는 안목이 아닐까요? 섬세한 필치로 인물의 특징을 묘사한 라파엘로의 손길은 스케치이기 때문에 더 드러나는 것 같습니다. 오히려 채색이 됐을 때 그 생동감이 아쉬울 정도로 말이지요. 밑그림이지만 그것만으로도 충분히 완성도가 느껴집니다. 이렇게 미술 작품을 찬찬히 감상하며 음미하는 것만으로도 수백억 원 가치의 예술을 향유하게 되는 것이지요. 소유보다 값진 향유란 이런 것입니다.

벽 속에서 발견한 미의 여신들

서양미술사에서 '비너스의 화가'하면 누가 떠오르시나요? 아마도 〈비너스의 탄생〉(232쪽)을 그린 산드로 보티첼리Sandro Botticelli, 1445~1510가 첫손가락에 꼽힐 것입니다. 보티첼리는 이탈리아 피렌체 출신답게 우피치미술관 아니고서는 그의 작품을 만나기가 쉽지 않은데요. 하지만 예외가 있으니 바로 루브르입니다. 루브르가 무척 아끼는 이탈리아 르네상스 컬렉션 중에 보티첼리의 작품이 하나 있는데, 바로 여기서 소개하는 〈젊은 여인에게 선물을 내놓는 비너스와 삼미신〉입니다. 그런데 이 그림을 발견하게 된 경위가 재밌습니다.

먼저 루브르를 빼곡하게 채운 수만 점의 명화 중에서 이 그림을 찾아나서 보도록 하겠습니다. 자, 지금부터 루브르를 방문한다고 상상해 봅시다. 루브르는 들어서자마자 입이 떡 벌어지는 곳으로 유명한데요. 소장하고 있는 예술품 수와 어마어마한 전시 공간이 할 말을 잃게 하지요. 루브르에서 길을 잃지 않기 위해서는 하나의 기준점이 필요합니다.

산드로 보티첼리, 〈젊은 여인에게 선물을 내놓는 비너스와 삼미신〉, 1484년경, 프레스코 벽화, 211×283cm

산드로 보티첼리, 〈로렌초와 예술의 여신들과의 대화〉, 1484년경, 프레스코 벽화, 237×269cm
〈젊은 여인에게 선물을 내놓는 비너스와 삼미신〉과 함께 발견된 벽화.

어딘지 대략 짐작이 가시지요? 그 기준점이 되는 곳은 〈모나리자〉(41쪽) 앞입니다. 루브르를 처음 방문한 관람객들이 가장 먼저 향하는 곳이 〈모나리자〉 앞이기 때문입니다.

〈모나리자〉를 보기 위해 지나는 길에서 다행히 몇 차례의 안내판을 만나게 됩니다. 그것을 따라가는 도중에 큰 계단에서는 〈사모트라케의 승리의 여신상〉(69쪽)을 만나게 되고, 오른쪽으로 돌아 긴 복도로 들어서면 드디어 이탈리아 르네상스 컬렉션들이 전시된 방들이 나옵니다. 그 첫 번째 방에 보티첼리의 작품 가운데 하나인 〈젊은 여인에게 선물을 내놓는 비너스와 삼미신〉이 있습니다.

보티첼리식 아름다움의 절정

1863년 이탈리아 피렌체 근교의 빌라 레미에서 내부공사 도중 회칠한 벽을 뜯어내는 과정에서 이상한 것이 발견됩니다. 프레스코 벽화였습니다. 어떤 이유로 그 벽화 위에 다시 회칠이 돼 있는지는 몰라도 공사 책임자는 일단 전문가를 불러와야겠다고 생각하고 공사를 중단했습니다. 이 빌라는 1400년대 메디치 가문으로부터 후원을 받았던 토르나부오니 집안의 것이었습니다.

고미술 상인이자 연구가인 바르디니(Birdini)는 이 그림을 보자마자 보티첼리의 것이라고 확신했습니다. 이 그림 옆에 다른 그림들이 이어지는 것을 발견한 그는, 벽을 통째로 자기에게 팔 것을 제안합니다. 집 주인으로부터 벽을 매수한 바르디니는 그림을 벽에서 떼어내다가 돌이킬 수 없는 실수를 하고 맙니다. 세 번째 그림은 거의 반 이상이 훼손되고 나머지도 복원조차 불가능할 정도로 파손되지요. 바르디니는 나름 전문가였지만 벽에서 프레스코 그림을 분리하는 데는 서툴렀습니다. 다행히 심한 훼손 없이 건진 두 벽화는 그로부터 11년 뒤 루브르가 구매합니다.

이 그림 〈젊은 여인에게 선물을 내놓는 비너스와 삼미신〉이 그려진 1484년은 보티첼리가 로마에서 시스티나 성당 벽화 작업을 마치고 돌아온 해입니다. 시스티나 성당의 천장 벽화는 미켈란젤로Michelangelo Buonarroti, 1475~1564의 작품이고, 그 외에 양쪽 벽에는 피렌체 지역 유명 화가들이 벽화를 그려 넣었는데, 그중에 보티첼리도 포함돼 있었습니다. 당시 보티첼리는 프레스코 벽화 작업에 한껏 매료되어 있었습니다. 잘 다듬어진 나무 패널 위에 주로 템페라 물감으로 그림을 그렸던 보티첼리에게 프레스코 벽화는 분명 새로운 시도였습니다. 빌라 레미의 벽화를 찬찬히 살펴보면 보티첼리의 프레스코 벽화 실력이 대단했음을 느끼게 됩니다.

보티첼리는 젊은 시절에 피렌체의 명망가이자 권세가이던 메디치 가문의 아카데미에서 일했습니다. 이때 메디치 가문과 친분이 있던 토르나부오니 집안에서는 아들 '로렌초'의 신부 '지오바나 아비지'가 등장하는 그림을 보티첼리에게 주문합니다. 그림 속 짙은 색 옷을 입은 아가씨가 바로 그 지오바나입니다. 두 번째 벽화 〈로렌초와 예술의 여신들과의 대화〉에서 로렌초가 예술의 여신들과 대화를 나누는 장면도 퍽 인상적입니다.

"사랑의 신 비너스와 미의 세 여신이 건네는 천에 싸인 선물을 젊은 여인이 받고 있다. 이 사랑의 선물을 받는 여인의 오른쪽에 큐피드가 보인다. 짙은 색의 옷을 입은 젊은 여성의 얼굴이 굳어 있는 반면, 비너스를 수행하는 세 명의 여신은 자연스럽고 편안한 태도로 그려져 있다. 특히 맨 왼쪽

〈젊은 여인에게 선물을 내놓는 비너스와 삼미신〉 중 비너스(머리카락 쪽이 훼손된 인물)와 삼미신.

두 여신은 보티첼리식 아름다움의 절정이다."

이 작품이 많은 사람에게 사랑받는 이유는 미의 여신들 때문입니다. 이들의 외모를 가만히 살펴보면, 말 그대로 '여신급'이라는 데 동의하지 않을 수 없습니다. 루브르의 기념품 가게에는 이 여신들을 모델로 한 책과 기념품이 참 많습니다.

보티첼리의 미인을 그려내는 솜씨는 이미 〈비너스의 탄생〉에서 입증되었습니다. 바르디니가 빌라 레미의 벽에서 이 그림을 처음 봤을 때 보티첼리의 작품임을 확신했던 건 바로 이 여신들 때문 아니었을까요? 이렇게 아름다운 여신을 그려낼 수 있는 화가로 보티첼리 말고 다른 사람을 생각하는 것은, 바르디니에게는 퍽 어려웠던 모양입니다.

고정관념에 갇히면 더 이상 예술이 아니다!

여기서 소개하는 그림은 〈발팽송의 욕녀〉라는 작품입니다. 한때 이 그림의 제목 때문에 잠시 갸우뚱했던 기억이 납니다. '욕녀?' 일상적으로 사용하는 단어가 아니지요. 그림 속 모델이 누드이기도 해서 그런지 '욕'이라는 뉘앙스가 성적인 오해를 불러올 수도 있겠습니다. 여기서 '욕'은 '씻는다(浴)'는 의미입니다. '욕녀'란 '목욕하는 여인'을 가리킵니다. 발팽송은 이 그림을 기증한 사람입니다. 아무래도 이 그림의 제목을 〈발팽송의 목욕하는 여인〉으로 고쳐 표기하는 게 좋을 듯합니다.

"앵그르Jean Auguste Dominique Ingres, 1780~1867의 작품은 자주 스캔들을 일으켰다. 혁신을 이야기하는 후배 화가들이 가장 전통적이고 보수적인 가치를 대표하는 그의 그림들을 비웃고 조롱했기 때문이다. 동시에 기존 화단에서도 그에 대한 비판이 적지 않았다. 이 그림은 살롱에 등단한 앵그르가 로마상 1위로 뽑힌 뒤 로마에서 유학 중에 그린 것이다. 그런데 이 그림은 프랑스에

장 오귀스트 도미니크 앵그르, 〈발팽송의 목욕하는 여인〉, 1808년, 캔버스에 유채, 146×97cm

도착하자마자 적지 않은 논란을 불러일으키며 비난의 대상이 되고 말았다."

이십 대 청년에게 쏟아진 질타

앵그르가 로마상 1위를 차지한 것은 스물한 살 청년 때였습니다. 그 당시 로마상은 젊은 신진 화가들이 고대 문화의 총본산인 로마로 유학할 수 있는 등용문이었습니다. 수상자에게는 로마로 유학을 다녀올 수 있는 비용이 지원되었으니까요.

툴루즈 근처 시골 출신인 이 가난한 예술가는 로마상 1위를 수상했지만, 재정적으로 어려웠던 정부가 국비 장학금 지급을 6년이나 미룬 탓에 스물일곱이 되어 겨우 로마로 떠날 수 있었습니다. 그리고 다시 1년이 흘러 앵그르는 국비 유학생의 중간 평가 명목으로 이 그림을 그려 프랑스로 보낸 것입니다.

앵그르의 로마상 수상작이 그리스 신화 일리아드를 주제로 한 것인데 반해, 이 그림은 국비 장학생의 미션 수행 작품이라고 하기에는 그리 적절하지 못했었나 봅니다. 하지만 아무리 그렇더라도 그토록 강한 비난에 직면하리라곤 앵그르도 예상하지 못했을 것입니다. 도대체 무엇 때문에 이 그림은 그토록 혹평에 시달려야 했던 걸까요?

이 그림이 발표되었던 당시 비난이 컸던 이유는, 그림 속 묘사가 '일반적인 여성'의 목욕 장면이라는 사실 때문이었습니다. 누드모델이 신화나 역사 속 인물이 아니라 현실 속의 일반인이라는 점이 그 당시로서는 용납될 수 없었던 것이지요. 다시 말해 신화 속 인물의 누드는 예술의 소재로 되지만, 현실 속 일반인의 벗은 모습은 외설적인 나체라는 게 그 당시 통념이었습니다. 아울러 이 그림에 묘사된 여성의 몸이 심하게 왜곡된 기형이라면서, 앵그르에게 화가로서의 소양이 부족하다는 혹평까지 따라 붙었습니다.

마티스와 피카소도 닮고자 했던 파격

"여성의 육체에서 풍겨 나오는 육감적인 부드러움, 그리고 무념무상의 편안함은 잊어버리고 자세히 관찰하자. 당신은 뭔가 이상함을 찾았는가? 앵그르는 한 번도 해부학적으로 정확한 몸을 묘사한 적이 없다. 그의 그림 속 여성의 벗은 몸은 그의 취향에 따라 왜곡되거나 변형되기 일쑤였다. 이 그림 속 여성의 몸 역시 아름다움을 지나치게 강조하려는 의도 탓에 과장이 심하다. 바로 이런 점을 마티스와 피카소는 매우 흥미 있어 했으며, 그들의 누드에도 적용했다."

하지만 앵그르의 과장이 지나친 누드는 머지않아 전 유럽에 명성을 떨치게 됩니다. 심지어 후대 화가들까지 그의 표현을 전범으로 삼았을 정도가 되지요. 앵그르의 또 다른 걸작 〈그랑드 오달리스크〉(310쪽 참조)에서도 기형적이고 왜곡된 여성의 누드가 시선을 사로잡습니다.

예술에서 파격은 늘 비판과 비난의 대상이 됩니다. 미술사를 살펴보면, 일반 대중의 시선보다 전문가나 평론가의 잣대가 훨씬 보수적일 때가 많습니다. 〈발팽송의 목욕하는 여인〉에 폭발했던 그 당시 미술계 전문가들의 고정관념도 이를 뒷받침합니다.

예술 작품이 발표된 바로 그 시점에는 도대체 어디까지가 수준 높은 예

앙리 마티스 〈푸른 누드〉, 1952년, 콜라주, 116.2×88.9cm, 파리 퐁피두센터

장 오귀스트 도미니크 앵그르, 〈소욕녀-하렘의 내부〉, 1828년, 캔버스에 유채, 35×27cm
앵그르는 〈발팽송의 목욕하는 여인〉에 쏟아진 혹평에 크게 개의치 않았던 것 같다. 그는 1828년 〈소욕녀-하렘의 내부〉, 1862년 〈터키탕〉에도 〈발팽송의 목욕하는 여인〉에 등장하는 여인과 동일한 인물을 그렸다.

술이고 디서부터가 저질의 쓰레기인지 혼란스러울 때가 많습니다. 하지만 시대가 바뀌고 사람들의 통념이 뒤바뀌면 예술에 대한 관점도 변하기 마련인가 봅니다. 마티스Henri Matisse, 1869~1954와 피카소Pablo Picasso, 1881~1973 같은 대가들이 앵그르가 그린 기형적인 누드에서 중요한 예술적 모티브를 얻을 거라고 어느 누가 상상이나 했을까요?

스승의 그림자를 벗어나기 위한 몸부림

엘 그레코, 〈두 명의 기증자에게 경배받는 십자가의 예수〉, 1580년경, 캔버스에 유채, 260×171cm

여기 십자가에 못 박힌 예수를 그린 성화가 있습니다. 주제만 놓고 보면 누가 봐도 전형적인 종교화입니다. 그런데 이 그림, 다른 성화들에 비해 좀 이상하다는 생각이 들지 않나요?

예수나 성모 마리아를 그린 성화는 대체로 색이 화려하고 인물이 균형 있고 조화로운데요. 이 그림은 전반적으로 채색도 어둡고 십자가에 못 박힌 예수의 몸도 균형미가 떨어져, 왠지 성스러움하고는 거리가 멀게 느껴지기도 합니다. 하지만 스페인 사람들은 오히려 이 그림을 매우 성스럽게 여긴다는데요. 아무튼 예술 작품의 감상 폭은 매우 주관적이고 다양한 것 같습니다.

이 그림을 그린 이는 도메니코스 테오토코풀로스Domenikos Theotokopoulos, 1541~1614라는, 다소 발음하기 어려운 이름의 화가입니다. 길고 복잡한 이름 탓에 엘 그레코(El Greco : 그리스 사람)라는 별명이 더 친숙하지요. 이 책에서도 편의상 별명으로 표기하도록 그에게 양해를 구해야겠습니다.

그리스에서 온 열혈 화가

실제로 엘 그레코는 그리스 크레타 섬에서 그림을 그리기 시작했습니다(서양미술사에서 그리스 출신 화가는 드물기 때문에 그의 별명이 수긍이 갑니다). 화가로서 본격적인 성장 무대는 이탈리아 베네치아였고, 훗날 스페인 궁정화가로 활동하기도 했습니다.

> "그때까지만 해도 문화 · 예술의 변방이었던 스페인에 도착한 엘 그레코는, 이탈리아에서 습득해온 아방가르드(avant-garde : 기존 인식과 가치를 부정하고 새로운 개념을 추구하는 전위예술) 스타일로 큰 주목을 받았다."

크레타 섬에서 성화의 일종인 이콘(icon : 동방교회에서 발달한 예배용 화상)을 그리던 엘 그레코는, 미술공부를 좀 더 깊이 있게 하려고 이탈리아로 건너갑니다. 재밌는 사실은, 엘 그레코는 베네치아에서 티치아노Tiziano Vecellio, 1488~1576의 제자였지만, 오히려 그의 작품들은 당시 티치아노의 라이벌이었던 틴토레토Tintoretto, 1518~1594의 화풍과 닮아있습니다. 그래서 미술사에서는 엘 그레코를 틴토레토가 속한 마니에리즘(매너리즘의 이탈리아 표기) 화가로 분류합니다.

"시각에 대한 폭력"?

엘 그레코의 작품은 분위기가 정말 특이합니다. 사인이나 표시 없이도 그의 작품을 쉽게 찾을 수 있을 정도니까요. 스승 티치아노의 화풍은 그의 작품에서 거의 느껴지지 않습니다. 당시 티치아노는 베네치아 미술의 대

〈두 명의 기증자에게 경배받는 십자가의 예수〉에서 뒤틀린 예수의 얼굴.

가였습니다. 초상화든 종교화든 장르에 상관없이 엄청난 작업량을 과시했고, 실제로 유럽 여러 왕실로부터 주문이 쏟아졌지요.

이런 거장을 스승으로 둔 제자들은, 자신의 작품 속에서 개성을 살리기가 현실적으로 불가능합니다. 하지만 엘 그레코는 스승의 스타일을 그대로 따르지 않았습니다. 여기 소개하는 그림에 대한 루브르의 글을 살펴보겠습니다.

〈두 명의 기증자에게 경배받는 십자가의 예수〉 하단 왼쪽의 성직자(왼쪽)와 오른쪽의 귀족(오른쪽).

"예수의 피부가 이미 초록빛을 살짝 띠고 있는 것도 논란거리였던 이 그림은 엘 그레코가 그린 초기 작품이다. 구름은 회오리처럼 올라가고 얼굴의 형태도 뒤틀어져 있다. 예수가 하늘을 향해 고개를 돌리고 있는 각도는 전체적으로 그의 신체만큼이나 그림을 뒤틀려 보이게 한다. 이 그림의 기괴한 구성은 심지어 시각에 대한 폭력으로 보일 정도다."

이 그림은 부정확한 인체 비율 및 색감과 배경 등 모든 요소가 보는 사람을 불안하게 합니다. 그래서 루브르는 이 그림을 두고 "시각에 대한 폭력으로 보일 정도"라고까지 표현합니다. 조화로움을 강조하고 색감을 풍부하게 사용하는 스승 티치아노의 화풍을 어디에서도 찾아볼 수 없습니다. 하지만 이 그림은 파격적이고 전위적인 시도 속에서도 예술적 완성도를 이뤄냅니다. 엘 그레코가 미술사에 이름을 남길 수 있는 지점입니다.

"십자가 아래 두 명의 사람은 이 그림 제작 경비를 내고 수도원에 기증했던 사람들이라는 것 말고는 알려진 바가 거의 없다. 두 사람의 표정은 예수의 죽음에 크게 감동 받은 듯이 보인다. 이 그림은 표현 방식이 전위적이지만 그 주제만큼은 분명하게 전달한다. 아울러 두 사람의 복장은 완벽하게 대칭을 이루고, 손의 자세 또한 흐트러짐 없다."

엘 그레코는 화가로서의 활동 무대를 예술의 메카인 이탈리아 베네치아에서 불모지인 스페인으로 옮깁니다. 스승 티치아노의 우산으로부터 완전히 벗어나지요. 다행히도 엘 그레코의 파격적인 개성과 시도는 스페인에서 인정을 받았던 모양입니다. 궁정화가에 준하는 대우를 받았으니까요. 만일 엘 그레코가 스승 티치아노의 화풍을 충실하게 계승했다면, 미술사는 그의 별명(!)을 기록하지 않았을 것입니다. 당시 티치아노가 이뤄낸 성과는 오롯이 스승의 것이지 자기의 것이 아니라는 사실을, 변화를 두려워하지 않았던 이 열혈 화가는 깨달았던 것입니다. 훗날 미술사는 엘 그레코의 파격적인 예술적 시도가 르네상스 이후 바로크(211쪽) 미술의 전조가 되었다고 기록합니다.

미술이 곧 일상인 삶이란?

〈오후 4시의 살롱〉이라는 특이한 제목의 이 그림이 그려진 1847년경, '살롱'으로 불리는 '국립미술대전'이라는 문화 이벤트는 프랑스에서 가장 중요한 연례행사였습니다. 1년에 한 번 3월부터 6월 말까지 루브르의 그랜드 갤러리에서 열리는 '살롱'에는 무명 화가부터 대가에 이르기까지 모두가 참가해 그 당시 미술의 현재와 미래를 조망했습니다. 아울러 젊은 화가들에게는 하나의 등용문 역할도 했지요.

한편, 살롱 입상자에게 보장된 예술가로서의 삶뿐만 아니라 사회적 지위는 꽤 매력적이었습니다. 비록 시대와 분야는 다르지만, 요 몇 년 동안 우리나라 방송 · 연예계에서 불고 있는 오디션 열풍하고 다르지 않다고 할까요. 아무튼 살롱은 파리 시민에게 중요한 볼거리이기도 했습니다.

아돌프 타바랑Adolphe Tabarant, 1863~1950이라는 미술 평론가는 살롱에 대해서 이렇게 논평하기도 했습니다. "살롱은 거기서 성공하는 예술가에게 모든 것을 줄 수 있다. 순수한 예술적인 만족과 존경, 명성 그리고 부와 안락한

프랑수아 오귀스트 비아르, 〈오후 4시의 살롱〉, 1847년, 캔버스에 유채, 57×67cm

생활까지."

여기서 소개할 작품은, 이처럼 예술가들에게 매력적이었던 19세기 살롱의 한 풍경을 묘사한 것입니다. 이 그림은 과거 프랑스 미술계의 풍토를 살피는 귀한 자료로서의 가치를 함께 지닙니다.

> "이 특별한 연례 전시회는 젊은 예술가들에게는 잔인한 도박이기도 했다. 이 수많은 그림 속에서 그들은 어떻게 대중에게 선택받았을까? 프랑수아 오귀스트 비아르François Auguste Biard, 1798~1882가 그린 〈오후 4시의 살롱〉은 1847년 열렸던 살롱의 현장을 유머러스하게 묘사한다."

삶과 예술의 괴리를 좁혀 주는 연결고리

모더니즘 시대가 도래하기 전 마지막 시기를 보내고 있던 19세기 프랑스 미술계에는 아카데미 교육 방식이 절정을 이뤘습니다. 미술에서 정해진 주제와 표현 방식 그리고 따라야 할 규칙들이 견고하게 자리하고 있었지요. 창의성보다는 연습을 통해 완벽한 테크닉을 선보여야 했습니다. 상황이 이러하다 보니, 변별력이 없는 경쟁에서 작품을 평가하는 것도, 또 거기서 살아남기도 쉽지 않은 일이었습니다.

> "그림은, 오후 4시경 빨간 제복을 입고 나폴레옹 모자를 쓴 행사 진행요원들이 '문을 닫을 시간입니다!'라고 소리치면서 폐장 시간을 알리는 순간을 묘사한 것이다. 이 그림을 그린 화가 비아르는 행사장 진행요원의 마지막

알림의 순간을 전시장의 환경과 묘하게 대립시키고 있다. 그림들이 걸린 내부 전시장은 조명이 어둡다. 또 그곳에서는 그림들이 너무 밀집해 걸려 있어 화가들의 이름조차 확인하기 어렵다. 심지어 관람객들이 이동하기도 쉽지 않아 보인다."

예술이 시대의 요구를 반영하지 못할 때가 종종 있습니다. 사람들의 삶과 예술의 거리가 서로 멀어지면, 예술은 어려워지고 삶은 삭막해집니다. 바로 이때, 살롱은 삶과 예술의 괴리를 좁혀 주는 연결고리 역할을 해왔습니다. 그림 속에서 관람객들을 갤러리 밖으로 내보내기 위해 고생하는 두 명의 안내인들의 동작이 다소 코믹하게 보입니다. 물론, 이 그림을 그린 화가의 가장 큰 관심은 관객과 거리를 좁히지 못하고 걸려 있는 그림들일 것입니다. 화가는 시대와 조응하지 못하는 당시 미술계를 그렇게 표현하고 있는 듯합니다.

"그림 속 등장인물들은 마치 신문 만평의 카툰처럼 과장된 표정을 짓고 있다. 그림 앞에서 황홀해하는가 하면, 지겨워하거나 반감을 드러내기도 한다. 그 당시 신문이나 예술 잡지는 지금 기준에서 보면 상당히 자극적인 평가를 통해 살롱 참가자 중에서 구제해 줄 화가와 탈락시킬 화가를 구분했다. 살롱 관람객들은, 살롱에 공모한 작품들을 향해 쏟아낸 매체들의 비평을 통해 작품에 대한 정보를 미리 접하기도 했다."

그 당시 프랑스에서도 지금 못지않게 예술에 대한 언론의 입김이 적지 않게 작용한 듯합니다. 루브르의 설명을 참작하건대, 언론이 대중으로 하

오노레 도미에, 〈비평가의 행진〉, 1865년, 석판화, 23×21cm, 워싱턴D.C.국립미술관

여금 예술에 대한 관심과 지평을 넓히는 계기를 넘어서 선입견을 조장하는 역기능을 하기도 했던 모양입니다. '파리의 풍자꾼'이라 불린 도미에Honoré Daumier, 1808~1879의 작품 〈비평가의 행진〉을 보면 공모작에 이런저런 평론을 쏟아내는 언론에 대한 화가의 불편한 심기가 느껴집니다.

19세기 중반 당시 살롱 관람객 수는 연간 100만 명을 넘겼다고 합니다. 이 규모는 파리 전체 인구에 육박합니다. 가히 국가적인 행사 수준이었지요. 이처럼 엄청난 규모의 살롱은 문화 행사의 기능 말고 또 어떤 역할을 했을까요? 당시 국가는 살롱을 통해 발표되는 새로운 걸작들을 구매해 박물관으로 보내 전시하도록 했습니다. 아울러 살롱을 통해서 배출되는 신진 예술가들에게 관공서의 벽화나 초상화 등 국가기관이 필요로 하는 작업을 맡겼습니다. 살롱은 부작용도 적지 않았지만, 프랑스의 근대 미술이 발전하는 데 나름 토양이 됐음을 부인할 수 없습니다.

'살롱(salon)'의 뜻을 사전에서 찾아보면, '거실' '응접실'이라고 나옵니다. 프랑스인들이 거실에 모여 그림을 감상하는 일상적인 모임에서 파생돼 거대한 문화 행사로 이어진 것이지요. 프랑스에서 미술은 예술이기 전에 일상 그 자체였던 셈입니다. 아니, 예술이 곧 삶이었는지도 모르겠습니다.

〈오후 4시의 살롱〉 중 폐장을 알리는 진행요원과 신문 또는 비평지 등을 읽고 있는 관람객.

어느 낭만주의자들의 허무했던 사랑

격정에 휩싸인 것처럼 보이는 그림 속 남자는 한눈에 봐도 예술가입니다. 치켜뜬 눈과 범상치 않은 표정은 예술가적 카리스마를 발산합니다. 그렇습니다. 어린 시절 다녔던 피아노학원에서 가장 많이 본 그림! 르누아르Auguste Renoir, 1841~1919의 〈피아노 치는 소녀들〉과 이 예사롭지 않은 인물의 초상화지요. 바로 프레데리크 쇼팽Frédéric Chopin, 1810~1849이 그림 속 주인공입니다.

"원래 이 그림에는 두 명의 인물이 등장하는데, 여기 전시된 것은 반으로 잘린 것 중 하나다. 두 명의 주인공은 피아니스트이자 작곡가 쇼팽과 작가 조르주 상드다. 아마도 둘 사이가 좋았던 1838년 그려진 것으로 보인다. 들라크루아 생전에 완성되지 못한 채 남아 있던 이 그림은 1863년과 1874년 사이에 알 수 없는 이유로 반으로 나누어졌다. 원래의 그림 속에서 쇼팽 곁에 앉아 있던 조르주 상드 부분은 덴마크 코펜하겐에 있는 미술관이 사들

외젠 들라크루아, 〈쇼팽의 초상화〉, 1838년, 캔버스에 유채, 46×38cm

여 그곳에 소장돼 있다."

녹턴이 떠오르는 초상화

들라크루아Eugène Delacroix, 1798~1863의 붓 터치에서 열정과 힘이 느껴집니다. 억지로 쥐어짜는 게 아니라 한마디로 폭발을 일으킨다고 표현하고 싶습니다. 폭발은 색과 빛을 능숙하게 지휘합니다. 이 그림은 미완성이기에 그 투박함에서 오히려 더 힘이 느껴집니다. 화가의 강렬한 붓 터치는 그 당시 쇼팽의 병색 짙은 인상을 지워버리기에 충분합니다.

"이 그림에서 우리는 곧바로 쇼팽의 분위기를 살피게 된다. 쇼팽의 묘한 시선과 살짝 고개를 갸우뚱거리는 얼굴에서 극적으로 대비되는 빛의 잔상을 읽을 수 있다. 그림 속 모든 요소는 이 음악가의 낭만주의적 정신을 완벽하게 표현하는 데 기여한다."

이 그림에 대한 정보 없이 제가 어린 시절에 느꼈던 감흥은, 뭐랄까요, 쇼팽의 눈빛에서 예술을 위해 치열하게 고민하는 영웅의 면모였습니다. 미술사를 공부하는 어른이 되어 루브르에서 이 그림 앞에 서보니, 들라크루아가 쇼팽의 예술가적 고뇌로 가득 찬 모습에 자신을 반영한 것일 수도 있겠구나 하는 생각을 보태게 됩니다.

자, 이제 많은 사람이 궁금해하는 바로 그 점에 관해서 이야기해 보도록 하겠습니다. 어째서 이 그림이 둘로 나누어졌고, 상드George Sand, 1804~1876를 그린 부분은 왜 한동안 발견되지 않았는지 정확하게 설명할 수 있는 사람은 없을 거라고 루브르는 말합니다. 하지만 아무리 그렇더라도 두 사람의 이야기를 여기서 마치면 안 되겠지요?

쇼팽(위쪽)과 상드(아래쪽)의 사진.

불꽃 같았던 예술, 허무했던 사랑

이 개성 강한 문학가와 음악가 커플은 서로를 존중했지만 자주 충돌하기도 했습니다. 그 당시 두 사람의 갈등은 알 만한 사람은 다 아는 사실이었다고 합니다. 결국 두 사람은 결별하게 되는데요. 문제는 쇼팽이었습니다. 이 병약한 음악가는 정신적으로 많은 부분을 의지해왔던 연인이자 예술적 동지가 떠나가자 그 공허함을 무리한 공연으로 달래려 했습니다. 그 와중에 받은 스트레스 또한 감당할 수 있는 수준을 넘어서기 일쑤였지요. 결국 쇼팽은 지병인 결핵이 악화해 세상을 뜨고 맙니다.

들라크루아는 두 사람의 사랑이 해피엔딩이 되지 않을 거란 예상을 아마도 이 그림을 통해 했던 것 같습니다. 둘로 나뉜 쇼팽과 상드의 그림을 보면, 두 인물의 구도와 표정이 너무나 다릅니다. 원래 하나의 그림이 맞는 걸까 의심이 들 정도입니다. 들라크루아의 붓은 영원히 사랑하기에는 서로가 너무나 다른 두 사람을 정확하게 포착해 냅니다. 두

외젠 들라크루아, 〈상드의 초상화〉, 1838년, 캔버스에 유채, 78×56cm, 코펜하겐 오르드룹가드

외젠 들라크루아, 〈쇼팽과 상드의 이중 초상화를 위한 스케치〉, 1838년경, 소묘, 12×14cm
루브르가 소장하고 있는 들라크루아의 작은 스케치를 통해 쇼팽과 상드의 초상화가 둘로 나뉘기 전 모습을 짐작해 볼 수 있다.

사람은 그림에서조차도 하나의 캔버스에서 조화를 이룰 운명이 아니었던 모양입니다.

들라크루아는 꾸준히 참석하던 문학 토론 모임에서 이미 알고 지내던 상드로부터 쇼팽을 소개받습니다. 한 시대를 풍미했던 화가와 음악가와 문학가의 인연은 낭만주의라는 새로운 예술정신으로 묶입니다. 보편 · 절대적이고 이성적 사고를 중시하는 고전주의에 대한 반감으로 일어난 낭만주의는 여러 예술 분야로 퍼져 나가는데요. 들라크루아와 쇼팽은 미술과 음악에서 낭만주의 정신을 계승한 대표적인 예술가로 꼽힙니다. 낭만주의는 말 그대로 인간의 감성과 무한한 상상력을 강조하는 문예 사조로, 18세기 말에서 19세기 중엽까지 유럽 문화를 지배합니다.

한편, 낭만주의라는 우산 아래 쇼팽과 상드는 예술적으로는 깊이 교감했는지 모르겠지만, 인간적으로는 그렇지 못했던 것 같습니다. 역시 남녀 관계에는 예술보다도 훨씬 어렵고 복잡한 뭔가가 있나 봅니다.

초현실주의자들이 칭송한 16세기의 '위트'

따스한 햇살을 맞으며 겨우내 움츠렸던 마음속 기지개를 켤 때면 봄을 그린 그림들이 보고 싶어집니다. 무엇보다 보티첼리Sandro Botticelli, 1445~1510의 〈봄〉(77쪽)이 떠오릅니다. 꽃이 만발한 정원에서 봄기운에 취한 신들의 향연을 보고 있으면 제 마음마저 설렙니다. 샤갈Marc Chagall, 1887~1985의 〈마을과 나〉를 생각하면, 김춘수 님의 시(샤갈의 마을에 내리는 눈) 때문인지 '3월에 내리는 눈'을 맞고 싶어지기도 하지요.

여기 소개하는 그림의 제목도 〈봄〉입니다. 하지만 보티첼리의 그림이 주는 봄 이미지하고는 사뭇 다릅니다. 화면은 온통 꽃인데요. 그냥 꽃이 아니라 꽃으로 형상화한 인물입니다. 어찌 보면 신기하고 우습기까지 하다가도, 다시 보면 약간 그로테스크하다는 생각도 듭니다. 루브르의 드농관 2층 복도에서 이 그림과 마주쳤을 때 그 독특함에 한동안 눈을 뗄 수가 없었습니다. 르네상스가 거의 끝나갈 무렵 이탈리아에서 태어난 아르

주세페 아르침볼도, 〈봄〉, 1573년, 캔버스에 유채, 70×50cm

침볼도Giuseppe Arcimboldo, 1527~1593라는 화가가 그린 것입니다.

"아르침볼도는 신성로마제국 황제 페르디난트 1세의 총애를 받아 젊은 시절부터 명성을 높였던 화가이다. 그는 궁정화가로 활동하면서, 왕궁의 예술 자문과 왕의 유흥을 담당하는 책임자 등 여러 직책을 맡기도 했다."

황제 3대(代)가 총애한 화가

한때 신성로마제국은 지금의 오스트리아와 헝가리를 비롯해 그 주변국까지 아우르는 대국으로, 역사적으로 프랑스의 라이벌이었습니다. 문화 · 예술적으로 매우 우수했던 이탈리아 지방과는 서로 긴밀하게 영향을 주고받았지요.

아르침볼도는 페르디난트 1세Ferdinand I, 1503~1564 이후 그의 후계자 막시밀리안 2세Maximilian II, 1527~1576와 또 그 뒤를 잇는 루돌프 2세Rudolf II, 1552~1612 때까지 대를 이어 황제의 곁에서 가장 높은 예술 부문의 직책을 수행한 인물입니다. 처세와 행정력까지 두루 갖춘 예술가였지요.

아르침볼도가 궁정화가로 있기 전에는 카를 5세Charles V, 1500~1558가 신성로마제국의 최고 전성기를 이끌었는데요. 유럽 대륙 절반 이상을 지배하던 시기였습니다. 그 당시에는 티치아노Tiziano Vecellio, 1488~1576가 궁정화가로 있었지요. 카를 5세는 광대한 제국을 둘로 나눠 자신의 아들인 펠리페 2세Felipe II, 1527~1598에게는 스페인과 네덜란드 그리고 벨기에를, 동생인 페르디난트 1세에게는 독일과 오스트리아 및 체코 등 동유럽 지역과 로마 지배권을 물려줍니다.

페르디난트 1세가 새로 물려받은 영토를 관리하기 위해 밀라노에 도착했을 때, 두오모(밀라노의 주교좌 성당) 안 스테인드글라스의 밑그림을 그리던 어떤 화가 부자가 유독 눈에 띄었습니다. 아르침볼도 부자였지요. 페르디난트 1세는 스물세 살밖에 되지 않은 아르침볼도의 개성 있는 예술성에 큰 호감을 느낍니다. 그는 황제로 취임하자마자 아르침볼도를 궁정화가로 들입니다. 아르침볼도는 처음에는 왕궁에서 주로 초상화를 그리며 경력을 쌓아 나갑니다.

주세페 아르침볼도, 〈계절의 신(또는 루돌프 2세)〉, 1591년, 패널에 유채, 70×58cm, 스톡홀름 스코클로스터 성

다 빈치의 영감을 초현실주의 화가들에게 전달하다

여기서 소개하는 〈봄〉은 초상화를 그렸던 궁정화가의 작품으로서는 매우 파격적입니다. 아르침볼도는 〈봄〉 말고도 각각의 계절을 주제로 연작을 남겼습니다.

> "꽤 신기하고 독특한 구성의 이 사계 시리즈는 상상력이 특출나다. 하지만 아르침볼도의 독자적인 이미지는 아니라고 보는 것이 정확하다. 어린 시절 그는 우연히 다 빈치의 크로키 노트를 참조할 기회가 있었다. 그중에 다 빈

치의 유명한 스케치인 그로테스크 시리즈가 있었다. 다 빈치의 이 스케치는, 사람과 동물 혹은 사람과 식물을 뒤섞은 이미지들로, 마치 괴물 같은 얼굴을 그려 놓은 것이다."

(위쪽) 레오나르도 다 빈치, 〈두 개의 그로테스크한 프로필〉, 1485~1490년경, 펜과 잉크, 16×14cm, 버크셔주 윈저 성(로열컬렉션)
(아래쪽) 레오나르도 다 빈치, 〈마주 보는 두 개의 그로테스크한 프로필〉, 1485~1490년경, 펜과 잉크, 6×6cm, 버크셔주 윈저 성(로열컬렉션)

〈봄〉을 비롯한 사계 시리즈는, 권력의 언저리에 그토록 오래 머물러 있던 화가의 대표작치고는 너무 가볍고 장난스럽지 않나, 하는 생각이 듭니다. 아무튼 이 그림은 20세기 초현실주의 사조에 지대한 영향을 미친 작품으로 미술사를 장식하고 있습니다. 다 빈치Leonardo da Vinci, 1452~1519에게 영감을 얻어 후대의 초현실주의 화가들에게 영향을 준 셈이지요. 루브르는 이 그림의 미술사적 의의를 다음과 같이 적고 있습니다.

"아르침볼도의 〈봄〉에는 기괴하면서도 시대를 초월하는 뭔가가 있다. 20세기에 이르러 초현실주의 화가들이 이 그림에 보낸 오마주가 이를 방증한다."

루브르가 소장하고 있는 아르침볼도의 사계 시리즈. 왼쪽 상단부터 <봄>, <여름>, <가을>, <겨울>.

비유와 상징을 읽는 즐거움

가끔 프랑스 미술 작품에 붙은 제목을 해석하기가 난감한 경우가 있습니다. 직역을 하면 영 의미 전달이 안 될 것 같고, 적당히 의역을 하자니 오역(誤譯)의 위험이 도사립니다. 바로크 시대의 화가 시몽 부에Simon Vouet 1590~1649가 그린 〈풍요의 우의화〉가 그렇습니다. 풍요의 우의화? 도대체 풍요가 어떻다는 말일까요? 이 그림이 전시된 루브르가 명기한 제목은 'Figure allégorique dit La Richesse'입니다. 한눈에 봐도 어려운 프랑스어입니다.

'우의(寓意, allégorique)'란 사전적 의미로 다른 사물에 빗대어 비유적인 뜻을 나타내거나 풍자하는 것을 말합니다. '풍요의 우의화'란 '풍요를 다른 사물에 비유해 그린 그림' 정도로 이해하면 되겠습니다. 여기서는 편의상 '우의화'란 어려운 말을 생략하고 〈풍요〉라고 표기하겠습니다.

시몽 부에, 〈풍요〉, 1640년, 캔버스에 유채, 170×124cm

'풍요'의 다양한 결들을 묘사하다

자, 이제 시몽 부에라는 화가가 풍요를 무엇에 비유해 묘사했는지, 또 이 그림을 소장하고 있는 루브르는 어떻게 해석하고 있는지 찬찬히 살펴보도록 하겠습니다.

> "시몽 부에는 루이 13세Louis XIII, 1601~1643의 첫 번째 궁정화가였다. 주로 왕실 관련 그림을 그렸지만, 〈어린 예수를 성전에 바침〉(루브르 소장) 같은 대형 종교화까지 제작한 것으로 봐서, 교회로부터도 나름대로 인기 있는 화가였던 모양이다. 이 그림 〈풍요〉는 베네치아 미술의 거장 베로네제Paolo Veronese, 1528~1588의 화풍을 떠오르게 한다. 아울러 섬세한 표현력에서 바로크 정신이 듬뿍 배어있음을 느낄 수 있다. 화면 전체를 메우는 풍요의 여신 품에 영적인 충만(풍요)을 은유하는 아기천사가 안겨 있는 것으로 봐서, 물질적 풍요보다는 정신적 풍요를 강조하는 듯하다."

루브르의 설명을 참고해서 그림으로 좀 더 들어가 보도록 하겠습니다. 한눈에 봐도 화사하면서도 시원스런 매력을 풍기는 여성이 화면을 꽉 채우고 있습니다. 루브르의 설명대로 '풍요의 여신'입니다. 풍요의 여신 곁에는 두 명의 아기천사가 있습니다. 그리고 이들 등장인물 사이로 여러 소품이 눈에 띕니다. 풍요의 여신이 안고

〈풍요〉에서 여신이 안고 있는 천사.

있는 오른쪽 아기천사는 조금 독특한 표정으로 손가락을 들어 하늘을 가리키고 있습니다. 루브르는 이것을 다음과 같이 설명하고 있습니다.

> "풍요의 여신을 중심으로 '물질적 풍요'와 '지적 풍요' 그리고 '영적 풍요'를 상징하는 소품과 상징이 등장한다. 아기천사가 쥐고 있는 보석은 당연히 물질적 풍요를 가리킨다. 풍요의 여신이 조심스럽게 발을 떼어 놓은 옆에 책이 펼쳐져 있는데, 이것은 지적 풍요를 가리킨다. 그리고 물질적 풍요와 지적 풍요를 상징하는 소품들 위에서 아기천사가 손가락으로 하늘을 가리키고 있는데, 이는 지식이나 물질보다 종교적 가치가 훨씬 우위에 있음을 역설하는 표현으로 읽힌다."

이 그림에서 보석은 물질적 풍요, 책은 지적 풍요, 그리고 하늘을 가리키는 아기천사의 손가락은 영적 풍요, 즉 신앙심을 가리킨다는 루브르의 설명은 의심할 여지 없이 간명합니다. 아울러 화면 속 소품과 상징의 위치를 감안하건대, 물질적 혹은 지적 풍요보다 영적 풍요인 종교적 신앙심이 훨씬 높은 가치에 있다는 루브르의 해석 또한 고개를 끄덕이게 합니다. 아기천사가 등장하는 종교화에서 물질과 지식보다 당연히 신앙심을 강조하겠지요. 이 그림을 두고 루브르의 해석을 굳이 반박할 이유는 없습니다.

다만, 루브르와 같이 권위 있는 곳에서 내린 해석이라고 해서 그것에 절대적인 의미를 부여하는 것은 경계하고 싶습니다. 대부분의 오류는 절대적이라고 믿는 데서 나오기 때문입니다. 미술 감상에서는 다른 관점과 해석 모두 유효합니다. 바로 그 '다름'의 풍요가 미술 문화를 살찌운다고 저는 믿습니다.

시몽 부에, 〈골리앗의 머리를 든 다윗〉, 1620~1622년, 캔버스에 유채, 1210×940cm, 제노바 스타라다누오바박물관
시몽 부에가 서른 살에 그린 이 그림에서는 격렬한 명암 대비로 대표되는 카라바조 특유의 화풍이 느껴진다.

바로크 미술의 진수를 그리다

시몽 부에, 〈자비〉, 1635년경, 캔버스에 유채, 192×132cm

17세기에 활동했던 바로크 화가들처럼 시몽 부에도 카라바조 Michelangelo Merisi da Caravaggio, 1573~1610의 예술적 우산 아래 있었습니다. 바로크 미술의 거장 카라바조에게서 드러나는 격렬한 명암 대비와 빛을 사용한 무대장치 같은 화면 연출은, 시몽 부에를 포함해 동시대 이탈리아에서 유학한 프랑스 화가들에게 엄청난 영향을 끼친 기법이었습니다.

하지만 시몽 부에의 후기작에 해당하는 이 그림에서는, 카라바조의 화풍이 거의 드러나지 않습니다. 풍요의 여신을 휘감은 거대한 천이 노란색으로 밝고 화려하게 채색되었지만, 카라바조식 강렬한 명암 대비는 나타나지 않습니다. 다만, 여신의 피부색에 떨어지는 조명과 약한 그림자에서 오는 조화로움은, 놀라울 정도로 섬세하고 감각적입니다.

이 그림은 생 제르맹 앙레에 있는 루이 13세의 성을 장식하기 위해 제작된 연작의 하나입니다. 루브르는 〈풍요〉와 함께 〈자비〉와 〈미덕〉도 소장하고 있습니다.

세상에서 가장 길고 아름다운 허리?

앞서 '역사를 비춘 미술' 챕터에서 이슬람의 지도자 술탄의 여인을 뜻하는 '오달리스크'를 그린 프랑수아 부셰Francois Boucher, 1703~1770의 작품을 살펴봤는데요(203쪽). '오달리스크'를 그린 그림 중에서 미술사에서 가장 많이 회자되는 작품은, 여기 소개하는 앵그르Jean Auguste Dominique Ingres, 1780~1867의 〈그랑드 오달리스크〉입니다. 부셰의 〈오달리스크〉에서는 서양인들의 이슬람 세계에 대한 역사적 관점을 살펴봤다면, 〈그랑드 오달리스크〉에서는 거기에 덧붙여 19세기 한 화가의 예술적 욕망까지 함께 다뤄 보도록 하겠습니다.

뤽상부르 공원에 있는 앵그르 흉상.

"그렇습니다. 지금 예술은 반드시 개혁을 필요로 합니다. 그리고 나는 정말로 그것을 해낼 수 있는 혁명가가 되고 싶습니다."

"나는 혁명가가 되고 싶습니다!"

〈그랑드 오달리스크〉를 감상하고 있으면, 앵그르의 이 말이 떠오릅니다. 앵그르는 이 그림을 그릴 당시 미술이 한계에 봉착해 앞으로 나아가지 못하고 퇴보하고 있다고 생각했습니다. 그는 뭔가 획기적인 변혁을 갈구했고, 그 중심에 본인이 서 있기를 희망했습니다. 앵그르는 이 그림을 통해 기존 고정관념을 깨는 파격을 시도하려 했던 것 같습니다. 앵그르의 희망대로 이 그림은 미술의 진보를 이끌었을까요?

앵그르가 활동하던 19세기에 '여성의 누드'는 더 이상 특별한 소재는 아니었습니다. 물론, 이 그림 속 여성의 몸이 정상적인 비율로 묘사되지 않은 것만은 사실입니다. 그런데 정상적인 비율과 표현을 무시하고 인체를 신기할 정도로 묘사하거나 기괴한 자세로 그린 점은, 언뜻 봐서 다른 신고전주의 작가들과 크게 다른 것 같지 않습니다.

앵그르 본인은 기괴하게 묘사한 여성의 인체가, '미술의 진화'라는 소명의식 아래 지금까지 교육받아 온 형식을 파괴하는 시도라고 여겼던 것 같습니다. 하지만 그 당시 사람들의 반응은 싸늘했습니다. 1819년 살롱에 출품된 이 그림은, 허리의 길이를 늘여 해부학적인 사실을 왜곡시켰다는 이유로 평론가들로부터 적지 않은 비난을 받아야 했습니다.

자, 그럼 이 그림에 대한 현재 루브르의 견해는 어떨까요?

장 오귀스트 도미니크 앵그르, <그랑드 오달리스크>, 1814년, 캔버스에 유채, 91×162cm

"허리의 곡선이 얼마나 아름다운가? 아마도 이 여성의 허리는 의심할 여지 없이 미술사에서 가장 길고 아름다울 것이다. 그것은 우연이 아니다. 왜냐하면 앵그르는 자신의 그림을 위해서 이미 르네상스 후기 매너리즘 작가들의 신체 변형에 관한 연구들을 탐독했다. 또 후기 매너리즘 사조에서 영향받은 프랑스 퐁텐블로* 에 깊은 인상을 받았다. 그 결과, 마치 척추가 정상적인 인간보다 몇 개 더 있는 것처럼 보이는 이런 누드를 그릴 수 있었다."

허리의 곡선을 길고 아름답게 묘사했다는 루브르의 주장에는 일단 동의합니다. 하지만 이렇게 허리의 곡선미만을 강조한 앵그르의 누드가 예술적으로 정말 탁월한 것인지는 잘 모르겠습니다. 물론 앵그르만의 완성도 높은 세밀함은 이 그림에서도 잘 나타납니다. 하지만 그러한 화가로서의 미덕이 앵그르가 강조했던 변혁이었을까요?

---

* **퐁텐블로(Fontainebleau)** : 프랑스 초기 르네상스 운동 중 하나로, 유학파 화가들이 왕실이 운영하는 화원에서 선진 이탈리아 예술을 교류하고 연구해 자국의 미술 발전에 도모함(148쪽).

장 레옹 제롬, 〈뱀을 부리는 사람〉, 1879년경, 캔버스에 유채, 83×122cm, 매사추세츠 클락아트인스티튜트
문명비판론자 에드워드 사이드는 저서 『오리엔탈리즘』에서 서양의 동양에 대한 왜곡된 인식과 태도를 비판했다. 〈뱀을 부리는 사람〉은 『오리엔탈리즘』의 표지에 삽입되며 유명해진 작품이다.

동방을 향한 왜곡된 시선과 한 예술가의 비뚤어진 욕망

유럽 제국들이 식민지 경쟁을 펼치던 19세기 후반에 발표된 그림들을 살펴보면, 이슬람 문화의 중심인 중동 지역에서 건너온 소품들이 종종 눈에 띕니다. 당시 이 소품들은 제국주의자들의 정복욕을 채워주는 역할을 했는데요. 이 그림 〈그랑드 오달리스크〉에서도 이슬람풍의 소품이 여럿 등장합니다.

결국 이 그림은, '진화'라는 이름 아래 성공을 꿈꿨던 한 화가의 욕망과 (이슬람) 정복을 바라는 사회 분위기가 맞물려 탄생한 '기묘한 작품'이라는 생각을 지울 수 없습니다. 사치스런 중동의 장신구와 알몸의 오달리스크라는 퇴폐 아이콘으로 동방을 향한 왜곡된 판타지를 재현한 것 말고 미술사적으로 이 그림에 어떤 의미를 부여할 수 있을까요?

다행히 루브르는 역사에 대한 객관적 균형감을 잃지 않으려는 듯, 이 그림에 대해서 아래와 같은 코멘트로 마무리합니다. 서양인들이 그렸던 동방을 향한 판타지가 오리엔탈리즘*으로 읽힌다는 지적이 와 닿습니다.

"할렘(술탄의 애첩들이 기거했던 곳)의 모습을 묘사한 것으로 알려진 이 그림의 무대는, 당시 서양인들의 전형적인 환상을 나타낸다. 알몸의 오달리스크 주위로 두꺼운 장식 커튼과 터번, 갖가지 보석과 깃털부채 등 이슬람풍 소품이 가득하다. 서양인들이 그렸던 동방을 향한 판타지는, 오리엔탈리즘으로 읽힐 뿐이다."

---

* **오리엔탈리즘(orientalism)** : 동양에 대한 서양의 우월함이나 동양에 대한 서양의 지배를 정당화하는, 이를테면 서양의 동양에 대한 왜곡된 인식과 태도(202쪽).

그림의 배경까지 감상하는 묘미

루브르가 '세례자 요한과 함께 있는 성모상', 혹은 '아름다운 정원사'라고 써놓은 그림의 공식 명칭은 〈세례자 요한과 함께 있는 마리아와 예수〉입니다. 하지만 사람들은 이 그림을 가리켜 그 정식 명칭보다는 '아름다운 정원사'라고 부르곤 합니다. 처음에는 도대체 왜 이 그림이 아름다운 정원사인지 몰라 '혹시 그림 배경 어딘가에 정원사가 그려져 있나?' 하고 숨은 그림찾기를 했던 적도 있었습니다. 그런데 나중에 이 그림의 제목에 얽힌 뒷이야기를 듣고 좀 허무했었던 기억이 납니다.

"야사에 따르면, 이 그림에서 성모 마리아의 모델은 그 당시 라파엘로가 짝사랑하던 아름다운 정원사 아가씨의 모습이었다고 한다. 이런 이유로 이 그림이 종종 '아름다운 정원사'라고 불리는 것이다."

〈아름다운 정원사〉를 그린 화가는 르네상스의 천재 화가 라파엘로

라파엘로 산치오, 〈세례자 요한과 함께 있는 마리아와 예수〉, 1507년, 패널에 유채, 120×80cm

〈세례자 요한과 함께 있는 마리아와 예수〉에서 마리아 뒤로 보이는 풍경.

Raffaello Sanzio, 1483~1520입니다. 미술사가들은 라파엘로 작품들의 특징으로 흔히 '부드러움'과 '우아함'을 이야기하지만, 이로 인해 그가 엄정하고 정교한 선을 사용하는 원근법과 투시도의 대가였다는 점이 희석되는 건 애석한 일입니다. 다 빈치Leonardo da Vinci, 1452~1519, 미켈란젤로Michelangelo Buonarroti, 1475~1564와 함께 피렌체 르네상스의 3대 천재로 기억되는 라파엘로는, 화가로서의 명성에서만큼은 두 사람에게 뒤지지 않는다는 평가를 받습니다. 다 빈치는 그림에만 몰두하지 않고 관심사가 다양했던 괴짜였고, 미켈란젤로는 스스로를 조각가로 여겼습니다. 화가로서의 명성만 놓고 본다면 라파엘로가 조금 앞서지 않나 생각됩니다.

자연까지도 떨게 했던 재능

〈아름다운 정원사〉는 라파엘로가 로마로 떠나기 전 마지막으로 피렌체에

〈세례자 요한과 함께 있는 마리아와 예수〉에서 예수 옆에 그려진 꽃과 세례자 요한 옆에 그려진 풀.

서 제작해 남기고 간 작품입니다.

"라파엘로는 짧은 생애에도 불구하고 그 질은 물론이고 양으로도 엄청난 성공을 거둔 작품들을 남겼다. 르네상스 화가 중에서 가장 유명했던 명성에 걸맞게, 그가 죽은 뒤 시신을 예술가들의 만신전에 안장시키기로 하고, 로마의 판테온에 모시기로 했다."

만약 이 그림과 같은 인물 구성이 익숙하다면, 그것은 이후에 정말로 많은 그림이 이와 같은 구도로 그려져 우리 눈에 적당히 친숙해졌기 때문일 것입니다. 아울러 라파엘로만의 우아한 묘사가 사람들을 매료시킨 것도 한몫했을 것입니다.

"세 사람의 몸이 구성하는 곡선은 그림의 타원형 액자와 조화를 이루며 가

라파엘로 산치오, 〈오색 방울새의 성모〉, 1507년, 패널에 유채, 107×77cm, 피렌체 우피치미술관

장 이상적인 평화를 그려낸다. 이러한 (구도의) 완벽함이 라파엘로를 '가장 위대한 예술가'의 반열에 올려놓은 것이다."

그림 속 인물들은 마치 최면에 걸린 것 같은 몽환적인 눈으로 서로를 바라보는데, 요한은 예수에게, 그리고 예수와 마리아는 서로에게 시선이 고정돼 있습니다. 그래서인지 관람자들도 자연스럽게 그림 속 인물들을 유심히 살펴보게 됩니다. 인물들의 표정에 집중하다 보면, 섬세한 배경 묘사에까지 시선이 가지 않는 경우가 종종 있습니다. 라파엘로는 그림의 배경에 수려한 마을 풍경과 꽃과 풀을 정교하고 섬세하게 그려 넣었습니다. 그저 배경으로만 감상하기에는 아깝다는 생각이 들 정도입니다.

그의 다른 작품인 〈오색 방울새의 성모〉에서도 배경의 섬세한 묘사를 잘 느낄 수 있습니다. 하지만 이 그림 역시 인물 묘사가 너무 뛰어나 배경의 아름다움을 놓치곤 합니다. 그래서 라파엘로의 작품을 감상할 때는 좀 더 섬세한 관찰자적 자세가 필요합니다.

라파엘로는 서른일곱이라는 젊은 나이에 생을 마쳤는데요. 그가 가진 모든 천재성을 세상에 펼쳐 보이기에는 턱없이 짧은 생애였습니다. 라파엘로의 묘비에 그의 친구가 남긴 추모시는, 이 젊은 예술가의 재능이 얼마나 대단했는지를 가늠케 합니다.

"생전에, 그에게 정복될까 봐 자연마저도 두려워 떨게 한 라파엘로의 무덤이 여기 있네. 이제 그가 죽었으니, 그와 함께 자연 또한 죽을까 두려워하노라."

CHAPTER 4

인간을 비춘 미술

프랑스 사교계 최고 미인의 초상화

나폴레옹 집권기에 프랑스 사교계를 풍미했던 최고의 미인이 있었습니다. 이름은, 쥘리에트 레카미에Juliette Récamier 1777~1849! 여기 소개하는 그림 속 모델이 그 주인공입니다. 은행가의 딸로 태어난 레카미에는, 프랑스혁명 시절 공포정치의 혼란 속에서 열다섯 어린 나이에 어머니의 애인인 은행가와 위장결혼을 해야 하는 기구한 운명을 걸어야 했습니다. 그녀는 뛰어난 미모와 사교성으로 나폴레옹 집권기에서 왕정복고 시대에 이르기까지 수많은 권력가와 염문을 뿌리며 화려한 삶을 살았습니다.

"파리의 유력한 은행가의 아내였던 쥘리에트 레카미에는 19세기 초반 사교계 여성 가운데 가장 눈에 띄는 인물이었다. 무엇보다 그녀는 앞서 가는 패션으로 사람들의 시선을 한몸에 받았다. 이 그림에서 레카미에는 폼페이식 가구들과 함께 간결한 배경을 바탕으로 고전을 되살린 복고풍의 옷차림을 선보이고 있다."

자크 루이 다비드, 〈마담 레카미에〉, 1800년, 캔버스에 유채, 174×224cm

권모술수 9단의 절세미인

이 초상화는 왕정과 혁명기에서 나폴레옹 집권기에 이르기까지 유명세를 떨치던 화가 다비드Jacques Louis David, 1748~1825가 그린 것입니다. 이 그림은 구도부터 좀 특이합니다. 원래 초상화들은 세로로 그려지는 것이 보통인데, 가로 구도의 화면에서 모델의 몸 전체를 표현하고 있습니다.

이 그림이 그려질 당시 스물세 살에 불과한 레카미에는 이미 사교계의 권모술수가 어떤 것인지 잘 알고 있었습니다. 그 당시 이름난 사교계 인사들처럼 그녀도 자신의 영향력과 유명세를 알리는 데 능했습니다. 이쯤 되면 초상화도 아무에게나 맡길 수 없었습니다. 역시 권력의 언저리에 있었던 다비드가 적임자라 생각했지요. 다비드가 레카미에의 초상화를 그린다는 것 자체만으로 그 당시 사교계의 스캔들 감이었습니다. 잘 나가는 권력지향형 예술가와 역시 그 못지않게 잘 나가는 절세의 미모를 갖춘 여성을 세상이 그냥 놔둘 리 없었겠지요.

"장식이 절제된 가구들과 세부 묘사를 생략한 간결하고 단순한 배경은, 이 그림의 우아함을 극대화한다. 다비드는 의도적으로 이 초상화에서 화려한 장식이나 시선을 분산시키는 요소들을 모두 없앴다. 고대 로마를 연상시키는 긴 의자와 골동품 같은 촛대 그리고 모델이 입고 있는 옷은, 그 당시 유행하던 신고전주의의 미학을 잘 보여준다."

작자 미상, 〈촛대〉,
1세기경(발굴 장소 : 폼페이),
청동, 높이 135cm

1750년대부터 본격적으로 발굴되기 시작한 이탈리아 폼페이의 유적은 당시 유럽인들에게 고대 로마 문화에 대한 향수를 자극합니다. 그림에 쓰인 가구는 폼페이 발굴과 함께 당시 유행하던 스타일입니다. 그림 속 레카미에가 입고 있는 길게 늘어뜨린 드레스의 아랫자락은 고전적인 우아함을 자아냅니다. 실제로 패션 리더이기도 했던 레카미에는 그리스풍의 옷을 처음 입어 유행시키기도 했습니다.

독일의 미술사가 빙켈만Johann Joachim Winckelmann, 1717~1768의 책을 열심히 읽었던 다비드 역시 마찬가지였지요. 그가 몰두했던 신고전주의 사조는, 고대 로마와 그리스의 문화에 천착해 예술의 기초를 다지는 데 일조했습니다.

초상화가 완성될 수 없었던 이유

하지만 이 그림은 미완성작입니다. 다비드는 그림을 그리다 맙니다. 필연 주문자와 화가 사이에 무슨 일이 생긴 것이지요. 도대체 무슨 일이 있었던 걸까요?

> "다비드는, 인물을 처리하는 마무리와 배경의 최종 단계에서 그림을 중단한다. 다비드는 이 그림이 마음에 들지 않아서 그림을 그리는 매 순간 고민했고, 레카미에는 기다리다가 인내심에 한계를 느껴 다른 화가에게 자신의 초상화를 주문한다. 격분한 다비드는 이 그림에 더 이상 붓을 대지 않는다. 하지만 이 그림에서 미완성 부분은 오히려 작품 전체에 시적인 분위기를 흐르게 한다."

프랑수아 제라르, 〈마담 레카미에〉, 19세기경, 캔버스에 유채, 222×148cm, 파리 카르나발레미술관

다비드가 이 그림의 어떤 부분이 마음에 들지 않아서 그토록 완성을 머뭇거렸는지는 확실치 않습니다. 하지만 레카미에가 다른 화가에게 초상화를 부탁했다는 이야기를 듣고 자존심에 큰 상처를 입고 그림 작업을 완전히 포기한 것만은 사실인 것 같습니다. 레카미에가 새로 부탁한 화가는 다비드의 후배 프랑수아 제라르François Gérard, 1770~1837였습니다.

훗날 다비드는 권력에서 멀어지고 벨기에로 망명을 떠날 때도 레카미에의 이 미완성 초상화를 가지고 갔다고 합니다. 다비드에게 이 그림은 어떤 의미였을까요? 그가 레카미에를 각별히 생각했고 여전히 잊지 못하고 있어서였을까요? 아니면, 신고전주의의 대표 화가답게 작품을 완성하지 못한 것에 대한 미련 때문이었을까요? 루브르에 덩그러니 걸려 있는 이 미완성 초상화를 보고 있으면, 다비드의 속내가 더 궁금해집니다.

조제프 쉬나르, 〈쥘리에트 레카미에 흉상〉, 1801~1802년, 테라코타, 높이 63cm, 로스앤젤레스 폴게티미술관

삶과 죽음의 경계를 보다

미술관에서 그림을 관람하다 보면 화폭이 그다지 크지 않은데도 불구하고 파격적인 소재와 주제만으로 사람들을 흠칫 놀라게 하는 작품들이 있습니다. 루브르의 네덜란드관 한쪽 벽에 걸린 이 그림은 말 그대로 파격적이라 하지 않을 수 없습니다. 초상화 위주로 전시된 이 방에 느닷없이 도살된 소를 그린 그림이 등장합니다. 그것도 네덜란드의 대표화가 렘브란트Rembrandt Harmens van Rijn, 1606~1669 작품입니다. 화가는 도대체 어떤 의도로 이런 그림을 그렸을까, 곰곰이 생각해 봅니다. 작품을 찬찬히 살펴보니 도살된 소의 뒷부분에 또 다른 형상도 발견됩니다.

"네덜란드 대표화가 렘브란트가 그린 이 놀라운 그림은, 아마도 그의 작품 중에서 현대 예술가들에게 가장 큰 영향을 준 회화일 것이다. 사람의 눈을 확 잡아끄는 그림 속 표현들이 보는 이들을 매혹한다. 또 그림에 담긴 상징적인 가치도 눈여겨 볼만하다."

렘브란트 하르먼스 반 레인, 〈도살된 소〉, 1655년, 패널에 유채, 94×69cm

이 그림에 담긴 상징적인 가치란 무엇일까요? 그림 속 공간은 푸줏간입니다. 그림의 제목도 〈도살된 소〉로 매우 사실적입니다. 근대 회화에서 소는 대체로 농촌의 전원 풍경에서 평화롭게 풀을 뜯어 먹거나 농부를 도와 부지런히 일하는 모습으로 묘사되는데, 가죽이 벗겨진 도살된 소라니, 많이 당황스럽습니다. 렘브란트가 단순히 사람들을 놀라게 하려고 이 그림을 그린 건 아닐 텐데요.

"어둡고 텅 빈 공간에 불쑥 나타난 이 형상은 그림의 제목 그대로 도살된 소이다. 거꾸로 매달린 핏빛 고깃덩이는 상당히 폭력적인 이미지로 다가온다. 아마도 우리는 여태 보아왔던 정물화와는 다른 인상을 받을 것이다. 심지어 육중한 무게감이 느껴지는 채색은, 소가 아직 살아 있다는 느낌이 들게 한다."

화가가 도살된 소를 그린 이유

어떤 사물이 우리 눈에 직접 보이는 것보다 사진이나 그림을 통해 인식되면 더 강렬하게 각인될 때가 있습니다. 벌겋게 피가 묻어 있는 이 거대한 고깃덩이는 조금 전까지 분명히 살아 있는 생명체였을 것입니다. 그렇습니다. 렘브란트는 소를 걸어 놓은 푸줏간에서 삶과 죽음의 경계를 보고 있습니다.

"당신은 소의 뒤쪽으로 문을 살짝 열어보고 있는 여성을 발견했는가? 그녀는 그저 고기를 사러 왔을 뿐, 소의 운명에는 별 관심이 없다. 그래서일까?

〈도살된 소〉에서 소 뒤쪽으로 보이는 여성.

소의 죽음이 비정하게 다가온다. 렘브란트는 이 그림을 통해 황금기를 구가하던 네덜란드에서, 문명화됐다는 사람들을 위해 희생(!)당한 소의 모습을 묘사하고자 했다. 소를 매달아 놓은 나무 걸이가 마치 십자가를 연상시킨다."

렘브란트가 활동하던 17세기 네덜란드는, 유럽을 넘어 전 세계에서 경제 발전이 가장 눈부셨던 나라 가운데 하나였습니다. 그 당시 네덜란드에는 돈 많은 상인과 자산가가 넘쳐났고, 그들의 부가 문화 · 예술계에도 큰 영향을 끼쳤습니다. 이를테면 상인조합 같은 모임에서 단체초상화를 주문하거나 거실에 비싼 그림을 걸고 싶어 하는 부자들이 적지 않았습니다.

부자들에게 인기가 많았던 렘브란트는 한때 돈 많이 버는 잘나가는 예술가였습니다. 하지만 사는 게 언제나 좋을 수만은 없지요. 아내와 딸의 죽음, 과소비로 인한 파산으로 그는 정신적 · 경제적으로 피폐해집니다.

하지만 노년으로 갈수록 렘브란트의 그림은 예술적으로 훨씬 깊어집니다. 삶에 대한 깊이 있는 해석이 황혼기의 작품들 속으로 배어듭니다. 이

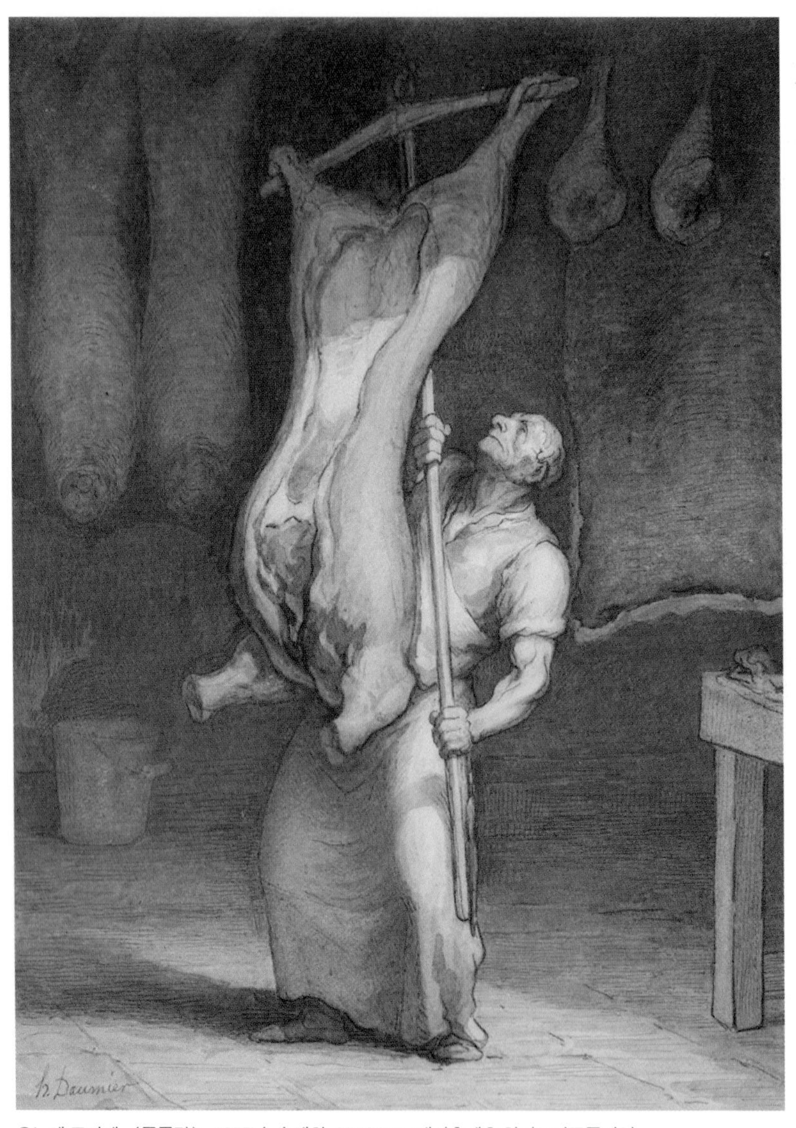

오노레 도미에, 〈푸줏간〉, 1857년, 수채화, 35×24cm, 매사추세츠 하버드아트뮤지엄

그림도 마찬가지입니다.

인간의 지나친 욕망을 푸줏간에 걸려 있는 거대한 고깃덩이를 통해 표현합니다. 아울러 막 도살된 소를 통해 삶과 죽음의 함의를 되새겨보게 하지요.

루브르는 1857년경에 이 그림을 경매에서 아주 싼 값에 사들였습니다. 그 당시만 해도 이 범상치 않은 그림을 사겠다는 사람이 없었기 때문이지요. 하지만 플랑드르(벨기에) 지방에서 기원을 이룬 '도살된 소' 그림은 렘브란트 말고도 여러 화가가 그렸습니다. 들라크루아Eugène Delacroix, 1798~1863는 렘브란트의 작품을 모사했고, 도미에Honoré Daumier, 1808~1879도 이른바 '푸줏간 시리즈'를 제작했습니다.

카임 수틴, 〈도살된 소〉, 1925년, 116×80cm, 캔버스에 유채, 미니애폴리스미술관
1920~1930년대에 프랑스에서 활동했던 리투아니아 출신 화가 카임 수틴은 렘브란트의 〈도살된 소〉에 영감을 받아 소 사체를 구해 4가지 버전의 스케치와 유화를 그렸다.

미술사는 이 그림 〈도살된 소〉를 가리켜 (조금 어려운 말로) '낭만주의적 리얼리즘의 전범이 된 작품'으로 기록하고 있습니다.

초상화에 성모 마리아가 등장한 사연

지금은 벨기에 영토인 프랑스 북부와 네덜란드 사이 지역은 예전엔 자유무역과 산업이 발달한 곳이었습니다. 이 지역을 가리켜 '플랑드르(Flandre)'라고 부르는데요. 영어로는 '플랜더스(Flanders)'라고 읽힙니다. 한때 우리나라에서도 방영됐던 쿠로다 요시오Kuroda Yoshio의 애니메이션 〈플란다스의 개〉의 배경이기도 하지요.

플랑드르는 중세를 거치면서 섬유와 직조 세공, 보석류 가공업이 크게 번성합니다. 이를 바탕으로 돈 많은 상인이 많이 생기고 정치적으로도 독립적인 지위를 누렸습니다. 역사를 살펴보면, 한 나라의 경제적 풍요는 예술의 발전을 도모하는 경우가 참 많았습니다. 플랑드르도 마찬가지였지요. 이곳에서 꽤 실력 있는 화가들이 많이 배출됩니다.

플랑드르 화가들의 그림을 살펴보면, 흥미롭게도 이 지역의 산업적 특성이 배어있습니다. 이를테면, 이곳에서 발달한 정밀한 세공업과 직조업처럼 그림도 매우 섬세하고 정확합니다. 화가가 그림을 그릴 때 마치 실

얀 반 에이크, 〈재상 롤랭의 성모상〉, 1437년, 캔버스에 유채, 66×62cm

을 짜고 장식을 하듯 화면에 작은 여백까지도 놔두지 않고 채워 넣었습니다. 그래서 플랑드르의 그림을 감상할 때는 반드시 시간을 두고 구석구석 찬찬히 살펴봐야 합니다.

성모만 있으면 다 '영적인 삶'의 상징이 될까?

미술사는 플랑드르 미술의 거장으로 얀 반 에이크Jan Van Eyck, 1390 ~1441를 기억합니다. 런던 내셔널갤러리에 걸려 있는 〈아르놀피니의 결혼〉이란 걸작으로 유명한 화가이지요. 여기서 소개하는 그림은 루브르가 소장하는 그의 또 다른 대표작 〈재상 롤랭의 성모상〉입니다.

> "이 성모상의 주문자는 부르고뉴 공의 최측근인 재상 니콜라 롤랭이다. 대부호였으며, 부르고뉴 공에게 가장 신뢰받는 참모였다. 중요한 재판과 외교의 일을 도맡았고, 예술에 엄청난 후원을 하는 인물이기도 했다. 중세 말 막강한 권력자의 표본 같았다."

지금은 프랑스라는 하나의 통일된 국가이지만, 중세 때만 해도 프랑스 영토에는 몇 개의 독립된 나라들이 존재했습니다. 그중에서

〈재상 롤랭의 성모상〉에서 롤랭의 옷, 성모 마리아의 붉은 망토, 천사가 들고 있는 왕관 부분도.

프랑스의 전신인 프랑크 왕국과 대등한 위치에서 경쟁하던, '부르고뉴(Bourgogne)'라는 나라가 있었습니다. 지금은 포도 재배로 유명한 지역이지요. 이 그림 속 주인공인 재상 니콜라스 롤랭Nicolas Rolin, 1376~1462은 그 부르고뉴 출신입니다.

"크지 않은 이 그림을 제대로 즐기기 위해서는 세부 묘사를 찬찬히 보는 여유가 필요하다. 롤랭은 금사(金絲)와 모피가 절묘하게 조화를 이루는 외투를 걸치고 있다. 성모 마리아는 진주 같은 보석으로 바깥단을 화려하게 장식한 붉은 망토를 입고 있다. 오른쪽 위의 천사가 성모 마리아에게 씌우고 있는 관의 화려한 장식은 왕실의 것을 능가한다. 하늘과 인간 세상을 이어준다는 무지개는 천사의 날개로 구현돼 있다."

이 그림은 중세 말기의 시대상을 반영한 초상화의 한 종류입니다. 비록 성모 마리아가 등장하고, '그림 속 그림'이라고 할 수 있는 정교한 풍경화

를 배경으로 하고 있어서 초상화로서의 정체성에 살짝 혼란이 오긴 합니다. 하지만 오히려 이러한 장치들이 '중세'라는 시대상을 집어줍니다.

> "그들이 있는 방 뒤쪽 로마식 열주 너머로 보이는 광경은, '그림 속 그림'의 효과를 자아낸다. 큰 마을 사이로 운하가 지나가는 이곳은, 상상의 도시임에도 불구하고 어떤 그림보다도 사실적이고 세밀하다. 건축 지식까지 동원된 세부 묘사에서부터 전체적인 구성에 이르기까지, 플랑드르 미술의 전형을 갖추고 있다."

루브르의 설명대로, 이 그림은 플랑드르 미술의 섬세함과 정교함이 한껏 배어있는 작품입니다. 특히, 롤랭과 성모 마리아가 각각 입고 있는 외투와 망토의 직물성은 사진처럼 생생합니다. 흔히 에이크를 두고 '유화'의 창시자라고 하는데요. 그는 물감으로 아마인유(linseed oil)를 처음 사용했습니다. 아마인유는 이전에 사용하던 '템페라'하고는 색감의 선명성에

〈재상 롤랭의 성모상〉에서 열주와 그 너머로 정교하게 묘사된 도시 부분도.

〈재상 롤랭의 성모상〉에서 열주 너머와 성모 뒤로 정교하게 묘사된 도시 부분도.

서 차원이 달랐습니다.

한편, 당시 재상이었던 롤랭은 세속적인 성공에 연연하지 않는 삶을 그림 속에 담고 싶었다고 합니다. 즉, 일상에서 저지른 잘못을 반성하고 영적인 삶을 추구하는 상징으로서 이 그림을 간직하고자 했다고 전해집니다. 실제로 롤랭은 빈민을 위한 의료시설을 짓고, 그 운영비를 부자들이 포도를 재배해 얻은 이익으로 충당시키는 등 좋은 일을 많이 한 재상이었습니다.

그런데 그림 속 바닥은 값비싼 대리석이고, 그와 성모 마리아가 입고 있는 옷부터 보석류, 아기(라고 보기에 인상이 그렇게 귀엽지는 않지만) 예수가 들고 있는 크리스털 십자가에 이르기까지 화려한 장신구들이 넘쳐납니다. 영적인 삶의 상징으로 삼고자 했던 그림치고는 좀 그렇지요. 초상화에 성모 마리아와 아기 예수만 그려 넣는다고 해서 무조건 영적인 삶이 유추되는 건 아닐 텐데 말입니다. 덕망가로 알려지길 염원했던 재상 롤랭의 모습이 조금은 애처롭게 느껴집니다.

루브르의 작품 해설이 불편했던 기억

마리 기유민 브누아, 〈흑인 여인의 초상화(또는 마들렌의 초상화)〉, 1800년, 캔버스에 유채, 81×65cm

거대한 외로움을 그리다?

온종일 미술관에서 그림 속에 파묻혀 있다 밖으로 나오면, '내가 도대체 어떤 그림들을 본 거지?' 하며 멍할 때가 종종 있습니다. 그런데 멍함 속에서도 유독 명징하게 기억에 남는 그림이 있는데요. 바로 이 그림 〈흑인 여인의 초상화〉가 그렇습니다.

현대미술을 제외하면 흑인을 모델로 삼은 초상화를 만나는 일은 흔치 않습니다. 제국주의가 기승을 부렸던 18세기나 19세기에는 더욱 그러했습니다. 그래서 이 그림이 더 기억에 남는지도 모르겠습니다.

"이 초상화는 화가의 시숙이 섬에서 데리고 온(잡아왔거나, 사왔거나) 흑인 노예를 모델로 하고 있다. 모델의 태도나 생략된 배경, 화풍의 절제된 표현 등은 18세기 말 프랑스 화가 자크 루이 다비드를 떠오르게 한다. 다비드는 이 그림의 화가인 브누아의 스승이다. 그 당시 독특한 개성의 여류화가 중

하나였던 브누아는 종종 비제-르 브룅과 비교된다."

루브르의 소개 글 대로 마리 기유민 브누아Marie-Guillemine Benoist, 1786~1826는 동시대에 프랑스를 대표했던 여류화가 비제-르 브룅Elizabeth Louise Vigée-Le Brun, 1755~1842(400쪽)과 자주 비교됩니다. 브루아는 비제-르 브룅의 후배 격으로 프랑스 미술사에서 근근이 여류화가의 계보를 이어온 인물입니다.

브누아는 주로 초상화를 그렸는데, 이 그림은 그의 다른 작품들에 비해 완성도가 훨씬 높다는 평가를 받습니다. 스승 다비드Jacques Louis David, 1748~1825의 영향이 뚜렷해서일까요? 처음에 이 그림을 보고 다비드 그림이라고 생각했다가 낯선 이름이 나와서 잠깐 멈칫하고는 그림 속 모델의 얼굴을 찬찬히 살펴봤던 적이 있습니다. 실제로 이 그림은 다비드가 비슷한 시기에 완성한 〈레이몽 베르니낙 부인〉과 여성이 입은 옷과 앉은 자세 등에서 유사한 점이 있습니다.

〈흑인 여인의 초상화〉에 대해 루브르는 다음과 같은 설명을 이어갑니다.

"이 젊은 여인은 마치 모나리자 같은 느낌으로 시선을 고정하고 있다. 그의 슬픔은 모순적인 자신의 신분 자체에서 비롯된다. 역시 모나리자처럼, 그는 현실적이지 않은, 존재하지 않을 것만 같은 배경 속에 갇혀 있다. 우리는 마치 그의 세계가 뜯겨 나와 있는 것 같은 느낌을 받는다. 이 그림은 거대한 외로움을 표현하고 있다."

루브르의 설명이 언제나 공감이 가는 것은 아닙니다. 제 생각에는, 브누

자크 루이 다비드, 〈레이몽 베르니낙 부인〉, 1798~1799년, 캔버스에 유채, 145×183cm

아의 다른 그림들을 고려하건대, 이 그림에 대한 루브르의 상찬은 좀 과하다는 느낌이 듭니다. 브누아가 진심으로 흑인 노예의 현실 상황을 공감하고 신분 사회의 모순을 표현하기 위해 이 그림을 그린 것일까요? 브누아는 이 그림을 그리면서 그 당시 흑인 노예 여성의 거대한 외로움을 얼마나 느꼈을까요?

루브르의 설명대로라면, 브누아는 프랑스 사회 전반에 대해 깊은 문제의식을 가지고 있었어야 할 텐데, 그의 다른 작품들을 아무리 살펴봐도 사회의식이 두드러진 것은 보이지 않습니다. 실제로 그녀가 그린 초상화 중에는 나폴레옹Napoleon Bonaparte, 1769~1821과 그의 누이동생 등 당시 권력자들의 것이 대부분입니다. 흑인 모델 자체에서 풍기는 분위기만으로 작품에 사회적인 메시지가 담겨 있다고 여기는 루브르의 해석은 좀 지나쳐 보입니다.

> "이 그림은 당당함과 절제됨이 동시에 나타난다. 또한 그녀의 누드는 젊은 여성의 도발적인 몸이 아니다. 이 카리브 해 출신 여성 노예는 오로지 그의 시선만을 입고 있다. 이 세련되고 우아한 그림이 전해주는 여성성은 루브르가 소장하고 있는 초상화 중에서도 가장 아름다운 작품 대열에 있다고 할만하다."

완성도 높은 초상화일 뿐……

이 그림의 전반적인 느낌은 빈틈없고 견고합니다. 그림의 구도나 채색이 탄탄한 기본기를 바탕으로 안정감을 잃지 않습니다. 18세기 말에서 19세기 초에 나타난 신고전주의적 사조가 배어있습니다. 바로크적 자유로움의 반기로 등장한 신고전주의는 엄격하고 균형 잡힌 구도와 명확한 윤곽, 입체적인 형태의 완성 등을 중시합니다. 신고전주의는 다비드와 앵그르Jean Auguste Dominique Ingres, 1780~1867로 이어지면서 18세기 말부터 미술계의 중요한 흐름으로 자리 잡게 됩니다.

마리 기유민 브누아, 〈엘리자 보나파트르 나폴레옹의 초상화〉, 1806년, 캔버스에 유채, 214×129cm, 루카 빌라귀니지국립박물관

완성도를 놓고 본다면 루브르의 평가대로 이 그림은 가장 아름다운 초상화의 대열에 낄 만큼 나무랄 데 없는 작품일지 모르겠습니다. 하지만 화가가 어떤 의도로 흑인 노예를 초상화의 모델로 삼았는지에 대한 심층적인 조사와 연구 없이 그림 속 인물의 거대한 외로움을 운운하는 것은, 적이 불편한 느낌이 들게 합니다.

소중한 순간을 영원히 간직한다는 것

여기서 소개하는 그림을 그린 화가의 이름만 봐서는 꽃을 잘 그리는 사람으로 오해할 수도 있겠습니다. 기를란다요Ghirlandajo, 1449~1494가 이탈리아 말로 '꽃 장식가'를 뜻하기 때문입니다. 화가의 아버지는 꽃목걸이를 만들어 여성들에게 팔았던 금은세공사였습니다. 아버지의 직업이 아들의 애칭으로 불리다가 그냥 이름이 되어 버린 것이지요. 기를란다요의 정식 이름은, 도메니코 디 토마소 비고르디Domenico di Tommaso Bigordi입니다. 기억하기에 좀 길지요.

"기를란다요는 인물에 대한 세부 묘사가 아주 정확하다는 평가를 받는다. 아마도 어린 시절 아버지로부터 금은세공사가 되기 위한 조기교육을 받았기 때문인 듯하다. 대상을 있는 그대로 묘사하면서도 대상의 매력을 표현하는 능력은 미켈란젤로가 그의 공방에서 공부할 때 가장 배우고 싶어 했던 재능이었다."

도메니코 기를란다요, 〈노인과 어린 소년의 초상〉, 1490년, 나무에 템페라, 62×46cm

기를란다요는 미술사에서 동시대의 화가 보티첼리Sandro Botticelli, 1445~1510와 자주 비교되곤 합니다. 기를란다요가 활동하던 시절이나 지금이나 보티첼리에 비하면 그의 존재감이 많이 떨어지지요. 하지만 그가 미켈란젤로Michelangelo Buonarroti, 1475~1564의 스승이었다는 사실은 그의 위상을 다시 되돌아보게 합니다. 시쳇말로 제자 덕을 톡톡히 본 인물이지만, 미켈란젤로가 아무나 스승으로 섬기진 않았겠지요.

기를란다요가 활동하던 시절, 이탈리아 피렌체에서 공방(아틀리에, atelier)은 미술을 공부해 직업 화가로 나가는 유일한 창구였습니다. 따라서 이름 있는 예술가의 공방은 젊은 제자들로 가득했습니다. 르네상스 최고의 예술가 미켈란젤로도 한때는 기를란다요의 공방에서 어깨너머로 그림을 배우던 시절이 있었습니다.

그림이 주는 선물

여기 소개하는 그림은 기를란다요만의 사실적이고 섬세한 세부 묘사가 돋보이는 〈노인과 어린 소년의 초상〉이란 작품입니다. 무엇보다도 미켈란젤로의 스승이 그린 그림이니 자못 기대가 큽니다.

그림 속에는 붉은색 옷을 입은 두 사람이 등장하는데, 초상화라고 하기에는 특이하게도 모델의 시선이 화가 쪽을 의식하지 않는 듯합니다. 두 사람의 관계에 대해서는, 할아버지와 손자라는 이야기가 많습니다. 그림 속에서 두 사람의 강한 유대감이 느껴지기 때문입니다.

"두 사람 사이에 느껴지는 애정은 노인의 가슴에 얹은 어린아이의 손에 잘

도메니코 기를란다요, 〈조반나 토르나부오니의 초상〉, 1488년, 패널에 템페라, 77×49cm, 마드리드 티센보르네미사미술관

나타나 있다. 주변을 의식하지 않은 채 두 사람이 자아내는 분위기는 그들을 쳐다보는 관람객에게까지 은근한 감동을 준다."

이 초상화에서 사람들은 노인의 얼굴, 정확히 말하면 그의 코에 시선을 멈춥니다. 노인의 코는 마치 피부병에 걸린 듯합니다. 하지만 그런 것에 아랑곳없이 어린아이는 노인의 품 안에 있습니다. 노인 역시 잔잔한 눈빛으로 아이를 내려다봅니다. 한편, 이 그림이 그려진 시기에 어린아이의 초상화를 그리는 경우는 매우 드물었습니다. 특히 노인과 어린아이의 모습을 함께 그리는 일은 더욱 흔치 않았습니다.

"두 사람의 묘사뿐 아니라 창밖의 광경은 이 그림이 그려진 시기가 1490년이라는 게 믿기지 않을 정도로 정교하고 생생하다. 심지어 창틀이 그림의 액자이고, 새로운 풍경화가 벽에 걸려 있는 것은 아닌가 하는 생각을 불러일으킨다."

루브르의 설명처럼 이 그림은 1490년에 그려졌다는 게 믿기지 않을 정도로 정교하고 생생합니다. 캔버스 천과 유화 그림물감이 사용되기 이전 시절 피렌체에서는, 나무를 깎은 널빤지를 평평하게 다듬고 그 위에 유약을 바른 다음, 물감이 되는 안료로 그림을 그렸습니다. 안료가 응고되도록 달걀 노른자 가루를 섞어서 썼는데, 이를 가리켜 '템페라'라고 합니다. 가는 붓으로 그리는 템페라화는 자세한 묘사를 하는 데 적합했습니다. 피렌체 미술 특유의 섬세한 선 묘사는 이런 재료와 기법 때문에 가능했습니다.

그림 속 모델 뒤 배경은, 어떻게 보면 방에 창을 통해서 보이는 먼 곳의 풍경일 수 있고, 아니면 방에 걸려 있는 그림일 수도 있겠습니다. 처음에는 창문으로 알려졌었으나, 동시대 그려진 그림들의 액자틀과 비슷하다는 주장이 제기되면서, 지금은 그림이라고 보는 게 정설로 굳어진 듯합니다.

〈노인과 어린 소년의 초상〉 중 풍경.

무엇보다 이 초상화가 큰 의미를 갖는 것은 여느 다른 초상화들처럼 자기 과시용으로 제작된 게 아니라는 점입니다. 만일 자기과시를 위한 초상화였다면 주문자인 노인이 코의 흉측한 피부병을 감춰 그려달라고 요청하지 않았을까요? 주문자에게는 그런 건 그다지 중요하지 않았던 것으로 보입니다. 어린 손자와 깊이 교감하는 바로 그 순간을 노인은 영원히 간직하고 싶었던 것 같습니다. 500년이 훨씬 지난 지금에도 그 소중한 순간이 느껴집니다. 그림이 주는 선물입니다.

4500살 먹은 인간 석상을 만나다

여기 나이가 무려 4500살에 이른 석상이 있습니다. 석상의 주인공은 이집트의 왕인 파라오 곁에서 파라오와 그의 주변인들에게 벌어지는 모든 일들을 기록했던 '상당히 지위가 높은' 공무원입니다. 지금의 우리나라로 말하자면, (의미에는 다소 차이가 있겠지만) 서기(관) 정도가 되지 않을까 싶습니다. 여러 기록에 따르면, 이 석상의 주인공인 서기는 고대 이집트에서 상당히 안정되고 명예로운 직책이었다고 합니다.

석상의 자세와 눈에 나타나는 시선은 매우 사실적이어서 실제로 이 조각을 보고 있으면, 그가 지금 대화를 받아 적을 준비가 되어 있는 것 같은, 심지어 우리 주변의 이야기를 다 들을 수 있을 듯한 느낌마저 듭니다. 그러한 자세는 당시의 서기 공무원이 지녀야 할 중요한 덕목이자 태도였다고 합니다.

아무튼 이 석상에 관한 다양한 이야기가 회자하지만, 아직 이 작품을 만든 예술가가 누구이고 작품의 모델이 된 공무원이 어떤 인물인지는 정

작자 미상, <이집트 서기상>, BC2620~BC2350년경,
조각 후 안료 채색(석회암),
크리스털 수정·마그네사이트·구리 등 사용, 높이 53cm

확하게 밝혀진 게 없습니다. 미술사학자들은 이 작품을 약 4500년 전의 것으로 추정하지만, 이 역시 어디까지나 추측일 뿐입니다. 하지만 이집트를 대표하는 조각상을 이야기할 때마다 이 서기 공무원이 한 번도 빠진 적이 없습니다. 당시 서기 공무원이 고대 이집트에서 힘 있고 중요한 직책이었음을 고려하건대, 조각 작품으로 자주 등장한 것이 당연하게 받아들여지기도 합니다.

읽고 쓰는 것은 물론이고 상황을 정리하고 남길 수 있는 능력이 단순히 글 재주에서만 나오는 게 아니라는 사실은 예나 지금이나 다르지 않습니다. 고대 이집트에서 서기 공무원들은 특히 존경받는 신분이었다고 전해집니다.

<이집트 서기상>을 다른 각도에서 본 모습.

석상의 눈동자에 담긴 비밀을 풀다

19세기에 이 석상이 처음 발견됐을 때, 그것을 운반하던 사람들은 공포에 떨었다고 합니다. 출토 당시 심하게 훼손되어 있었던 석상이 자기들을 쳐다보는 눈빛이 너무나도 생생했기 때문이었습니다. 석상을 처음 접했던 대부분의 사람은 겁에 질렸다고 합니다. 심지어

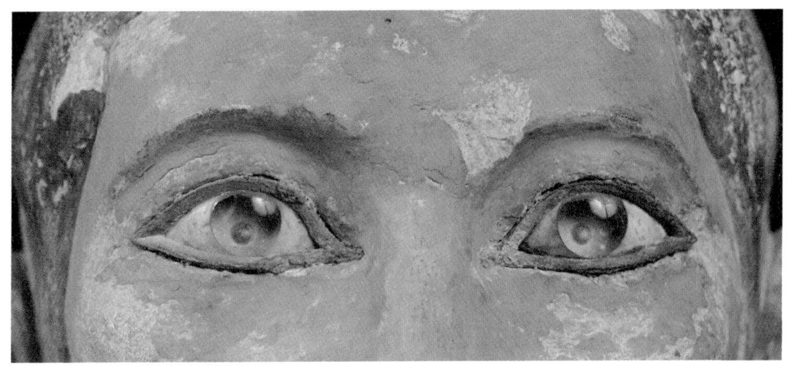

〈이집트 서기상〉의 눈 클로즈업.

석상의 눈빛이 너무 강렬해서 마치 사람들을 따라다니며 응시하는 것 같은 인상을 받았다고 합니다. 이집트 사카라(Saqqarah) 지역에서 출토된 석상 가운데서도 특히 기원전 1000~2500년 사이에 만들어진 것으로 추정되는 것들은, 이 작품처럼 눈빛이 생생한 것들이 많습니다.

사진에는 잘 드러나지 않지만, 이 석상의 눈동자는 흰색 가운데에 다른 돌을 끼워 넣어서 만든 것입니다. 수정으로 된 장식이지요. 지금은 유리 상자 안에 갇혀 있기 때문에 실제로 루브르에 가서도 육안으로 선명하게 확인하기가 쉽지 않습니다.

그것을 감안하더라도 이 석상의 눈빛은 놀라울 정도로 강렬합니다. 그래서일까요? 석상의 눈은 학계의 수많은 전문가들로부터 연구의 표적이 되어왔습니다. 하지만 여러 이유로 정밀한 분석을 미뤄오다 1996년경에 이르러 비로소 본격적인 조사가 허락됩니다.

루브르는 1996년경 입자 가속기를 사용해서 이 신비스러운 눈에 담긴 성분과 물질을 자세하게 조사하기에 이릅니다. 과학자들은 이 석상의 눈이 투명한 크리스털 유리로 되어 있음을 분석해냅니다. 아울러 한쪽은

작자 미상, 〈이집트 석상〉, BC2500~BC2350년경, 조각 후 안료 채색(석회암), 크리스털 수정·마그네사이트·구리 등 사용, 높이 77cm
사카라 북쪽 지역 우물에서 〈이집트 서기상〉과 함께 출토된 석상으로, 눈동자는 석상(석회암)과 다른 소재로 되어있다.

동그랗지만, 반대편은 원뿔형으로 뻗어 있어서 마치 실제 인간 눈의 시신경 해부도와 비슷한 모양으로 크리스털이 깎여 있는 것을 보고 깜짝 놀랐다고 합니다. 더구나 인간의 눈동자에 해당하는 자리, 정확하게 말하면 눈동자 표면에서 살짝 들어간 검은 동자처럼, 크리스털 구 안쪽으로 검은 점이 동공 자리에 정확히 찍혀 있음에 거듭 놀라움을 금치 못했다고 합니다.

이렇게 섬세한 점 하나가 석상의 눈빛에 강렬한 시선을 부여한 것입니다. 심지어 인간의 눈과 가장 가까운 사실성이 그 점 하나로 비로소 완성된 것이 아닐까 하는 생각을 하게 됩니다.

미술사가들 가운데는 이 작품을 가리켜 인류 역사상 최초로 인간 형상을 한 조각상이라고 주장하기도 합니다. 그만큼 미술사적으로도 매우 의미 있는 작품이 아닐 수 없습니다. 무엇보다도 신의 존재가 강조되었던 고대 이집트에서 인간의 모습에 가장 가깝게 다가가고자 했던 이 석상에 담긴 의미는 예사롭지 않습니다. 이 석상이야말로 인간이 자신의 모습을 가장 솔직하게 묘사하고자 했던 자화상 같은 게 아니었을까요?

혹시 이 석상을 조각한 예술가는 작품의 제작 과정 중 가장 마지막에 눈동자를 만들어 완성하지 않았을까 상상해 봅니다. 만일 그 상상이 틀리지않다면, 동양의 고사성어인 '화룡점정(畵龍點睛)*'이란 말을 이 작품의 설명에 보태어도 지나치지 않을 듯싶습니다.

* 용을 그릴 때 마지막으로 눈동자를 그린다는 뜻으로, 가장 요긴한 부분을 마치어 일을 끝냄을 이르는 말.

도난당한 〈모나리자〉 자리에 걸렸던 그림

라파엘로 산치오, 〈발다사르 카스틸리오네의 초상화〉, 1514~1515년, 캔버스에 유채, 82×67cm

초상화는 주문자의 욕구가 솔직하게 반영되는 장르입니다. 초상화의 주인공은 일반적으로 자신의 존재감을 남들에게 알리고, 본인의 위상을 확인하기 위해 그림을 주문합니다.

여기서 소개하는 그림은 이탈리아 르네상스 3대 천재 화가 중 하나인 라파엘로Raffaello Sanzio, 1483~1520가 그의 친구에게 그려준 초상화입니다. 라파엘로 정도 되는 대가는 실제로 자신의 친구를 어떻게 그렸을까요?

"발다사르 카스틸리오네는 르네상스 시절 이탈리아를 대표하는 고위급 귀족이다. 우르비노공국의 대사이자 백작이었고, 작가이면서 동시에 용맹한 장교이기도 했다. 라파엘로가 그려준 이 초상화는, 두 사람이 함께 로마에 머물던 1514년경 제작된 것이다."

‘우아함’이 최고의 미덕이었던 시대

이 그림의 모델이었을 당시 카스틸리오네Baldassare Castiglióne, 1478~1529의 나이는 대략 서른여섯 살 정도였습니다. 그 당시 남성들은 나이보다 더 들어 보이는 외모를 선호했다고 합니다. 그래서인지 초상화 속 카스틸리오네의 모습은, 그의 나이에 비해 훨씬 늙어 보입니다.

카스틸리오네라는 인물을 다루면서 그의 저서 『궁정인』이란 책을 소개하지 않을 수 없는데요. 이 책은, 당시 고위 귀족들의 삶을 소개하고 궁정 신하로서 갖춰야 할 자세를 다룬 해설서입니다. 『궁정인』은 우르비노공국에서 개최된 젊은 귀족과 지식인의 토론회를 바탕으로 집필됐는데요. 16세기 이탈리아 최고의 산문으로 꼽힙니다.

카스틸리오네는 이 책에서 특히 ‘그라지아(grazia)’라는 개념을 강조합니다. 영어로 ‘그레이스(grace)’, 우리말로는 ‘우아함’ 정도로 이해하면 되겠습니다. 그는 이 책에서 궁정을 출입할 정도의 고위급 귀족은 우아함을 잃지 말아야 함을 역설합니다.

‘그라지아’는 그 당시 미술계에서도 중요하게 추구했던 덕목이었습니다. 이를테면 라파엘로의 작품들을 한마디로 정의했을 때 ‘그라지아’만큼 적절한 수식어를 찾기는 어렵습니다.

카스틸리오네의 저서 『궁정인(Il Libro del Coregiano)』.

모나리자의 미소를 대신하다

카스틸리오네는 이 초상화가 그려질 즈음에 로마에서 대사로 재직 중이었습니다. 그림을 살펴보면, 카스틸리오네의 복장과 표정 등에서 당시 고위직 공직자로서의 품격이 한껏 묻어납니다.

> "기품이 넘치는 자세를 한 카스틸리오네. 그는 부풀어 오르게 입은 하얀 셔츠 위로 회색과 검은색이 조화를 이루는 겉옷을 두르고 있다. 이는 언뜻 보기에는 눈에 잘 띄지 않고 검소해 보이면서도, 인물 내면의 깊이를 강조하는 복장이다. 끝을 살짝 잘라서 멋을 낸 베레모로 멋을 낸 그의 옷차림새는, 그 어떤 장식도 없어서 오로지 얼굴만을 쳐다보게 한다. 그림 속에서 카스틸리오네가 취한 자세는, 같은 시기 라파엘로가 로마에서 직접 감상했던 〈모나리자〉의 자태를 연상시킨다."

라파엘로는 이탈리아 르네상스 3대 천재 화가인 다 빈치Leonardo da Vinci, 1452~1519와 미켈란젤로Michelangelo Buonarroti, 1475~1564에 비해 훨씬 젊었습니다. 따라서 두 선배로부터 많은 것을 배우고 익힐 수 있었습니다.

이 젊은 천재는 두 거장의 장점을 소화해 자기 것으로 만드는 능력이 탁월했습니다. 라파엘로의 빛나는 학습능력은 이 그림 〈발다사르 카스틸리오네의 초상화〉에서도 발견됩니다. 루브르의 설명대로 그림 속 카스틸리오네의 표정과 눈빛, 얼굴의 각도 등에서 다 빈치의 〈모나리자〉(41쪽)가 겹쳐지는 것은 우연이 아닙니다. 라파엘로는 〈모나리자〉의 아주 작은 부분까지 꼼꼼히 살펴 자신의 작품에 벤치마킹했습니다.

흥미로운 사실은, 1911년경 루브르에서 〈모나리자〉를 도난당한 후 1년

2005년부터 〈모나리자〉는 방탄유리 케이스에 담겨 루브르에서 가장 큰 방 중앙에 홀로 전시되어 있다. 루브르는 〈모나리자〉를 1911년에 도난당했다가 2년 3개월 만에 되찾았다. 분실된 〈모나리자〉의 자리에는 〈발다사르 카스틸리오네의 초상화〉가 전시되었다.

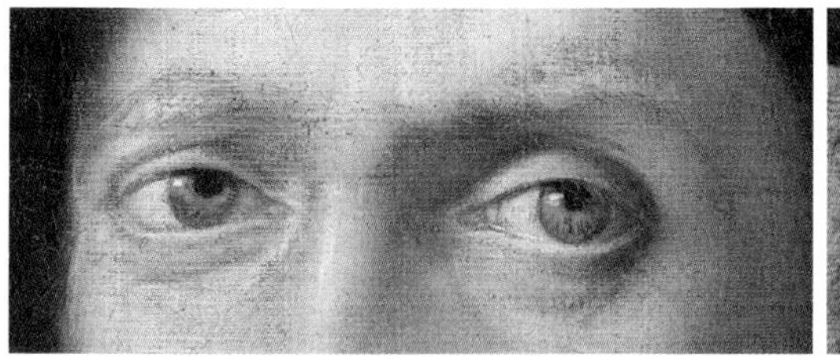

〈발다사르 카스틸리오네의 초상화〉 중 눈과 입술 부분도.

이 넘도록 찾지 못하자, 〈모나리자〉가 걸린 그 자리에 이 그림 〈발다사르 카스틸리오네의 초상화〉를 걸어 모나리자의 미소를 대체했다고 합니다.

"라파엘로는 원래 초상화에서 중요하게 묘사되는 손을 잘 보이지 않게 의도적으로 작게 그렸다. 이로써 관람자의 모든 시선을 모델의 얼굴로 이끌어 냈다. 분홍빛 입술과 파란 눈동자는 하얀 셔츠의 밝은 빛을 받아 마치 섬세한 조명을 받은 사진처럼 선명하다."

손을 그렸으면서도 화면에서 잘 보이지 않게 감춘 것은, 보는 이의 시선을 모델의 표정으로 집중시키기 위한 라파엘로의 노림수입니다. 그리고 루브르의 설명대로, 고급스러운 옷의 질감과 은은한 조명이 보여주는 인물의 기품은 다 빈치의 〈모나리자〉에 절대 뒤지지 않습니다.

카스틸리오네는 르네상스 3대 천재 화가를 친구로 둔 덕택에 〈모나리자〉에 필적할만한 걸작의 초상화를 갖게 된 셈입니다. 하지만 실제로 카스틸리오네가 이 초상화를 마음에 들어 했는지는 어디에도 기록이 없습니다. 설마? 라파엘로가 그렸는데요!

'가족'을 그리다

그림 제목을 먼저 보지 않았다면, 퀴즈 하나 드리겠습니다. 이 그림은 아침, 점심, 저녁 중 어떤 식사 장면을 그린 걸까요? 음, 점심이나 저녁 식사라고 하기에는 식탁이 너무 간소하지요? 그렇습니다. 아침식사입니다. 무엇보다 벽시계가 8시를 가리키고 있습니다. 그림 속 의복으로 유추해보면 가을이나 겨울 무렵인데, 동절기에는 저녁 8시에 그림처럼 창밖이 밝지 않으니까요.

"부셰가 활동했을 당시, 이렇게 가족이 등장하는 그림이 그려진 것은 상당히 드문 경우다. 이 장면은 화가의 가족을 직접 그린 것으로 여겨진다. 부셰의 아내가 오른쪽에 앉아 있고, 화가의 여동생이 왼쪽 여자아이에게 따뜻한 초콜릿을 수저로 떠먹이고 있다. 이들이 먹는 것은 두 종류의 음료인데, 부셰로 보이는 이 집의 가장이 준비하는 것은 핫초코(코코아)이고, 그의 아내 앞에 놓인 잔에는 커피가 담겨 있다. 두 가지 음식 모두 당시로서는

프랑수아 부셰, 〈아침식사〉, 1739년, 캔버스에 유채, 81×65cm

굉장히 비싼 값에 사야 하는 수입품이었다. 화려하게 입은 옷과 잘 꾸며진 실내도 퍽 인상적이다. 화가가 직접 그림에 붙인 제목처럼 이들은 천천히 아침식사를 하는 중이다."

프랑스는 19세기 중반이 될 때까지도 아침식사를 하는 경우가 드물었습니다. 그리고 루브르에서 설명하듯이 부셰가 활동하던 18세기 중반에 커피나 코코아는 굉장히 값비싼 기호품이었습니다. 그림 속 화가의 가족은 커피나 코코아처럼 비싼 음식을 곁들여 아침식사를 하는 것을 봐서 꽤 부유했음을 짐작할 수 있습니다.

〈아침식사〉 중 벽시계와 장식장 안에 중국 인형.

베르사유에서 왕립 회화 아카데미 감독으로 일하기도 했던 부셰Francois Boucher, 1703~1770는, 루이 15세Louis XV, 1710~1774 때 가장 화려한 경력을 자랑했던 화가입니다. 왕립 회화 아카데미 감독 시절 그는, 프랑스 미술계에서 관여하지 않은 곳이 없을 정도로 마당발이었습니다. 극장의 무대 장치, 인테리어, 고대 신화에 관한 회화 컬렉션 등등……. 당시 활동 경력을 고려하건대, 그가 꽤 부유한 예술가였음은 두말할 나위 없겠지요. 이 그림에서도 화가의 재산 정도가 가늠될 정도이니 말입니다.

아무나 먹을 수 없던 럭셔리 음식들

자, 이 그림을 좀 더 자세히 살펴보도록 하겠습니다. 그림 속 고급 장식장 안에 중국 인형이 진열되어 있습니다. 도자기 재질의 찻잔도 중국풍이 아니었을까 짐작됩니다. 도자기를 뜻하는 'china'의 어원이 중국(China)에서 비롯됐음은 누구나 다 아는 사실이지요. 그 당시 중산층 이상 가정에 동양, 그것도 중국문화가 영향을 끼치고 있음을 알 수 있습니다.

그림 속 가정의 경제수준이 중산층 이상임을 증명하는 상징이 몇 개 더 있습니다. 무엇보다 벽에 걸린 대형 거울이 눈에 들어옵니다. 베르사유 궁에 '거울의 방'이란 것이 생겨난 뒤에 커다란 거울을 생산하는 기술이 발달하게 되면서 좀 산다는 가정에서는 대형 거울로 실내를 장식하는 유행이 퍼졌었지요.

예술사에서는, 이 그림의 시대 배경이 되는 18세기 중반을 특정해서 로코코 시대라고 부릅니다. '로코코(rococo)'라는 말은, '로카이'라는 조개 장식에서 비롯된 것인데, 이를테면 과하게 꾸며진 장식을 의미합니다. 장식의 문양은 직선보다 곡선의 미를 강조합니다. 로코코 스타일의 화려한 장식은 귀족 취향일 수밖에 없었습니다. 화려한 풍속화를 즐겨 그렸던 부셰는 로코코미술을 대표하는 화가로 기억됩니다.

화려함은 사치스러움과 운명을 같이 하기 마련입니다. 18세기 프랑스에서 사치스러운 귀족문화는 굶주린 민중들의 분노에 기름을 붓지요. 결국 시민혁명으로 로코코 문화는 잠시 프랑스 사회에서 퇴출당하고 말지만, 나폴레옹Napoleon Bonaparte, 1769~1821 몰락 이후 부활한 제2제정 때 다시 부활합니다. 그리고 오늘날까지도 프랑스의 고급문화를 대표하게 됩니다.

앙리 니콜라 쿠지네, 〈마리아 레슈친스카의 다구 세트〉, 1729~1730년, 은도금·도자기·금세공 등, 21×56cm
마리아 레슈친스카는 루이 15세의 왕비이다. 사진 속 물건은 커피와 차 그리고 초콜릿을 마실 때 사용하는 다구로, 찻잔과 티포트 등의 도자기에는 중국풍 그림이 그려져 있다. 화려한 다구를 통해 당시 커피와 초콜릿 등이 얼마나 고급스러운 음식이었는지 짐작해볼 수 있다.

"가족들이 부드럽게 서로 바라보는 것과는 달리 왼쪽 어린 여자아이는 관람객을 정면으로 바라본다. 그래서인지 이 그림을 보고 있으면, 이 내밀하고 평화로운 분위기에 동참하는 듯 느껴진다. 부셰가 살던 시기는 아이들을 기르는 모습에도 소소한 변화가 있었던 때였다. 이 그림은 부르주아의 일상생활을 그린 그림 중에서 처음으로 아이들을 등장시킨 작품이기도 하다. 그 이전까지 아이들은 종교와 신화를 다룬 주제에서나 그려졌지, 어른들의 일상과는 멀리 떨어져 있는 것이 보통이었다. 그런 점에서 이 그림은

장 에티엔 리오타드, 〈라베르뉴 가족의 아침식사〉, 1754년, 캔버스에 종이를 붙이고 파스텔로 채색, 80×106cm, 런던 내셔널갤러리

프랑스 회화는 물론, 생활사(史)에서도 매우 획기적인 모습을 담고 있다."

지금의 우리 시각으로는 너무 당연해 보이는 가족적인 모습이 1739년에는 정말 신선했다는 이야기입니다. 이는 루소Jean Jacques Rousseau, 1712~1778의 교육 철학이 등장하는 계몽주의 시기와 맥을 같이합니다. 역사 · 종교 · 신화를 소재로 그리는 것 말고 이렇게 일상을 그린 그림을 '풍속화' 혹은 '장르화'라고 부르는데요. 그 당시 생활상까지 엿볼 수 있어, 그림을 감상하는 또 다른 즐거움을 제공합니다.

어느 위대한 인문학자의 인생을 그린다는 것

루브르에 가면 판형이 큰 그림 위주로 시선이 가기 마련입니다. 스케일이 어마어마한 대작 앞에 서면 외경심이 들기도 합니다.

독일 출신 화가 한스 홀바인 2세Hans Holbein II, 1497~1543가 그린 〈글을 쓰는 에라스무스〉는 43×33cm의 비교적 작은 크기의 그림입니다. 루브르에서 이 그림을 꼭 보겠다고 작정하고 찾아 나서지 않으면 그냥 지나치기 쉬운, 그저 평범해 보이는 초상화입니다. 하지만 저에게는 '에라스무스Desiderius Erasmus, 1466~1536'라는 위대한 인문학자의 초상화라 그런지 작지만 거대하게 다가왔던 그림입니다.

그림을 설명하기에 앞서 에라스무스와 그의 저작 『우신예찬』에 대한 이야기를 하지 않을 수 없습니다. 사생아로 태어나 수도원에서 자란 뒤 젊은 시절 수도원장의 비서로까지 발탁되었던 에라스무스는, 교회에 적을 둔 성직자 출신입니다. 하지만 그는 훗날 가톨릭교회의 부패를 신랄하게 비판하는 『우신예찬』을 집필하는 등 용기 있는 학자로 거듭납니다.

한스 홀바인 2세, 〈글을 쓰는 에라스무스〉, 1523년, 패널에 유채, 43×33cm

대쪽 같았던 어느 인문학자의 초상화

'우신예찬'이란 말을 풀어보면, '바보의 신에 대한 찬사'입니다. 『우신예찬』에서 '바보의 신'은, 아버지 '부자의 신'과 어머니 '청춘의 신' 사이에서 태어나, '무지의 신'인 유모 밑에서 자랍니다. 이 '바보의 신'은 '게으름의 신' '방탕의 신' '향락의 신' 등을 친구로 두고 있습니다.

이 책은 비유와 풍자 자체가 매우 직설적이어서 그 당시 글을 읽을 줄 아는 웬만한 사람들은 비판의 대상이 누구인지 금방 알 수 있었습니다. 한때 교회에 몸담았던 신분으로서 교단을 정면으로 반박한다는 것 자체가 그때나 지금이나 상상하기 힘든 일인데요. 오만해 보일 정도로 공격적이고 날카로운 비판과 독설로 유명했던 그는, 늘 논란의 중심에 섰습니다. 예를 들어 "만일 교황이 기독교의 대리자라면, 그리스도처럼 불행한 생애를 보내야 할 것이 아닌가. 그러나 지금의 교황은 영화와 행복 속에 있다"라며, 교회의 우두머리인 교황에 대한 비판도 서슴없이 날립니다.

〈글을 쓰는 에라스무스〉 부분도.

에라스무스는 프랑스어와 이탈리아어를 비롯한 대부분의 유럽 언어에 능통했고, 그리스 고전까지도 섭렵하는 등 전방위적 소양을 갖춘 보기 드문 학자이기도 했는데요. 학문에 대한 열정과 대쪽 같은 신념으로 동시대는 물론, 후대 지식인들에게까지도 엄청난 영향력을 끼친 인물입니다.

> "이 그림을 막 그리기 시작했던 1519년, 홀바인은 갓 스무 살을 넘긴 젊은 화가였다. 홀바인은 대학자를 오랜 시간 면밀히 관찰하면서 여러 초안과 밑그림을 그리며 초상화를 완성해 나갔다. 에라스무스는 이 젊은 화가와의 돈독한 신뢰와 우정을 바탕으로, 오랜 시간 초상화의 모델이 되는 것을 마다치 않았다. 이 장면은 홀바인이 에라스무스의 모습을 가장 이상적으로 남긴 것이라고 할 수 있다. 그의 얼굴을 자세히 관찰해 보자. 곧고 뾰족한 코, 섬세한 얼굴과 턱선, 보일 듯 말 듯한 미소가 머무는 얇지만 단호해 보이는 입술. 그리고 반은 감은 듯 보이지만 자신의 글을 읽어 나가는 날카로운 눈매 등. 그림 속 세세한 묘사가 지식인의 엄숙한 내면까지 가늠하게 한다. 글을 쓰는 에라스무스의 손은 얼음처럼 냉철해 보이기까지 하다."

현재의 대가와 미래의 거장 사이의 교감

대학자 에라스무스와 교감했던 젊은 화가 홀바인은, 정밀하고 사실적인 화풍으로 유명했던 아우구스부르크파의 창시자 한스 홀바인 1세의 아들입니다. 그가 미술계에 입문할 당시 독일 회화는 유럽 미술에서 별다른 주목을 받지 못했는데요. 당시 북유럽에서 시작된 종교개혁은 홀바인을 비롯한 젊은 화가들에게 새로운 변화의 바람을 일으켰습니다.

신교가 교회의 사치와 교회당의 장식을 강하게 비판한 탓에 그동안 교회로부터 성화 제작을 주문받아 생활을 해오던 기존 화가들은 일거리가

한스 홀바인 2세, 〈에라스무스의 초상화〉, 1523년, 패널에 유채, 73×51cm, 런던 내셔널갤러리

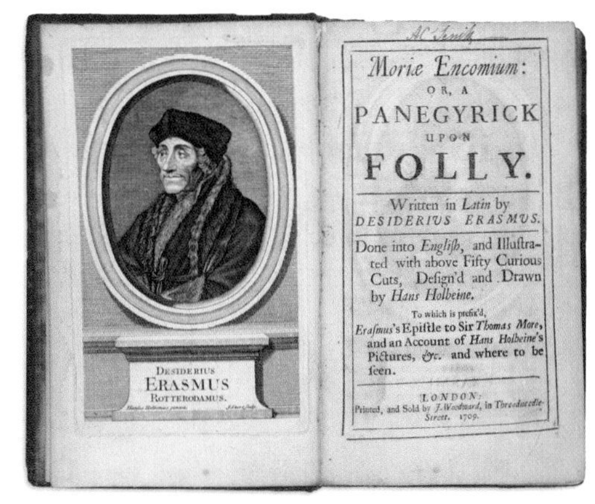
DESIDERIUS
ERASMUS
ROTTERODAMUS.

Moriæ Encomium:
OR, A
PANEGYRICK
UPON
FOLLY.
Written in Latin by
DESIDERIUS ERASMUS.
Done into English, and Illustrated with above Fifty Curious Cuts, Design'd and Drawn by Hans Holbeine.
To which is prefix'd,
Erasmus's Epistle to Sir Thomas More, and an Account of Hans Holbeine's Pictures, &c. and where to be seen.
LONDON:
Printed, and Sold by J. Woodward, in Threadneedle-Street. 1709.

에라스무스의 『우신예찬』에 홀바인이 삽화를 그렸다.

줄어들고 맙니다. 결국 화가들은 성화 대신 초상화를 제작하거나 서적에 삽화를 그리게 되지요. 이런 시대적 상황은 홀바인이 초상화의 대가로 부상하는 계기가 됩니다.

한편, 홀바인은 『우신예찬』을 읽고, 이 책에 삽화를 그려 넣기도 하는 등 에라스무스의 개혁 사상을 열렬히 지지합니다. 스무 살이 갓 넘은 홀바인이 에라스무스의 초상화를 그릴 당시 이 대학자의 나이는 쉰여섯 살이었습니다. 예순을 바라보는 대학자가, 그때까지만 해도 애송이였던 화가에게 자신의 초상화를 허락했다는 사실이 믿기지 않습니다. 그것도 그림을 짧은 시간에 완성한 것이 아니라 홀바인이 여러 번의 초안과 밑그림, 채색 작업에 집중할 수 있도록 이 까칠했던 대학자가 오랜 시간 모델을 마다치 않았다는 사실이 놀랍습니다. 이후 에라스무스는 『유토피아』를 쓴 영국의 정치가이자 인문주의자 토마스 모어Thomas More, 1478~1535에게 홀바인을 추천해, 홀바인이 영국에서 활동할 수 있도록 돕기도 합니다.

그림을 그릴 당시 두 사람 사이에 무려 30년이 넘는 세대 간의 차이가 있었지만, 현재의 대가와 미래의 거장에게 그런 것은 전혀 문제가 되지 않았나 봅니다. 거장과 대가는 서로를 알아보는 텔레파시 같은 게 있는지도 모르겠습니다.

지적으로 보이고 싶었던 한 여인의 초상

18세기 프랑스에서 절세미인이 가장 많은 곳은 어디였을까요? 물론 이에 관한 정확한 사료는 없습니다. 추측일 뿐이지만, 아마도 베르사유 궁이 아니었을까요? 여기 소개하는 그림 속 미모의 여인도 베르사유 궁이 배출한(?) 인물입니다. 왕비나 공주가 아니었다면, 그녀는 도대체 누굴까요? 맞습니다. 루이 15세Louis XV, 1710~1774의 애첩이었습니다.

본명이 잔-앙투아네트 푸아송Jeanne Antoinette Poisson, 1721~1764인 그녀는 원래 유부녀였습니다. 루이 15세는 사교모임에서 그녀를 보고 첫눈에 반해 남편과 이혼시키고 베르사유 궁으로 들입니다. 그리고 그녀에게 퐁파두르(Pompadour) 후작 부인 칭호를 내리지요.

루이 15세는 본처인 왕비보다 퐁파두르 후작 부인과 더 많은 시간을 보냈습니다. 그녀는 미모가 출중했을 뿐 아니라 교양까지 겸비했다고 전해집니다.

무엇보다 그녀는 예술에 대한 관심이 남달랐다고 합니다. 그녀는 루이

모리스 캉탱 드 라 투르, 〈퐁파두르 후작 부인〉, 1755년, 종이에 파스텔, 175×128cm

15세의 정서적인 면에 큰 도움을 주었다고 하니, 그렇고 그런 애첩은 아니었던 모양입니다. 심지어 왕에게 문화 · 예술에 관한 정책 조언까지 했다고 합니다.

하지만 정도가 지나치면 부작용이 생기는 법이지요. 나중에는 정치에까지 간섭하는 월권을 일삼았고, 주변국과 전쟁을 일으키도록 왕을 조종해 프랑스에 패배를 안기기도 했습니다.

하지만 문화 · 예술 부분에 국한해서 보건대, 프랑스가 지금의 '문화강국'이 되는 데 그녀가 일조했다는 사실은 부인할 수 없습니다.

"그녀는 재능 있는 예술가들의 지원에 인색하지 않았다. 그녀가 살았던 베르사유 안의 프티 트리아농 궁에는 예술가들의 발길이 끊이질 않았다. 많은 예술가가 퐁파두르 후작 부인과의 면회를 기다렸다. 예술가들의 오디션이라고 할 수 있는 이 특별한 만남은, 당시 프랑스 문화의 흐름까지도 결정할 만큼 막대한 영향력을 행사했다. 바로크 시대가 끝나갈 무렵, '시끄럽고 달콤하게' 나타난 로코코 문화는 이때 만들어진다."

에티엔느 모리스 팔코네, 〈음악〉, 1752년, 대리석, 높이 203cm
퐁파두르 부인이 벨뷰 성을 장식하기 위해 의뢰한 작품이다.

'허세'를 참고 그려야 하는 고충

예술 분야 중에서도 특히 미술에 관심이 많았던 퐁파두르 후작 부인은 여러 화가에게 자신의 초상화를 그리게 했습니다. 문화 · 예술의 수호자이자 지지자를 자처했던 그녀는 후대에 자신의 모습을 많이 남겨야 한다고 생각했던 모양입니다. 로코코 미술의 대표 화가 부셰Francois Boucher, 1703~1770도 그녀의 초상화를 여러 점 그렸습니다. 여기 소개하는 초상화는 모리스 캉탱 드 라 투르Maurice Quentin de La Tour, 1704~1788라는 화가가 그린 것입니다.

"이 그림을 그린 모리스 캉탱 드 라 투르는 처음에 파스텔 화가로 시작해서 가벼운 소품을 그리기도 했지만, 그의 꿈은 늘 확고했다. 진정한 직업 화가가 되는 것이다. 하지만 모리스의 아버지는 아들이 화가가 되는 것을 완강하게 반대했다. 결국 그는 열다섯 살 때 겨우 집을 나와 혼자 힘으로 화가의 길을 걸을 수밖에 없었다. 파리에서 플랑드르 출신 예술가에게 기초교육을 받은 모리스는, 도버 해협을 건너 영국으로 가서 초상화가로 큰 성공을 거둔다. 다시 고국으로 돌아왔을 때, 그는 이미 파리 사교계에서 가장 유명한 화가가 돼 있었다."

랑베르 시지스베르 아담, <서정시>, 1752년, 대리석, 높이 207cm
퐁파두르 부인이 벨뷰 성을 장식하기 위해 의뢰한 작품이다.

〈퐁파두르 후작 부인〉 중 퐁파두르 부인의 손에 들린 악보, 책과 지구본, 인쇄물 등.

퐁파두르 후작 부인이 모리스에게 베르사유 궁에 들어와서 자신의 초상화를 그리라고 명령했을 때, 그는 꽤 귀찮아했다고 합니다. 베르사유 궁에서 한동안 후작 부인의 비위를 맞춰가며 지내야 한다는 사실이 싫었던 거지요. 모리스는, 퐁파두르 후작 부인의 간택으로 예술가로서의 기회를 얻는 신진 화가들하고는 처지가 달랐습니다. 그는 이미 성공한 화가였기 때문입니다. 마치 주문자에 아첨하듯 작업하는 것이 그로서는 영 못마땅했을 것입니다.

"퐁파두르 후작 부인의 초상화를 보면 몇 가지 공통점을 찾을 수 있다. 초상화에서 그녀는 늘 책이나 악보 같은 것을 보고 있다. 이 그림도 마찬가지다. 그녀는 그림 속에서 악보를 넘기고 있다. 주변에는 지구본, 판화 인쇄물, 책 등이 놓여 있다. 지적이고 예술을 사랑하는 이미지가 그림에 반영되기를 바랐던 것 같다. 한편, 그녀는 나이가 들어 외모에 자신이 없다는 생각을 하고부터는 더 이상 초상화를 주문하지 않았다."

왕족이나 귀족의 초상화에는 옷차림이나 소품에서 '허세'가 담기기 마

프랑수아 부셰, 〈퐁파두르 부인의 초상화〉, 1756년, 캔버스에 유채, 121×164cm, 뮌헨 알테피나코텍

련입니다. 퐁파두르 후작 부인의 초상화도 다르지 않습니다. 그 당시 화려했던 로코코 미술은 그런 풍조를 반영합니다. 모리스는 가진 자들의 허세를 그리는 게 싫었던 모양입니다. 그럼에도 불구하고 이 그림은 그 당시 모리스가 왜 최고 화가였는지를 방증합니다. 내키지 않아 그린 그림이라고는 믿기지 않을 정도로 완성도가 높기 때문입니다.

'광기'에 관하여

여기서 소개하는 그림을 그린 화가는 테오도르 제리코Théodore Gericault, 1792~1824입니다. 프랑스 낭만주의 예술의 대표 주자로 활동했던 예술가이지요.

"낭만주의 계열의 화가로 분류되는 제리코는, 특히 인간의 정신세계와 광기에 관심이 컸다. 그 결과 일련의 불안한 사람들을 소재로 연작을 남겼는데, 이 그림에 '광기 시리즈'라는 별칭이 붙었다. 이 그림을 완성하기 위해 제리코는 직접 정신병원을 출입하면서 관찰했다. 살페트리 병원 군의관이었던 조르제 박사의 연구가 이 그림을 그리는 기초 자료가 되기도 했다."

살페트리 병원은 파리 5구에 있는 종합병원입니다. 영국의 다이애나 황태자비가 교통사고를 당한 뒤 후송된 병원으로 세간의 관심을 받은 곳이지요. 1885년경 프로이트Sigmund Freud, 1856~1939가 정신분석학 연구를 위해 유학을 온 병원이기도 합니다.

테오도르 제리코, 〈도박에 미친 여인〉, 1822년, 패널에 유채, 77×65cm

당시에는 프로이트와 같은 심리학자들은 물론이고 일부 화가들까지도 인간의 내면(정신)이 외부 세계로부터 어떻게 영향을 받는지에 대해 관심이 컸습니다. 하지만 19세기부터 20세기에 이르기까지 인간의 정신 영역은 활발한 연구의 대상이었으면서도 괄목할만한 성과물이 도출되지는 못했습니다. 학문적으로 난공불락의 분야였던 셈이지요.

불안과 분열을 그리다

그런 상황을 고려하건대, 화가였던 제리코의 행보는 주목받기에 충분했습니다. 그는 여기에 소개하는 〈도박에 미친 여인〉을 그리기 위해 직접 다양한 경험을 마다치 않았습니다. 즉, 인간의 내면을 관찰하기 위해 정신질환을 앓고 있는 환자들을 만나러 정신병원을 수시로 방문하며 그들과 교류를 이어갔습니다. 심지어 그는 한때 죽음과 공포를 제대로 묘사하기 위해서 사형당한 시신들이 있는 시체공시소에 머물면서 훼손된 시신을 스케치하고 관찰하기도 했습니다(〈손과 발 연구〉 129쪽).

제리코가 인간의 내면에 관심을 두게 된 것은 1819년에 발표한 작품 〈메두사 호의 뗏목〉(125쪽) 때문이었습니다. 그는 이 작품으로 격렬한 비난에 직면하게 되자 우울증에 시달립니다. 조르제 박사를 알게 된 것도, 살페트리 병원에서 정신분열 환자들을 만나는 경험도 그때 하게 된 것이지요.

"이 여성의 시선은 뭔가를 찌르는 듯하다. 그림 속 모델에게서 무언가를 갈구하는 듯한 분위기가 느껴진다. 그녀는 여전히 도박의 망령에서 헤어나오

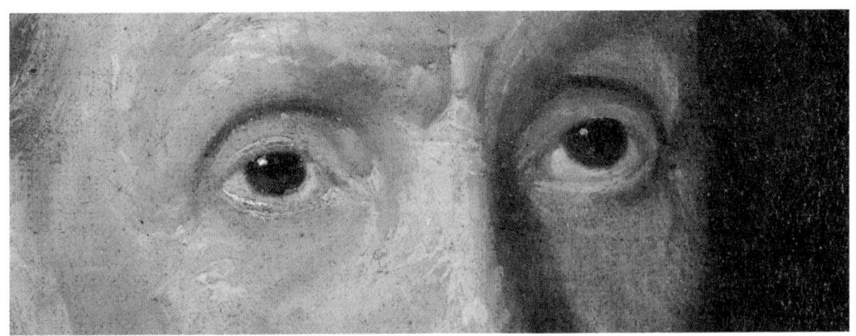

〈도박에 미친 여자〉 눈 클로즈업.

지 못한 듯하다. 그림 작업의 사전 준비를 할 때만큼은 철저한 사실주의자였던 것처럼, 이 그림에서 제리코는 절제되고 담담한 필치로 인물을 표현했다. 자칫 만화 같은 캐리커처가 될 수도 있는 주제를, 있는 그대로 묘사했다. 제리코의 태도에서 16세기 플랑드르(벨기에) 화가들이 이 그림과 비슷한 주제를 다룰 때 보인 엄숙한 자세가 겹쳐진다."

미친 사람을 그린다는 것은 그 사람의 특징이 강조되기 때문에 그림 자체가 희화화될 수 있다는 점을 제리코는 정확하게 간파하고 있었습니다. 그래서 제리코는 그림 속 모델의 눈빛과 분위기를 최대한 객관적으로 묘사하는 데 집중했습니다.

캔버스에 투영된 인간의 광기

인간의 광기를 그림의 주제로 다룬 화가는 미술사에서 제리코가 처음은 아닙니다. 스페인의 프란시스코 고야Francisco de Goya, 1746~1828는 제리코보다 먼저 인간의 광기에 집중했던 화가입니다. 이와 관련해서는 루브르의 설명

대 피테르 브뢰헬, 〈뒬레 그릿(또는 미친 메그)〉, 1561년, 패널에 유채, 117×162cm, 앤트워프 마이어르 판덴베르흐박물관

대로 플랑드르의 화가들도 빼놓을 수 없습니다. 이처럼 미술사적으로 이어져 온 광기에 관한 묘사는 제리코에 와서 예술적 성취를 거두었다고 할 수 있겠습니다.

"이 연작 시리즈는 쳐다보기에 대단히 '불편함'을 준다는 이유로 한동안 사람들에게 외면을 받아왔고 그래서 잘 알려지지도 않았다. 제리코의 또 다른 대업인 시체들의 살점 조각이나 사형당한 노예들의 모습을 묘사한 크로키 역시 같은 이유로 어둠 속에 남겨져 있었다."

낭만주의는 완성된 형식미와 정돈된 외관 등을 강조하는 신고전주의가 끝나갈 무렵 그 반기로 등장한 사조입니다. 따라서 틀에 박힌 제도권 예술에 대한 저항이 다양한 모습으로 작품 속에 녹아 있습니다.

낭만주의 사조를 하나로 정의하기는 곤란합니다. 굳이 설명하자면 이성보다는 감성을, 객관보다는 주관을 강조합니다. 제리코가 이 그림을 통해 다뤘던 인간의 내면은 이성적이고 객관적으로 설명할 수 없는 지점입니다. 그 어떤 과학도 넘볼 수 없는 영역, 바로 그 지점에서 예술은 빛납니다.

프란시스코 고야, 〈아들을 잡아먹는 사투르누스〉, 1820~1824년, 캔버스에 유채, 146×83cm, 마드리드 프라도미술관

'죽음'을 조각하다

여기서 소개하는 작품은 파리 공동묘지를 지키던 조각상입니다. 이미지만 놓고 보면 섬뜩하기까지 합니다. 루브르도 이 조각상을 가리켜 "어째서 이렇게 험악하고 무서운 조각상을?"이라고 소개하고 있습니다.

우리나라로 치면 종로 3가쯤 되는 '레 알(Les Halles)'이라는 곳은, 국철 3개와 지하철 6개 노선이 한꺼번에 만나는 파리의 교통요지입니다. 도시의 한가운데 위치한 이곳은, 과거의 파리 모습을 간직하고 있습니다. 각종 사무실과 관광지 등이 지척에 있어서 항상 붐비는 곳이지요.

레 알 근처를 거닐다 보면 이노상 분수(fontaine des innocents)가 나옵니다. '참 화려하네'라는 생각만 하면서 그냥 지나치던 이 분수를 유심히 바라보게 된 것은 '이노상'이라는 이름 때문입니다. '이노상'이라는 단어가 '영아' '유아'라는 뜻을 내포하고 있음을 알게 되면서 그 분수에 좀 더 호기심이 생겼습니다.

작자미상, 〈죽음의 알레고리〉, 1520년경, 설화석고, 높이 120cm

공동묘지에서 가져온 조각상

옛날에 분수가 있던 자리에는 이노상 성당과 공동묘지가 함께 있었습니다. 성경에 유아와 영아 학살 사건이 등장하는데, "태어난 지 얼마 되지 않은 아기"를 '이노상'이라고 불렀습니다. 그 순간 '이곳이 아기들의 무덤이었나?'하고 잠깐 당황했었는데, 다행히 그것과는 상관없었습니다. 그저 성당 이름이 이노상이었고, 그래서 성당 주변에 있던 분수에도 같은 이름이 붙었던 것이지요. 이노상 공동묘지에도 평범한 사람들이 안장돼 있다고 합니다. 도시 전체를 리뉴얼할 때 공동묘지가 외부로 옮겨지면서 분수만 그 자리를 지키게 된 것이지요.

이노상 공동묘지를 옮길 때, 그곳을 지키던 몇 개의 유물들이 박물관으로 옮겨졌는데요. 그중에 여기서 소개하는 조각상인 〈죽음의 알레고리〉

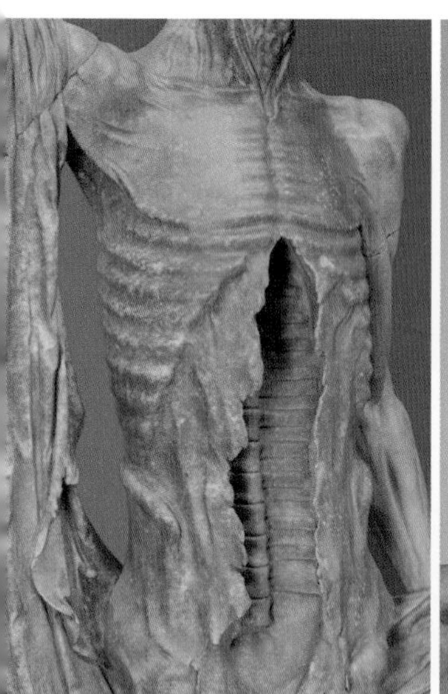
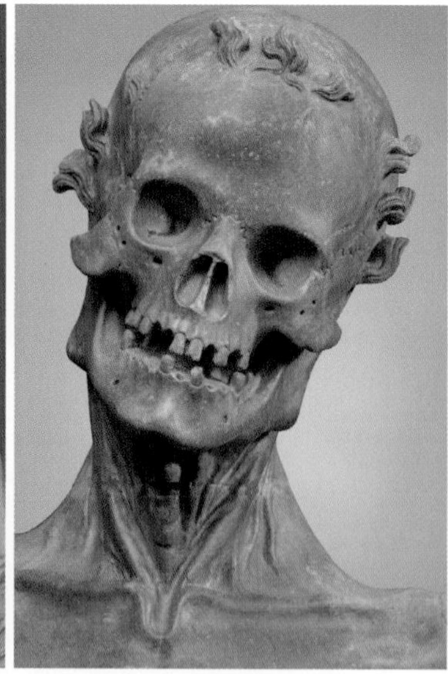

〈죽음의 알레고리〉 가슴과 머리, 왼손에 들고 있는 비문.

도 포함돼 있었습니다. 그다지 크지 않은 조각상인데도 그 앞에 서면 다소 위축이 됩니다.

"프랑스인들은 16세기에 제작한 대리석(대리석의 색깔이 아닙니다만) 조각을, 원래 조각이 자리했던 파리 공동묘지의 이름을 붙여 '생티노상'이라고 불렀다. 하지만 이 모습은 전통적인 묘지를 지키는 석상들과는 사뭇 느낌이 다르다. '생티노상'은, 평온하게 누워서 기도하듯 손을 모으고 얼굴은 평화롭게 천국을 향해 있는 다른 조각상들과는 차원이 다른 모습을 하고 있다. 마치 해체될 것 같은 몸통 위에 달린 해골은 미묘하게 찡그리고 있다. 어째서 이렇게 그로테스크한 조각상이 제작된 것일까?"

죽음이 유행이던 시대

14세기 이후부터 프랑스를 비롯한 유럽에는 '악마 시리즈'가 유행합니다. '죽음 시리즈'도 같은 것이지요. 당시 화가와 시인은 물론, 노래를 부르는 가수들 사이에서도 '죽음의' '악마의'라는 형용사가 빠지지 않을 정도였습니다. 시 구절, 노랫말, 그림의 소재에서 '죽음'과 '악마' 키워드가 유행처럼 등장했지요. 특히 미술계에서는 죽음의 상징으로 해골을 그리거나 조각해놓은 작품이 유행했습니다. 독일 화가 홀바인 2세Hans Holbein II 1497~1543는 그의 대표작 〈대사들〉에서 해골을 비스듬히 그려넣어 죽음과 소멸, 허무의 메시지를 담아내기도 했습니다.

"그들은 죽음을 덮어두거나 미화하지 않았다. 죽음은 직접 대면해야 하는 것이 됐고, 산책 장소로 공동묘지에 가는 것이 유행이었다. 전염병 등으로 목숨을 잃는 사람이 많이 늘어나면 공동묘지에 묻힐 데가 없어서 시신과 유골을 곳곳에 쌓아 놓기도 했다. 시신과 유골이 조각상들과 뒤섞여 있는 공동묘지의 풍경은 그 당시를 대변한다."

중세만 하더라도 페스트와 전쟁, 기아 등이 유럽 전체를 어지럽혔습니다. 그 탓에 사람들은 죽음이 전혀 낯설지 않았습니다. 이를테면 죽음이라는 현상이 일상화되면서, 죽음에 대한 공포감 같은 것이 희석되어 무감각해졌던 것이지요. 심지어 죽음에 매혹되는 사람들도 생겼습니다. 그런 점들을 고려하건대, 지금 보면 섬뜩한 이 조각상이 당시로서는 그다지 혐오스럽다거나 충격적이지 않았을지도 모르겠습니다.

1520년부터 1786년까지 공동묘지를 지켰던 이 조각상은 파리의 노트르담 성당에 옮겨져 잠깐 보관되었다가 1840년부터 루브르에서 자리를 지키고 있습니다. 루브르는 이 조각상이 뿜어내는 죽음에 대한 메시지를 다음과 같이 적고 있습니다. 루브르가 묘사한 문장 또한 조각상만큼이나 강렬합니다.

"이 조각은 마치 무덤을 뚫고 나온 좀비처럼 팔은 위협적이고 모습은 기괴하다. 세상 어느 누구도 피할 수 없는 운명, 죽음에 대한 환기가 이렇게 선명할 수 있을까?"

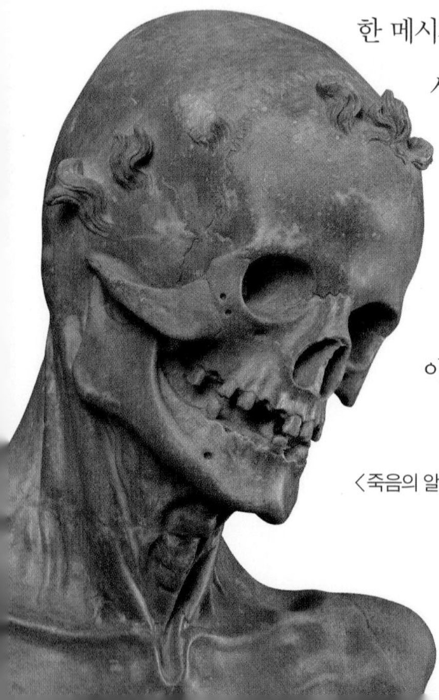

〈죽음의 알레고리〉 머리.

한스 홀바인 2세, 〈대사들〉, 1533년, 패널에 유채, 207×209cm, 런던 내셔널갤러리

꿈과 현실의 경계를 넘어

혹시 '몽유병'이라고 들어 보셨습니까? 잠이 덜 깬 상태에서 일어나 걸어 다니는 등 이상한 행동을 보이는 증상을 말하는데요. 이 기이한 병은 셰익스피어William Shakespeare, 1564~1616의 4대 비극 『맥베스』에도 등장할 만큼 꽤 오래전부터 있었던 정신질환입니다.

스코틀랜드 장군 맥베스는 세 마녀에게서 자신이 왕이 될 거라는 예언을 듣고 이 사실을 아내에게 알립니다. 사욕에 눈이 먼 아내는 왕을 살해하도록 맥베스를 부추깁니다. 반역으로 왕권을 찬탈한 맥베스는, 자신의 권좌를 위협해 올 인물들에 불안을 느껴 살인을 거듭합니다. 결국 맥베스는 자신의 손에 살해당한 충신 뱅코의 망령에 시달리고, 아내 역시 죄책감으로 몽유병을 앓다 자살합니다.

스위스 태생의 영국 화가 헨리 푸셀리Henry Fuseli, 1741~1825는 맥베스 부인이 몽유병 상태에서 배회하는 장면을 그림으로 그렸는데요. 바로 〈몽유병에 걸린 맥베스 부인〉이라는 작품입니다.

헨리 푸셀리, 〈몽유병에 걸린 맥베스 부인〉, 1757년, 캔버스에 유채, 221×160cm

그림으로 셰익스피어 읽기

"맥베스 부인을 해석한 이 그림만큼이나 푸셀리의 인생 여정은 특이했다. 목사로 시작했다가 잔혹함과 환상을 표현하는 화가가 됐기 때문이다."

영국은 18세기 초부터 강해진 국력을 등에 업고 자국 문화를 유럽에 전파시키는 데 열중합니다. 이때 셰익스피어 작품들도 프랑스어나 이탈리아어로 번역돼 널리 알려집니다. 셰익스피어 작품 속 주인공들은 일반 대중들은 물론, 예술가들에게도 매력적인 캐릭터였는데요. 특히 화가들은 〈몽유병에 걸린 맥베스 부인〉처럼 셰익스피어 작품 속 등장인물들을 즐겨 그렸습니다.

"노란색은 종종 광기와 관련이 있다. 따라서 푸셀리가 맥베스 부인이 노란색 긴 드레스 잠옷을 입은 모습을 그린 것은 우연이 아니다. 노란색 때문에 그녀의 밝은 갈색 머릿결과 들고 있는 횃불이 더욱 선명해 보인다."

〈몽유병에 걸린 맥베스 부인〉 중 멕베스 부인의 얼굴.

그림 속 맥베스 부인의 얼굴을 보면, 눈빛은 마치 카메라가 흔들려서 찍은 것처럼 초점이 사라져 있고, 얼굴 형태도 왜곡돼 있습니다. 단번에 사람의 시선을 빨아들이며 '도대체 이건 무슨 그림일까?'하고 호기심을 갖게 합니다. 그리고 몽유병이라니…… 꿈에서 깨지 못하고 현실을 방황하는 그 모습이 그 당시에는 얼마나 신기했을까요?

이 그림은, 셰익스피어 작품 속 주인공들을 통해 인간의 비극적인 운명과 그로 인한 두려움과 광기를 마치 무대 위 연극의 한 장면처럼 묘사합니다. 그림 속에 비친 인간의 모습이 매우 극적이지요.

꿈과 현실의 경계를 무너뜨리다

근대로 접어들면서 사람들은 '신 앞의 인간'으로서 순응적이고 평탄한 삶에 의문을 갖기 시작합니다. 대부분의 사람이 인생의 우여곡절을 경험하

헨리 푸셀리, 〈줄리엣의 관 앞에서 파리스 백작을 찌르는 로미오〉, 1809년경, 캔버스에 유채, 71×92cm, 워싱턴D.C. 폴거셰익스피어도서관

헨리 푸셀리, 〈악몽〉, 1781년, 캔버스에 유채, 101×127cm, 디트로이트 미술관

지만, 그 모든 것이 신의 이름으로 미화될 수 없음을 알게 되지요. 그 과정에서 인간이란 감정적으로 얼마나 복잡한 존재인가를 깨닫습니다.

셰익스피어가 문학을 통해 인간 본연의 초상을 그려냈다면, 푸셀리는 인간 내면에 숨겨진 복잡다기한 감정의 선을 캔버스로 가져와 펼쳐놓습니다. 이러한 예술적 경향은 훗날 19세기 후반에 등장하는 상징주의의 전조가 되기도 합니다. 상징주의란 1880년대에 프랑스에서 일어난 반사실주의적인 문예운동을 말합니다.

이 그림이 그려진 시기는 절대왕정의 전성기였던 동시에, 곧 있을 시민혁명을 태동시킬 만큼 대중의 의식이 성숙해질 무렵이었습니다. 생각의 발전은 늘 문화 · 예술의 진보를 이끌기 마련인데요. '광기'라고 하는 삶의 모순을 다룬 이 그림은, 권력욕을 향한 인간의 종말이 얼마나 참혹한지를 잘 보여줍니다.

"그림 속 주인공의 강렬한 존재감에 이어, 오른쪽 아래에 그려진 젊은 여성이 눈에 들어온다. 한쪽 구석에서 이 장면을 쳐다보며 숨어 있는 그녀는 피해 있는 걸까, 아니면 몰래 엿보는 걸까? 불빛 아래 뭉개져 보이는 실루엣과 실체를 알아차리기 힘든 표정은, 그림 제목 그대로 몽유병을 묘사하는 듯하다."

〈몽유병에 걸린 맥베스 부인〉 중 겁에 질린 젊은 여성과 남성.

젊은 여성과 함께 그 곁에 있는 남자의 얼굴은 불안하다 못해 흉측해 보이기까지 합니다. 이 두 사람은 실재하는 존재인지, 아니면 맥베스 부인의 꿈을 지배하는 존재인지 분간이 되지 않습니다. 이처럼 화가는 꿈과 현실의 경계선을 뭉개버립니다. 푸셀리만의 미학이라고 할 수 있겠는데요. 그의 또 다른 대표작 〈악몽〉에서도 잘 나타납니다. 화가는 그렇게 삶의 모순을 몽환적으로 이야기합니다.

파리에서 가장 아름다웠던 여류화가의 자화상

화가라는 직업이 남성의 전유물은 아니었음에도 미술사에서 여류화가를 만나기란 쉽지 않습니다. 엘리자베스 루이즈 비제-르 브룅Elizabeth Louise Vigée-Le Brun, 1755~1842은 그 가운데서도 빛나는 몇 안 되는 여류화가입니다.

비제-르 브룅은 이 그림 제목으로 자기 이름 앞에 '마담'이라는 존칭을 붙였습니다. 본인의 신분에 대한 여유 있는 자신감과 편안함이 느껴집니다. 하지만 그녀가 살았던 시대는 말 그대로 격동기였습니다. 비제-르 브룅의 평화는 오래가지 못했습니다. 이 그림은 그녀의 삶을 뒤흔든 프랑스 혁명 바로 그해에 외동딸 잔 뤼시앵 루이즈와의 다정한 모습을 묘사한 것입니다.

"파스텔 화가이자 그림을 사고파는 화상(畵商)이었던 아버지 아래에서 교육받은 비제-르 브룅은 초상화 장르에서 활동하면서 700여 점의 작품을

엘리자베스 루이즈 비제-르 브룅, 〈마담 비제-르 브룅과 그녀의 딸〉, 1789년, 캔버스에 유채, 130×94cm

남겼다. 그녀는 재능을 인정받아 프랑스는 물론 이탈리아, 러시아, 영국, 오스트리아에서 가장 인기 있는 초상화가였다. 프랑스 왕비 마리 앙투아네트에게서 가장 신임을 얻은 화가였으며 동시에 왕비의 사생활과 은밀한 이야기까지 공유하는 몇 안 되는 친구이기도 했다. 이 관계는 그녀가 혁명 이후 이탈리아로 망명할 때까지 지속됐다."

가장 인기 있었던 초상화 전문 여류화가

시민혁명 전후의 프랑스에는, 다른 직업도 사정은 다르지 않았겠지만, 여류화가는 정말 드물었습니다. 하지만 비제-르 브룅은 (비록 아버지의 후광이 있었다고는 하지만) 화가로서의 특별한 재능을 인정받아 미술계에서 주목받게 되지요.

그녀의 강점은 섬세하고 유려한 인물 묘사와 색감의 구성, 그것을 표현하는 능력에 있었습니다. 그녀의 화풍에서 우리는 한 세대 앞서 갔던 플랑드르 출신 바로크 미술의 대가 루벤스Peter Paul Rubens, 1577~1640의 풍성하고 아름다운 색채와 선을 떠올리게 됩니다. 실제로 그녀는 루벤스의 그림 〈밀짚모자〉에 영향을 받아 〈밀짚모자를 쓴 자화상〉을 그리기도 했습니다.

부드럽기만 하면 힘을 잃어버리고, 반대로 힘을 강조하면 그림이 딱딱하게 느껴지기 마련입니다. 하지만 비제-르 브룅의 붓 터치는 한없이 부드럽게 묘사된 희미한 선이, 나른하게 보이는 모호함에 머물지 않습니다. 옷의 질감은 세세한 부분까지 살아있고, 눈빛은 부드러우면서도 선명합니다. 한마디로 부드러움과 명징함의 경계를 묘하게 넘나듭니다. 입고 있

엘리자베스 루이즈 비제-르 브룅, 〈밀짚모자를 쓴 자화상〉, 1782년, 캔버스에 유채, 97×70cm, 런던 내셔널갤러리

는 옷과 머릿결과 얼굴선 등이 유려하고 따뜻하면서도 힘이 있습니다.

> "지나치지 않은 온화함, 그 속에는 테크닉과 색깔의 섬세한 표현이 오로지 엄마와 딸의 따뜻한 관계를 강조하는 데 쓰인다."

아름다운 여성의 가장 아름다운 순간을 그리다

혁명 이후 감옥에 갔다가 주변 사람들의 탄원으로 가석방된 비제-르 브룅은 조국 프랑스를 떠나 망명길에 오르는 등 고초를 겪기도 합니다. 마리 앙투아네트Josèphe Jeanne Marie Antoinette, 1755~1793와 친분이 두터웠고 궁정화가로 활동하며 여러 왕족의 초상화를 그린 경력은, 혁명정부에게는 매우 불순한 것이었지요.

하지만 워낙 유명한 초상화가였기 때문에 스위스와 이탈리아 등 이웃 나라에서도 그녀의 작품 활동은 무리 없이 계속될 수 있었습니다. 오히려 로마, 나폴리, 베를린, 상트페테르부르크 등 유럽 여러 도시의 사교계에까지 그녀의 명성이 퍼지면서 화가로서 더 왕성한 활동을 이어갔습니다.

그녀의 초상화 속 인물들을 보면, 대부분 수려한 외모로 묘사돼 있는데요. 그녀가 그린 초상화 속 실재 인물들이 정말로 미인이었는지는 확인할 길이 없습니다. 하지만 방이나 거실에 자신을 아름답게 묘사한 멋진 그림 한 점 걸고 싶지 않은 귀족 부인은 없었을 것입니다. 비제-르 브룅의 화가로서의 재능에 더해 수완까지 돋보이는 대목이지요. 실제로 왕정복고 후 그녀가 프랑스로 돌아온 후에도 유럽 전역으로부터 초상화 주문이 끊이지 않았다고 합니다. 이렇게 되면 망명이 전화위복이 된 셈인가요?

엘리자베스 루이즈 비제-르 브룅,
〈마담 그랑(노엘 카트린느 보를레)〉,
1783년경, 캔버스에 유채, 92×72cm,
뉴욕 메트로폴리탄미술관

비제-르 브룅은 당시 유럽 사교계의 최신 유행에도 매우 밝았다고 합니다. 패션에 대해서도 남다른 감각이 있어서 화려한 의상과 모자를 디자인하기도 했습니다. 우아함과 아름다움, 그리고 따뜻함의 화가 비제-르 브룅을 루브르는 다음과 같이 기억합니다.

"비제-르 브룅은 스무 점이 넘는 자화상을 그렸다. 딸과 같이 있는 이 그림에서 그녀는 자신의 아름다움도 지나치지 않고 우아하게 묘사했다. 그녀의 자화상은 혁명을 눈앞에 둔 파리에서 가장 아름다운 여성의 가장 아름다운 순간을 기억하게 한다."

그림에 포착된 인간의 불온한 속성

프랑스의 순수미술이 서양미술사에서 중요한 자리를 차지하기까지는 오랜 시간이 걸렸습니다. 여기서 소개하는 이 그림이 그려진 17세기 초반에도 프랑스 미술은 이탈리아나 플랑드르(벨기에) 지방의 것과 비교할 수 없을 정도로 낙후되었습니다. 그럼에도 불구하고, 혹은 그래서 조르주 드 라 투르Georges de La Tour 1593~1652라는 이름(프랑스 중부 도시인 투르 출신의 조르주라는 뜻)의 화가는 그 수준 차이를 메워 주는 중요한 역할을 합니다. 그의 작품은 당시 유행하고 있던 바로크 양식을 충실히 따랐고, 여기에 화가 고유의 독특한 개성까지 더해져 훗날 많은 사람으로부터 큰 사랑을 받습니다.

하지만 라 투르는 자신이 활동하던 시대부터 인정을 받았던 화가는 아닙니다. 20세기 들어 열린 전시회를 통해 그의 작품들이 미술사적으로 재평가되면서 차츰 세간에 알려지기 시작합니다.

조르주 드 라 투르, 〈사기꾼〉, 1636~1640년경, 캔버스에 유채, 106×145cm

프랑스 회화의 수준을 한 단계 끌어올린 그림

프랑스 회화를 보기 위해 루브르에 발을 내디딜 때 거의 첫 문턱에서 만나게 되는 이 그림은, 많은 사람이 '바로 이거다'라는 표정으로 반가워하며 사진도 찍고 그 앞에서 포즈까지 취하는 작품입니다. 이 그림의 제목은 〈사기꾼〉입니다. 루브르는 라 투르의 〈사기꾼〉을 이렇게 소개합니다.

조르주 드 라 투르, 〈성 제롬의 독서〉, 1600~1700년경, 캔버스에 유채, 94×70cm

"주로 종교화를, 그것도 밤을 배경으로 어둡게 그리는 화가로 유명한 라 투르가 굉장히 드문 '낮'을 그린 그림이다. 이 그림에는 교회가 제시하는 세 가지 '악(노름, 술, 허영)'을 상징하는 세 명의 사기꾼에게 속아 넘어갈 준비가 돼 있는 젊은 청년이 등장한다."

"속아 넘어갈 준비가 돼 있는"이라는 루브르의 표현이 재밌습니다. 마침 어느 유명한 사기범이 했던 말이 떠오릅니다. "나는 사기를 치는 게 아니라 사기를 당할 준비가 된 사람을 찾는다." 그러고 보니 루브르의 소개 글과 사기범의 말이 절묘하게 겹쳐집니다. 한편, 낮을 배경으로 그린 그림이라고는 하지만, 화면만으로 확인할 길은 없습니다. 도박장이 실내인 것은 분명한데 그림 속 인물 뒤쪽은 어둡습니다.

명암 효과로 인간의 불온한 내면을 들추다

한국에서 '풍속화'라고 부르는 그림을 프랑스에서는 '장르화'라고 부릅니다. 주로 성경을 주제로 그림을 그렸던 라 투르는 가끔 〈사기꾼〉과 같은 장르화를 그리기도 했습니다. 라 투르가 그렸던 종교를 주제로 한 연작들은 주로 어둠 속에서 촛불이나 작은 조명을 통해 우리가 소중하게 여겨야 하는 존재를 강조하곤 합니다. 앞에서 살펴본 〈등불 앞의 막달라 마리아〉가 이에 해당합니다(87쪽).

라 투르는 고요한 명상 분위기의 종교화들과 달리, 〈사기꾼〉에서 전혀 새로운 소재를 통한 장면을 보여 줍니다. 도박판 앞에서 인간의 정직하지 못한 속성을 적나라하게 묘사합니다. 그 가운데서도 특히 곁눈질하는 여성의 표정을 통해 사기와 기만을 저지르는 인간 모습을 포착해 냅니다.

"가운데 여성의 눈빛을 보자. 누가 이 시선의 의미를 제대로 파악할 수 있을까? 옷을 잘 차려입은 젊은이의 왼편에 있는 세 사람은 공범일까? 아니면 그들도 서로를 속이기 위해 감시하는 것일까? 뒤늦게 다시 발견돼 루브르로 들어온 이 그림에는 정확한 의미를 알아내기까지 여전히 수수께끼가 많이 남아 있다."

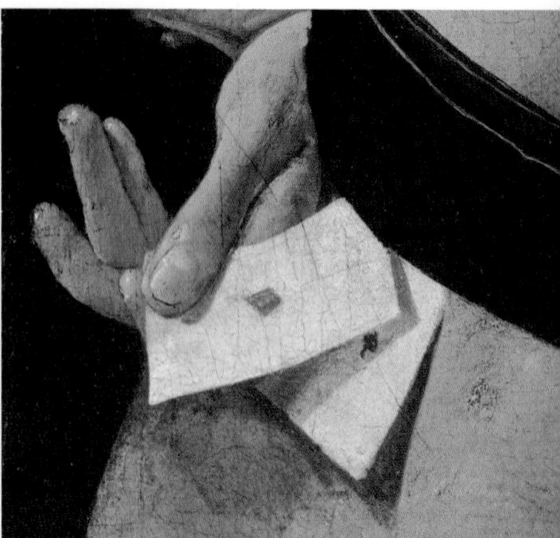
〈사기꾼〉에서 그림 가운데 있는 여성의 얼굴과 왼쪽 남자가 뒤에 숨기고 있는 카드.

〈사기꾼〉은 1926년경 어떤 수집가가 2500프랑에 사들인 이후 여러 전시회에 내보내면서 세간에 알려져 나갔습니다. 전시를 통해 비로소 그 진가를 인정받은 작품이라 할 수 있습니다. 이후 1934년에 루브르가 1000만 프랑이라는 엄청난 가격에 사들여 화제가 됐습니다.

"세세한 모든 것이 상징을 담고 있다. 그 당시 진주 목걸이는 돈으로 살 수 있는 사랑, 즉 매춘부라는 의미를 담고 있다. 남자가 뒤에 숨기고 있는 다이아몬드 카드는 상업과 돈의 상징이고, 스페이드 에이스는 불행의 상징이다. 나머지 세 사람이 한 패거리든 그렇지 않든, 오른쪽 젊은이가 사기당하리라는 것은 분명해 보인다."

라 투르가 〈사기꾼〉을 그리기 전에 그가 가장 존경하던 이탈리아 바로크 미술의 거장 카라바조Michelangelo Merisi da Caravaggio, 1573~1610가 비슷한 주제의 그

카라바조, 〈사기꾼〉, 1594년, 캔버스에 유채, 94×131cm, 텍사스 킴벨미술관

림을 그렸습니다. 그래서일까요? 라 투르의 그림을 가만히 보고 있으면, 강한 명암 대비나 인물 중심의 구성에서 카라바조의 화풍이 묻어납니다.

라 투르는 〈사기꾼〉이 마음에 들었는지 1년 뒤 같은 그림을 한 번 더 그렸습니다. 카라바조의 〈사기꾼〉과 라 투르가 두 번째로 그린 〈사기꾼〉은 미국 텍사스 포트워스의 킴벨미술관에 함께 소장돼 있습니다.

미술관에 걸린 슬픔

프랑스 고전파와 낭만파 화가들이 그린 대형 회화 작품들은 루브르가 자랑하는 컬렉션 중에서도 매우 중요한 목록으로 꼽힙니다. 다비드Jacques Louis David, 1748~1825, 앵그르Jean Auguste Dominique Ingres, 1780~1867, 들라크루아Eugène Delacroix, 1798~1863, 제리코Théodore Géricault, 1791~1824 등의 작품이 루브르의 넓고 화려한 방을 차지하고 있지요. 그 방에 들어가면 대형 회화에 압도당하곤 합니다.

미술관을 오래 다니다 보면 흥미로운 점을 느끼곤 합니다. 〈모나리자〉(41쪽)처럼 누구나 다 아는 유명한 작품이나 엄청난 화폭의 대형 회화가 아닌데도 불구하고 관람객의 눈길을 멈추게 하는 작품이 있습니다. 여기에 소개할 〈젊은 순교자〉라는 작품이 그렇습니다. 이 그림은 앞에서 말씀드린 거장들의 대형 회화와 같은 방에 전시되어 있는데요. 그 방의 한쪽 가장 구석진 자리에 걸려 있으면서도 유독 관람객의 눈을 잡아끕니다.

폴 들라로슈, 〈젊은 순교자〉, 1865년, 패널에 유채, 171×148cm

슬픔을 전시하다

이 그림에 담긴 소재는 옛날이야기지만, 왠지 그림의 표현은 시대를 앞서 있는 듯 보입니다. 루브르는 그림을 이렇게 소개합니다.

"〈젊은 순교자〉는 신고전주의의 아름다움을 보여주는 작품이다. 유럽인들의 역사 속에서 주제를 끄집어내는 데 탁월한 화가 폴 들라로슈Paul Delaroche, 1797~1856는, 주인공의 죽음에서 '젊음의 희생'이라는 알레고리를 엄격하면서도 정확하게 묘사하고 있다."

"들라로슈는 이 그림에서, 어린 순교자의 죽음이 주는 상실감을 표현하고 있다. 로마인들에게 잡혀 강물에 던져진 이 소녀의 머리 위로 빛의 후광을 그려 넣어 그녀의 죽음을 위로하는 듯하다. 이 그림은 '젊은 그리스도교순교자'라고 불리기도 한다."

그림의 제목이 암시하듯 〈젊은 순교자〉가 담고 있는 역사적 배경은 종교와 관련이 있습니다. 과거 로마제국에서 자주 벌어졌던 그리스도교인들에 대한 박해를 다룬 그림입니다. 손이 묶인 채 강물에 던져진 소녀는 그리스도교 신자였습니다. 하지만 이 죽음의 모습은 종교를 넘어서 넓은 의미에서 젊음의 희생을 떠올리게 합니다.

"죽은 소녀 위로 어둠 속에서 사람의 형상이 보인다. 죽은 소녀를 쳐다보는 남자는 누구일까? 그가 이 소녀를 강물에 던진 사람이 아닌 게 분명한 것은, 그에게 기댄 여성의 그림자가 어둠 속에서 희미하게 나타나고, 그 형상

〈젊은 순교자〉 상단의 남성과 여성의 그림자.

에서 무너지는 듯한 슬픔이 느껴지기 때문이다."

그림 속에는 소녀의 죽음을 슬퍼하면서 내려다보는 두 사람이 있습니다. 루브르는 어둠 속의 두 사람을 소녀의 부모로 추측하면서 그림에 대한 설명을 이어갑니다. 루브르의 추측에 동의합니다.

가슴이 먹먹해져 올 때면

가끔 잠이 오지 않을 때가 있습니다. 그럴 때마다 책상에 앉아 컴퓨터 모니터 위에 이 그림을 열어 놓고 한참을 들여다보곤 합니다. 그림이 그림

조지 클라우슨, 〈울고 있는 젊은이〉, 1916년, 캔버스에 유채, 91×91cm, 런던 임페리얼전쟁박물관
영국 화가 조지 클라우슨은 딸의 약혼자가 제1차 세계대전에 참전했다가 전사하자, 전쟁으로 목숨을 잃은 수많은 젊은이와 남겨진 사람들을 애도하기 위해 붓을 들었다.

으로 보이지 않고, 다른 일들을 생각나게 합니다.

가족들이 다 사라지고 혼자만 남은 여섯 살 여자아이의 눈빛이 아른거리고, 머리로 벽을 박으며 우는 아버지가 기억나고, 도움도 안 되는 사람을 붙들고 살려 달라고 애원하는 어머니의 모습이 눈에 밟혀 머리마저 멍해졌던 때가 떠오릅니다.

그런 일들이 반복될 때마다 정부 당국은 책임을 회피하기 위해 말도 안 되는 이야기만 늘어놓습니다. 언론은 그런 정부 당국의 앵무새 논평을 반복 보도하기에 바쁩니다. 뭔가 결단은 없고 같은 이야기들만 뉴스로 재생산되고 있지만, 여기 남겨진 사람들은 어떤 미동도 하지 못하고 엄청난 슬픔의 무게를 견뎌내고 있습니다. 어느덧 시간이 많이 흘렀지만 해결된 건 여전히 아무것도 없어 보입니다.

루브르에 갔을 때 무수히 많은 거장의 대작 숲을 헤쳐 이 그림 앞에 멈춰 서 있었습니다. 이 그림은 그 화려한 대작들이 걸린 방 귀퉁이를 여전히 아무 말 없이 지키고 있었습니다.

화가는 도대체 무슨 마음으로 물에 빠져 죽임을 당한 소녀를 이렇게도 환상적으로 아름답게 그렸을까요? 시간이 아무리 많이 흘러도, 사는 게 아무리 각박해도, 그 슬픔을 잊지 말고 가슴 한편에 간직하자는 의도가 아니었을까 조심스레 짐작해 봅니다.

그림을 보면서 다른 한편으론 살아남아 있는 사람들이 떠올랐습니다. 그들도 이 그림처럼 세상의 어느 좁은 귀퉁이에 기대어 엄청난 슬픔의 무게를 견뎌내고 있을 것입니다.

다시, 그림을 봅니다.

작품 찾아보기

* 화가의 이름 순(작품 제작연도 순)

고야(Francisco de Goya)
〈아들을 잡아먹는 사투르누스〉, 1820~1824년, 마드리드 프라도미술관 ······ 387

그로(Antoine-Jean Baron de Gros)
〈자파의 페스트 격리소를 방문한 보나파르트〉, 1804년, 파리 루브르박물관 ······ 175
〈아일라우 전투의 나폴레옹〉, 1807년, 파리 루브르박물관 ······ 173

기를란다요(Ghirlandajo)
〈조반나 토르나부오니의 초상〉, 1488년, 마드리드 티센보르네미사미술관 ······ 349
〈노인과 어린 소년의 초상〉, 1490년, 파리 루브르박물관 ······ 347

기세이(Henri Gissey)
〈아폴로의 모습을 한 루이 14세〉, 1654년, 버크셔주 윈저 성(로열컬렉션) ······ 244

다 빈치(Leonardo da Vinci)
〈두 개의 그로테스크한 프로필〉, 1485~1490년경, 버크셔주 윈저 성(로열컬렉션) ······ 300
〈마주 보는 두 개의 그로테스크한 프로필〉, 1485~1490년경, 버크셔주 윈저 성(로열컬렉션) ······ 300
〈모나리자〉, 1503~1506년경, 파리 루브르박물관 ······ 41
〈성 안나와 함께 있는 마리아와 예수〉, 1503~1513년, 파리 루브르박물관 ······ 111
〈앙기아리 전투를 위한 두 전사의 머리 연구〉, 1504~1515년, 부다페스트미술관 ······ 213
〈오른쪽을 향한 성모의 머리〉, 1510~1513년, 뉴욕 메트로폴리탄미술관 ······ 113
〈세례자 성 요한〉, 1513년경, 파리 루브르박물관 ······ 39

다비드(Jacques Louis David)
〈호라티우스 형제의 맹세〉, 1784~1785년, 파리 루브르박물관 ······ 137
〈레이몽 베르니낙 부인〉, 1798~1799년, 파리 루브르박물관 ······ 343
〈사비니의 여인들〉, 1799년, 파리 루브르박물관 ······ 144
〈마담 레카미에〉, 1800년, 파리 루브르박물관 ······ 323
〈생 베르나르 고개를 넘는 나폴레옹〉, 19세기, 파리 베르사유궁전 ······ 140

도미에(Honoré Daumier)
〈푸줏간〉, 1857년, 매사추세츠 하버드아트뮤지엄 ······ 232

〈비평가의 행진〉, 1865년, 워싱턴D.C.국립미술관 288

드캉(Alexandre-Gabrie Decamps)
〈작업실의 원숭이 화가〉, 1849년, 파리 루브르박물관 229

들라로슈(Paul Delaroche)
〈에드워드 4세의 아이들〉, 1831년, 파리 루브르박물관 131
〈젊은 순교자〉, 1865년, 파리 루브르박물관 413

들라크루아(Eugène Delacroix)
〈스물세 살의 자화상〉, 1821년, 파리 들라크루아미술관 134
〈단테의 배〉, 1822년, 파리 루브르박물관 123
〈키오스 섬에서의 학살〉, 1824년, 파리 루브르박물관 119
〈사르다나팔 왕의 죽음〉, 1827년, 파리 루브르박물관 215
〈민중을 이끄는 자유의 여신〉, 1830년, 파리 루브르박물관 185
〈쇼팽과 상드의 이중 초상화를 위한 스케치〉, 1838년경, 파리 루브르박물관 295
〈쇼팽의 초상화〉, 1838년, 파리 루브르박물관 291
〈상드의 초상화〉, 1838년, 코펜하겐 오르드룹가드 294
〈아비도스의 신부〉, 1857년, 텍사스 킴벨아트뮤지엄 220

라 투르(Maurice Quentin de La Tour)
〈퐁파두르 후작 부인〉, 1755년, 파리 루브르박물관 377

라 투르(Georges de La Tour)
〈성 제롬의 독서〉, 1600~1700년경, 파리 루브르박물관 408
〈사기꾼〉, 1636~1640년경, 파리 루브르박물관 407
〈등불 앞의 막달라 마리아〉, 1642년, 파리 루브르박물관 87

라파엘로(Raffaello Sanzio)
〈세례자 요한과 함께 있는 마리아와 예수〉, 1507년, 파리 루브르박물관 315
〈오색 방울새의 성모〉, 1507년, 피렌체 우피치미술관 318
〈뮤즈의 두상〉, 1510년경, 개인 소장 261
〈파르나소스〉, 1510~1511년, 바티칸 성 베드로 대성당 262
〈발다사르 카스틸리오네의 초상화〉, 1514~1515년, 파리 루브르박물관 359

레니에(Nicolas Régnier)
〈막달라 마리아〉, 1655~1660년경, 빈미술사박물관 89

렘브란트(Rembrandt Harmens van Rijn)
〈최후의 만찬〉 습작, 1634~1635년, 뉴욕 메트로폴리탄미술관 66
〈엠마우스의 순례객들〉, 1648년, 파리 루브르박물관 63
〈도살된 소〉, 1655년, 파리 루브르박물관 329
〈루크레티아〉, 1664년, 워싱턴D.C. 국립미술관 47
〈미소 짓는 노년의 자화상〉, 1665년, 쾰른 발라프리하르츠박물관 67

로댕(Auguste Rodin)
〈큐피드와 프시케〉, 1893년, 뉴욕 메트로폴리탄미술관 25

루벤스(Peter Paul Rubens)
〈앙기아리 전투〉, 1603년, 파리 루브르박물관 210
〈마리 드 메디치의 대관식〉, 1610년, 파리 루브르박물관 198

뤼드(François Rude)
〈자크 루이 다비드〉, 1838년, 파리 루브르박물관 141

리오타드(Jean-Étienne Liotard)
〈라베르뉴 가족의 아침식사〉, 1754년, 런던 내셔널갤러리 369

마네(Edouard Manet)
〈풀밭 위의 점심〉, 1863년, 파리 오르세미술관 240

마티스(Henri Matisse)
〈푸른 누드〉, 1952년, 파리 퐁피두센터 276

만테냐(Andrea Mantegna)
〈성 세바스티안〉, 1480년, 파리 루브르박물관 31

무리요(Bartolome Esteban Murillo)
〈천사들의 부엌〉, 1646년, 파리 루브르박물관 94
〈영광의 성모와 아기 예수〉, 1673년, 리버풀 워커미술관 96

미켈란젤로(Michelangelo Buonarroti)
〈죽어가는 노예〉, 1513~1516년, 파리 루브르박물관 155

바사리(Giorgio Vasari)
〈마르시아노 전투〉, 1570~1571년, 피렌체 베키오 궁전 212

베닝(Simon Bening)
〈성 세바스티안의 순교〉, 1535~1540년, 로스앤젤레스 폴게티미술관 29

베로네제(Paolo Veronese)
〈카나의 결혼잔치〉, 1563년, 파리 루브르박물관 100

보렐(Maurice Valentin Borrel)
〈프리지안 모자를 쓴 마리안느 메달〉, 1800~1900년, 파리 루브르박물관 187

보티첼리(Sandro Botticelli)
〈봄〉, 1478년, 피렌체 우피치미술 77
〈비너스의 탄생〉, 1483~1485년, 피렌체 우피치미술관 232

〈젊은 여인에게 선물을 내놓는 비너스와 삼미신〉, 1484년경, 파리 루브르박물관 ······ 267
〈로렌초와 예술의 여신들과의 대화〉, 1484년경, 파리 루브르박물관 ······ 268

부셰(Francois Boucher)
〈아침식사〉, 1739년, 파리 루브르박물관 ······ 365
〈오달리스크〉, 1745년, 파리 루브르박물관 ······ 203
〈마드모아젤 오머피의 초상화〉, 1752년, 파리 루브르박물관 ······ 207
〈퐁파두르 부인의 초상화〉, 1756년, 뮌헨 알테피나코텍 ······ 381

부에(Simon Vouet)
〈골리앗의 머리를 든 다윗〉, 1620~1622년, 제노바 스타라다누오바박물관 ······ 306
〈자비〉, 1635년경, 파리 루브르박물관 ······ 307
〈풍요〉, 1640년, 파리 루브르박물관 ······ 302

브누아(Marie-Guillemine Benoist)
〈흑인 여인의 초상화(또는 마들렌의 초상화)〉, 1800년, 파리 루브르박물관 ······ 341
〈엘리자 보나파트르 나폴레옹의 초상화〉, 1806년, 루카 빌라귀니지국립박물관 ······ 345

브뢰헬(Pieter Bruegel the Elder)
〈뒬레 그릿(또는 미친 메그)〉, 1561년, 앤트워프 마이어르판덴베르흐박물관 ······ 386

비아르(François Auguste Biard)
〈오후 4시의 살롱〉, 1847년, 파리 루브르박물관 ······ 285

비제-르 브룅(Elizabeth Louise Vigée-Le Brun)
〈풍요를 데리고 가는 평화〉, 1780년, 파리 루브르박물관 ······ 34
〈자화상〉, 1781년경, 텍사스 킴벨미술관 ······ 35
〈밀짚모자를 쓴 자화상〉, 1782년, 런던 내셔널갤러리 ······ 403
〈마담 그랑(노엘 카트린느 보를레)〉, 1783년경, 뉴욕 메트로폴리탄미술관 ······ 405
〈장미를 든 마리 앙투아네트〉, 1783년, 파리 베르사유 궁 ······ 36
〈마담 비제-르 브룅과 그녀의 딸〉, 1789년, 파리 루브르박물관 ······ 401

빈센트(François André Vincent)
〈앙리 4세와 가브리엘 데스트레의 이별〉, 1783~1785년, 포 성 국립박물관 ······ 153

사라체니(Carlo Saraceni)
〈성모의 죽음〉, 1612년경, 뉴욕 메트로폴리탄미술관 ······ 54

샤르댕(Jean Siméon Chardin)
〈원숭이 화가〉, 1739~1740년, 파리 루브르박물관 ······ 225
〈원숭이 골동품상〉, 1740년, 파리 루브르박물관 ······ 228
〈아내의 초상〉, 1775년, 파리 루브르박물관 ······ 226

수틴(Chaim Soutine)
〈도살된 소〉, 1925년, 미니애폴리스미술관 333

조토(Giotto di Bondone)
〈성흔을 받는 프란치스코〉, 1295년, 파리 루브르박물관 105

쉬나르(Joseph Chinard)
〈쥘리에트 레카미에 흉상〉, 1801~1802년, 로스앤젤레스 폴게티미술관 327

아담(Lambert Sigisbert Adam)
〈서정시〉, 1752년, 파리 루브르박물관 379

아르침볼도(Giuseppe Arcimboldo)
〈봄〉, 1573년, 파리 루브르박물관 297, 301
〈여름〉, 1573년, 파리 루브르박물관 301
〈가을〉, 1573년, 파리 루브르박물관 301
〈겨울〉, 1573년, 파리 루브르박물관 301
〈계절의 신(또는 루돌프 2세)〉, 1591년, 스톡홀름 스코클로스터 성 299

앵그르(Jean Auguste Dominique Ingres)
〈발팽송의 목욕하는 여인〉, 1808년, 파리 루브르박물관 273
〈그랑드 오달리스크〉, 1814년, 파리 루브르박물관 310
〈안젤리크를 구하는 로저〉, 1819년, 파리 루브르박물관 58
〈소욕녀-하렘의 내부〉, 1828년, 파리 루브르박물관 277
〈오달리스크와 노예〉, 1839~1840년, 매사추세츠 하버드아트뮤지엄 206
〈체인에 묶인 안젤리크〉, 1859년, 상파울로 MASP 61

에이크(Jan Van Eyck)
〈재상 롤랭의 성모상〉, 1437년, 파리 루브르박물관 335

엘 그레코(El Greco)
〈두 명의 기증자에게 경배받는 십자가의 예수〉, 1580년경, 파리 루브르박물관 279

우첼로(Paolo Uccello)
〈산 로마노 전투〉, 1436~1440년, 피렌체 우피치미술관 252
〈산 로마노 전투〉, 1438~1440년, 런던 내셔널갤러리 252
〈산 로마노 전투〉, 1455년, 파리 루브르박물관 250

제라르(François Gérard)
〈마담 레카미에〉, 19세기경, 파리 카르나발레미술관 326

제롬(Jean-Léon Gérôme)
〈뱀을 부리는 사람〉, 1879년경, 매사추세츠 클락아트인스티튜트 312

제리코(Théodore Gericault)
〈메두사 호의 뗏목〉, 1817~1820년, 파리 루브르박물관 ········· 125
〈메두사 호의 뗏목 : 두 번째 스케치〉, 1818년, 파리 루브르박물관 ········· 128
〈손과 발 연구〉, 1818~1819년, 몽펠리에 파브르미술관 ········· 129
〈도박에 미친 여인〉, 1822년, 파리 루브르박물관 ········· 383

질로(Claude Gillot)
〈두 대의 마차〉, 1707년, 파리 루브르박물관 ········· 243
〈두 대의 마차가 등장하는 장면〉, 1712~1716년, 뉴욕 메트로폴리탄미술관 ········· 245
〈마스터 앙드레의 무덤〉, 1716~1717년, 파리 루브르박물관 ········· 246

카노바(Antonio Canova)
〈프시케를 깨우는 큐피드의 키스〉, 1793년, 파리 루브르박물관 ········· 21

카라바조(Michelangelo Merisi da Caravaggio)
〈사기꾼〉, 1594년, 텍사스 킴벨미술관 ········· 411
〈성모의 죽음〉, 1601~1605년경, 파리 루브르박물관 ········· 51

카이요(Augustin Cayot)
〈디도의 죽음〉, 1711년, 파리 루브르박물관 ········· 45

쿠쟁(Jean Cousin)
〈에바 프리마 판도라〉, 1550년, 파리 루브르박물관 ········· 231

쿠지네(Henri-Nicolas Cousinet)
〈마리아 레슈친스카의 다구 세트〉, 1729~1730년, 파리 루브르박물관 ········· 368

크라나흐(Lucas Cranach)
〈삼미신〉, 1513년, 파리 루브르박물관 ········· 75
〈비너스에게 불평하는 큐피드〉, 1525년, 런던 내셔널갤러리 ········· 78

클라우슨(George Clausen)
〈울고 있는 젊은이〉, 1916년, 런던 임페리얼전쟁박물관 ········· 416

티치아노(Tiziano Vecellio)
〈전원 합주곡〉, 1509년, 파리 루브르박물관 ········· 237
〈우르비노의 비너스〉, 1537~1538년, 피렌체 우피치미술관 ········· 235

팔코네(Etienne Maurice Falconet)
〈음악〉, 1752년, 파리 루브르박물관 ········· 378

페루지노(피에트로 바누치)(Perugino)
〈성 세바스티안〉, 1490년, 파리 루브르박물관 ········· 27

푸생(Nicolas Poussin)
〈아카디아의 목동들〉, 1628년, 더비셔 채즈워스우스 84
〈시인의 영감〉, 1629년, 파리 루브르박물관 255
〈사비니 여인들의 납치〉, 1633~1634년, 뉴욕 메트로폴리탄미술관 82
〈아카디아의 목동들〉, 1638년, 파리 루브르박물관 81

푸셀리(Henry Fuseli)
〈몽유병에 걸린 맥베스 부인〉, 1757년, 파리 루브르박물관 395
〈악몽〉, 1781년경, 디트로이트미술관 398
〈줄리엣의 관 앞에서 파리스 백작을 찌르는 로미오〉, 1809년경, 워싱턴D.C. 폴거셰익스피어도서관 397

피에르(Pierre Julien)
〈니콜라 푸생〉, 1804년, 파리 루브르박물관 259

홀바인 2세(Hans Holbein II)
〈글을 쓰는 에라스무스〉, 1523년, 파리 루브르박물관 371
〈에라스무스의 초상화〉, 1523년, 런던 내셔널갤러리 374
〈대사들〉, 1533년, 런던 내셔널갤러리 393

작자 미상
〈이집트 서기상〉, BC2620~BC2350년경, 파리 루브르박물관 353
〈이집트 석상〉, BC2500~BC2350년경, 파리 루브르박물관 356
〈체르베테리 부부의 관〉, BC520~BC510년경, 파리 루브르박물관 191
〈에트루리아인의 무덤 속 벽화〉, BC480년경, 나폴리국립고고학박물관 195
〈사모트라케의 승리의 여신상(니케상)〉, BC 200년경, 파리 루브르박물관 69
〈촛대〉, 1세기경(발굴 장소 : 폼페이), 파리 루브르박물관 324
〈미라의 초상〉, 117~138년경, 파리 루브르박물관 182
〈여인의 초상(유럽 여인)〉, 120~150년경, 파리 루브르박물관 179
〈미라의 초상〉, 125~149년경, 파리 루브르박물관 180
〈하드리아누스 두상〉, 125~150년경, 파리 루브르박물관 171
〈하드리아누스의 흉상〉, 130년경, 파리 루브르박물관 167
〈미라의 초상〉, 138~161년경, 파리 루브르박물관 182
〈술에 취한 디오니소스와 사티로스〉, 2세기경, 로마 팔라조알템프스 42
〈미라의 초상〉, 250년경, 파리 루브르박물관 182
〈마리아와 예수를 안고 있는 성 안나〉, 1400~1425년경, 워싱턴D.C. 스미스소니언미술관 115
〈죽음의 알레고리〉, 1520년경, 파리 루브르박물관 389
〈가브리엘 데스트레와 그의 자매 비야르〉, 1594년, 파리 루브르박물관 149
〈리처드 3세〉, 1597~1618년, 런던 국립초상화미술관 132
〈안티누스의 흉상〉, 18세기경, 파리 루브르박물관 161

인명 찾아보기

| 가 · 나 · 다 |

고야 Francisco de Goya ········ 385, 387
고흐 Vincent van Gogh ········ 62, 235
그로 Antoine-Jean Baron de Gros ········ 174
기를란다요 Domenico Ghirlandajo ········ 346
기베르티 Lorenzo Ghiberti ········ 249
나폴레옹 Napoleon Bonaparte ········ 25, 118, 136, 174, 344, 367
다비드 Jacques Louis David ········ 136, 142, 174, 206, 324, 342
다 빈치 Leonardo da Vinci ········ 38, 66, 102, 110, 152, 208, 260, 300, 316, 341
댄 브라운 Dan Brown ········ 40
데스트레 Gabrielle d'Estrées ········ 150
도미에 Honoré Daumier ········ 289, 333
들라로슈 Paul Delaroche ········ 130, 414
들라크루아 Eugène Delacroix ········ 118, 129, 135, 186, 216, 292, 333
디오클레티아누스 Diocletianus ········ 28

| 라 · 마 |

라 투르 Georges de La Tour ········ 88, 406
라 투르 Henri Fantin La Tour ········ 224
라 투르 Maurice Quentin de La Tour ········ 379
라파엘로 Raffaello Sanzio ········ 26, 102, 260, 314, 358
레카미에 Juliette Récamier ········ 322
렘브란트 Rembrandt Harmensz van Rijn ········ 46, 62, 328
로댕 Auguste Rodin ········ 24
로렌초 데 메디치 Lorenzo di Piero de' Medici ········ 253, 270
로물루스 Romulus ········ 142
롤랭 Nicholas Rolin ········ 337
루돌프 2세 Rudolf II ········ 298
루벤스 Peter Paul Rubens ········ 52, 197, 209, 219, 254, 402
루소 Jean Jacques Rousseau ········ 369
루이 12세 Louis XII ········ 112

루이 13세 Louis XIII ············ 88, 201, 256, 304
루이 14세 Louis XIV ············ 205, 242
루이 15세 Louis XV ············ 205, 366, 376
루이 16세 Louis XVI ············ 139
루이 18세 Louis XVIII ············ 124
르누아르 Auguste Renoir ············ 290
르퓌엘 Hector Lefuel ············ 71
리처드 3세 Richard III ············ 132
리피 Fra Filippo Lippi ············ 239
마네 Edouard Manet ············ 236
마르그리트 Marguerite de Valois ············ 150
마리 드 메디치 Marie de Medici ············ 196
마티스 Henri Matisse ············ 277
막시밀리안 2세 Maximilian II ············ 298
만테냐 Andrea Mantegna ············ 31
메테르니히 Klemens Wenzel Lothar Fürst von Met'ternich ············ 120
모리스 Maurice Quentin de La Tour ············ 379
무리요 Bartolome Esteban Murillo ············ 92
미켈란젤로 Michelangelo Buonarroti ············ 102, 129, 154, 208, 239, 260, 270, 316, 348, 361

| 바 · 사 · 아 |

바누치 Pietro Vannucci → **페루지노** ············ 26
바르디니 Birdini ············ 269
바르톨리니 Leonardo Bartolini ············ 251
바사리 Giorgio Vasari ············ 209
바이런 Baron Byron ············ 121, 217
베로네제 Paolo Veronese ············ 99, 304
베르길리우스 Publius Vergilius Maro ············ 46, 258
베를리오즈 Louis Hector Berlioz ············ 48
보티첼리 Sandro Botticelli ············ 77, 233, 266, 296, 348
부셰 Francois Boucher ············ 202, 364, 379
브누아 Marie-Guillemine Benoist ············ 340
브르타뉴 Anne de Bretagne ············ 112
비아르 François Auguste Biard ············ 286
비앙 Joseph-Marie Vien ············ 206
비제-르 브룅 Elizabeth Louise Vigée-Le Brun ············ 35, 342, 400
빙켈만 Johann Joachim Winckelmann ············ 325
사라체니 Carlo Saraceni ············ 53
사이드 Edward Said ············ 202, 312
상드 George Sand ············ 292
샤갈 Marc Chagall ············ 235, 296
샤르댕 Jean Siméon Chardin ············ 224
샤를 10세 Charles X ············ 184
셰익스피어 William Shakespeare ············ 135, 245, 396
쇼팽 Fryderyk Chopin ············ 290
시몽 부에 Simon Vouet ············ 302

아르침볼도 Giuseppe Arcimboldo ············ 296
아리오스토 Lodovico Ariosto ············ 57
안티누스 Antinous ············ 160
앙리 4세 Henri IV ············ 150, 196
앙투아네트 Josèphe Jeanne Marie Antoinette ············ 37, 402
앵그르 Jean Auguste Dominique Ingres ············ 56, 204, 272, 308, 345
에드워드 4세 Edward IV ············ 130
에드워드 5세 Edward V ············ 132
에라스무스 Desiderius Erasmus ············ 370
에이크 Jan Van Eyck ············ 336
엘 그레코 El Greco ············ 378
옥타비아누스 Octavianus Gaius Julius Caesar ············ 180
와토 Jean Antoine Watteau ············ 244
요시오 Kuroda Yoshio ············ 334
우첼로 Paolo Uccello ············ 248
위고 Victor Marie Hugo ············ 217
율리우스 2세 Julius II ············ 157, 263

| 자 · 카 |

제라르 François Gérard ············ 327
제리코 Théodore Gericault ············ 121, 227, 382
조토 Giotto di Bondone ············ 104
질로 Claude Gillot ············ 244
카노바 Antonio Canova ············ 20
카라바조 Michelangelo Merisi da Caravaggio ············ 50, 86, 307, 411
카를 5세 Charles V ············ 298
카스틸리오네 Baldassare Castiglióne ············ 360
카이요 Augustin Cayot ············ 48
코티뇰라 Micheletto da Cotignola ············ 250
쿠쟁 Jean Cousin ············ 234
크라나흐 Lucas Cranach ············ 76
클락 Sir Kenneth Clark ············ 230
클레오파트라 Cleopatra ············ 180

| 타 · 파 · 하 |

타바랑 Adolphe Tabarant ············ 284
테오토코풀로스 Domenikos Theotokopoulos → 엘 그레코 ············ 278
티치아노 Vecellio Tiziano ············ 104, 152, 234, 236, 256, 280, 298
틴토레토 Tintoretto ············ 103, 280
페루지노 Perugino ············ 26
페르디난트 1세 Ferdinand I ············ 298
펠리페 2세 Felipe II ············ 298
푸셀리 Henry Purcell ············ 394

미술관에 간 인문학자
(개정증보판)

초판 1쇄 발행 | 2022년 10월 5일
초판 4쇄 발행 | 2024년 5월 22일

지은이 | 안현배
펴낸이 | 이원범
기획 · 편집 | 김은숙
마케팅 | 안오영
표지 · 본문 디자인 | 강선욱

펴낸곳 | 어바웃어북 aboutabook
출판등록 | 2010년 12월 24일 제2010-000377호
주소 | 서울시 강서구 마곡중앙로 161-8(마곡동, 두산더랜드파크) C동 1002호
전화 | (편집팀) 070-4232-6071 (영업팀) 070-4233-6070
팩스 | 02-335-6078

ISBN | 979-11-92229-12-6 03100